아파트는 지고 땅은 뜨고

답은
토지경매에
있다

아파트는 지고 땅은 뜨고

답은 토지경매에 있다

이인수(코랜드연구소장) 지음

청년정신

토지경매는 땅을 보는 눈으로부터

위험을 무릅쓰고 경매에 뛰어드는 이유는 무엇인가. 당연히 돈을 벌기 위해서다. 부동산투자를 비롯해 주식이든 제조업이든 투자를 해서 수익을 내는 방법에는 수많은 유형들이 있으나 경매에서는 단기적인 시세차익형, 안정적인 수익 도모형, 리모델링형, 미래가치 투자형 등으로 분류해 볼 수 있다.

그렇다면 지금 부동산경매로 돈을 벌기 위해 뛰어든 수많은 투자자들은 어느 정도의 수익을 창출하고 있을까?

많은 투자자들은 경매라고 하면 권리분석을 떠올린다. 권리분석 하나만 잘하면 경매 고수인 것으로 안다. 우리 주변에서도 많이 접할 수 있는 사람들인데, 그런 사람들의 특징이 바로 권리분석을 경매의 처음과 끝이라고 믿는 경향이 강하다는 것이다.

하지만 경매 투자의 밑그림은 사법상 권리분석이 아니라 땅 그 자체로부터 출발한다는 것을 명심해야 한다. 이제 권리분석 하나만 가지고 수익률을 확보하는 시대는 저물고 있다고 본다.

토지경매의 핵심은 다음과 같이 정리할 수 있다.

- 대상 토지가 어떤 용도로 바뀌게 될 것인가?
- 해당 토지에 어떤 용도의 건물을 어느 크기 이상으로 건축할 수 있는가?
- 해당 토지는 주변 환경, 즉 지역 환경과 어떤 관계가 있으며 앞으로 어떻게 바뀌게 될 것인가?

즉 땅이 가지고 있는 조건과 현황에 대해 세심하고 종합적으로 분석해야만 리스크를 회피하면서 투자 수익을 올릴 수 있다는 의미다. 예컨대 땅을 투자 상품이라고 가정한다면, 그 상품이 어느 정도의 가치를 가지고 있는지 여부를 판단하기 위해서는 원자재가 무엇인지부터 정확히 파악하여야 가늠할 수 있는 것이다.

물론 경매물건을 안전하게 취득하기 위한 경매 활동의 기본은 권리분석이라 할 수 있다. 하지만 권리분석만으로는 경매물건의 가치를 정확히 판단할 수 없다. 즉 단기 시세차익형인지, 가치투자형인지, 수익형 투자인지를 정확히 파악할 수 없다. 그럼에도 불구하고 하나의 잣대로만 경매에 나서게 되면 리스크가 매우 커지게 된다.

부동산을 둘러싸고 있는 상황은 우리의 삶에 따라, 사회적 환경에 따라 끊임 없이 변한다. 그래서 땅의 용도가 바뀌고, 지하철이나 도로가 뚫리고, 신도시가 들어서고, 재개발이 이루어지는 것이다. 즉 땅은 살아 있는 생명체나 다름없다. 그러기에 다른 재화에 대한 투자보다 토지에 대한 투자는 매우 수익성이 높고 이것이 경매투자의 원동력이다.

이제는 경매투자의 패턴을 바꿔보자. 땅이 가지고 있는 가치를 알아챌 수 있는 눈을 갖게 되면 그 물건의 미래를 볼 수 있는 힘이 생긴다. 이것이 투자 수익을 올릴 수 있는 열쇠이자 원동력이다. 땅에 대한 투자는 미래의 꿈을 사는 행위, 부를 축적하는 행위라 할 수 있다.

본래 땅은 주택과 달리 현재의 활용 가치보다는 미래 가치를 따지는 종목으로서 재테크를 목적으로 매입하는 경우가 더 많은 것이 사실이지만 반드시 그런 것만도 아니다. 예컨대 시가화용지 내 개발예정지역의 토지는 얼마든지 단타로 시세차익을 노려볼 만한 물건이 많다.

이런 물건에 투자를 하기 위해서는 땅에 대한 기본적인 관리 시스템에 대해 알아야 투자 적기, 처분 시기 등 투자의 밑그림을 정확히 그려볼 수 있다. 그럼에도 불구하고 토지투자가 돈이 된다는 사회적 흐름에 휩쓸려 투자하였다가 큰 손실을 보는 경우도 굉장히 많다. 안타까운 현실이다.

땅은 100여 가지의 법률에 의하여 300여 개가 넘는 쓰임새로 운명이 정해져 있다. 이러한 운명은 사회적, 정책적 환경의 영향을 받아 변경이 될 수 있는데, 이와 같은 변경 요인, 즉 법적으로 그려놓은 국가정책 등을 파악하는 것이 경매 투자를 통해 수익을 올릴 수 있는 원동력이 된다.

지금부터라도 사법적 권리분석에만 치우치거나 막연한 물건분석에만 매달리지만 말고 객관적인 데이터나 각종 토지 정책을 토대로 물건에 대해 정확히 분석하고 투자하는 자세를 갖추어야 한다. 이것이 리스크를 줄이고 수익을 창출하는 경매고수로 거듭나는 길이 아닐까 생각해본다.

왜 경매인가?

재테크 수단에는 여러 종류가 있다.

비록 고양이 눈물만큼 작은 이자로 만족해야 하지만 안정성 면에서는 타의 추종을 불허하는 은행 예금은 재테크의 기본이다. 하지만 은행에 예금하는 걸 재테크라고 생각하는 사람은 아무도 없을 것이다. 이제 은행은 보편적인 재테크 수단이 아니라 그저 현금을 안전하게 보관하는 금고 역할에 불과하다. 그러함에도 은행에 돈을 넣어놓고 만족하는 사람들이 의외로 많다. 모험보다는 안정을 추구하는 본능에 충실한 사람들이다.

여기서 한걸음 더 나가는 사람들은 금융 서핑을 통해 다소 높은 이율을 찾아 저축은행에 돈을 맡긴다. 예금한 원금의 전액을 보장받지 못 하고 1인당 5천만 원에 대한 원금만 보장받는 것에 만족해야 하지만 그래도 시중은행의 금리보다는 눈에 띄게 높기 때문일 것이다.

또 국공채 같은 안정적인 채권을 매입하거나 한걸음 더 나가 주식에 눈을 돌리기도 한다. 주식에서 재미를 좀 보게 되면 선물, 옵션과 같은 파생상품에 눈을 돌리게 되고, 이때 운이 좀 더 따르면 한동안 쏠쏠한 재미를 보며 희희낙락하다가 어느 순간 금쪽같은 원금마저 날린 채 망연자실한 표정으로 한숨을 토해내는 모습도 보게 된다. 그냥 안전하게 은행에 저축을 해놓을 걸, 하고 때늦은 후회를 해보지만 견물생심 또한 인간의 본성인지라, 다시 비슷한 상황이 닥치면 똑같은 과정이 반복되지 않으리라는 보장은 어디에도 없다. 근래에는 암호화폐에 대한 투자열풍이 불기도 했다.

자, 여기서 한숨만 나온다. 안정적으로 스트레스 없이 살고 싶은 인간 본성과 조금이라도 부를 증식하여 현재보다 나은 생활을 즐기고 싶은 욕망이 마음속에서 끝없이 갈등한다.

예금이냐, 주식이냐. 달리 표현하면 발전 없는 안정이냐, 희망을 품은 모험이냐가 갈등의 주제다. 안정을 택하자니 수익이 적고, 수익을 높이자니 원금 손실의 가능성도 함께 높아진다.

여기서 평균적인 사람들이라면 누구나 한번쯤 이런 생각을 해보지 않을까 싶다. 수익이 높으면서도 안정적인 재테크 수단은 없는 것일까? 언뜻 생각해 봐도 그런 수단이 있을 리 없다. 그런 수단이 존재한다면 세상 모든 사람들이 다들 부자가 되어 함박웃음을 지으며 살아야 할 텐데, 현실은 전혀 그렇지 못 하다.

자, 가만히 눈을 감고 곰곰이 생각해 보자. 투자의 위험성은 제로에 가까우면서 파생되는 수익은 가지고 있는 주식이 상한가를 쳤을 때의 고수익과 견줄 만한 재테크 수단이 과연 있기는 한 것일까?

답은 있다. 바로 경매투자다.

그러나 답을 맞혔다고 좋아할 일은 아니다. 왜 경매투자가 안전과 고수익을 동시에 만족시킬 수 있는 투자 수단인지에 대한 명확한 이해와 설명을 할 수 없다면 공허한 정답을 내놓은 것에 불과하기 때문이다.

경매는 정말 안전할까?

경매의 안정성은 경매의 개념과 속성에 대한 작은 이해만으로도 수긍할 수 있다. 경매는 과다한 채무로 인해 어쩔 수 없이 처분할 수밖에 없게 된 부동산을 법원이라는 공인된 중개기관을 통해 사고파는 일이다. 따라서 일반 매매시장과는 달리 관련된 법률 규정이나 경매 절차에 대한 지식이 어느 정도 필요하다. 적정 수수료만 지불하면 공인중개사가 다 알아서 처리를 해 주는 일반 매매시장과 달리 경매에 있어 중개인이라고 할 수 있는 법원은 필요한 최소한도의 정보만을 제공해 줄 뿐 물건의 가치나 권리 관계에 따른 문제점에 대한 판단 책임은 매수자의 몫이다.

사정이 이렇다 보니 경매를 통해 물건을 매입하고자 하는 수요자는 일반 매매시장과는 비할 수도 없이 적을 수밖에 없다. 따라서 수요가 적어 경쟁도 적고, 경쟁이 적으니 가격이 낮아질 수밖에 없다.

일반 매매를 통해 매입을 하는 것보다 더 싼 값에 살 수 있다는 것은 경매의 안정성에 대한 반증이다. 경매는 이처럼 어느 정도의 안정성과 함께 주식이나 선물 · 옵션과 같은 고 위험 투자 상품 못지 않은 높은 수익을 올릴 수 있어 매력적인 투자로 꼽힌다.

그러나 뭐니 뭐니 해도 경매의 가장 큰 매력은 고수익을 창출하기까지의 과정이 자신이 통제할 수 없는 행운이나 우연의 영역에 맡겨두는 것이 아니라 자신의 노력 여하에 달려 있다는 것이다.

경매 매물이 일반 매물보다 값이 싼 이유는 어느 정도 경매 지식이 뒷받침되어야 하기에 수요자가 한정적일 수밖에 없기 때문이라고 말했다. 따라서 해당 매물의 권리관계가 복잡하면 복잡할수록 경쟁이 더욱 더 줄어들 수밖에 없는 것은 당연한 이치일 것이다.

결국 권리관계가 복잡한 매물에 대한 해법을 집중적으로 공부함으로써 별다른 경쟁 없이 좋은 물건을 헐값에 매입할 수 있는 게 경매의 속성이고 보면, 경매에서의 수익 창출은 우연적인 요소에 좌우되기보다 오직 경매에 관한 지식을 얼마나 많이 쌓았느냐에 달려 있는 것이다.

뿌린 만큼 거둘 수 있는 시장이 경매다. 이처럼 노력에 따른 수익의 정직한 배분이 여타의 재테크 수단과 다른 경매만의 특질이며 경매에 빠져들 수밖에 없게 하는 매력이다. 즉 경매는 기본적인 지식이 뒷받침된다면 절대 패하지 않는 싸움이다. 패할 것 같은 느낌이 드는 싸움은 피해 가거나 아니면 좀 더 준비하여 응전할 수 있는 선택의 자유가 보장된 싸움이다. 자신의 노력 여하에 따라서 다른 재테크 수단과는 비교도 되지 않는 황홀한 전리품을 쟁취할 수 있는 무궁무진한 기회가 보장된 싸움이기도 하다.

이렇듯 매력적인 재테크 수단의 세계로 들어가기 위해 필요한 건, 10년을 빠듯하게 모아야만 마련할 수 있는 종자돈도 아니요, 남다른 머리와 뛰어난 재능도 아니다. 그저 뭔가를 얻어낼 때까지, 고수가 될 때까지 포기하지 않고 열심히 실력을 갈고 닦겠다는 뜨거운 열정뿐이다.

경매 공부를 하다보면 난해한 법률 용어들이 도처에서 어지럽게 춤을 추고, 이해하기 힘든 판례들이 여러분들의 힘찬 행군을 저지하기 위해 곳곳에 복병처럼 도사리고 있을 것이다. 하지만 뜨거운 열정으로 그 하나하나를 이겨내면서 계속해서 걷다 보면, 어느 지점에선가 평범한 일상에서는 느낄 수 없는 짜릿한 환희 속에서 부쩍 성장한 자신을 느낄 수 있을 것이다. 그때 여러분 옆에는 다른 재테크 수단으로는 상상도 못할 만큼 축적된 자산이 매혹적인 눈웃음을 흘리며 서 있을 것이다.

이제 우리가 해야 할 일은 머릿속에서 막연히 떠돌고 있는 첫 시작에 대한 두려움을 떨쳐버리고 열정으로 무장한 뒤 공부를 시작하는 것뿐이다.

토지경매, 초보가 뛰어들기엔 어렵다?

초보 경매 투자자가 토지경매에 투자를 해도 성공할 수 있을까?

부동산 경매로 대박을 터트렸다는 말들이 떠돌면서 경매가 시작만 하면 놀라운 수익을 올릴 수 있는 마법의 상자라도 되는 것처럼 아무런 준비도 없이 너도나도 시장에 뛰어드는 경우가 많다. 종자돈도 빈약하고 내공조차 별로 높지 않은 초보 병아리 투자자들이 언론에 보도되는 성공 사례에 소개되는 것처럼 한방에 대박을 터뜨릴 수 있을까? 천만의 말씀이다.

그럼에도 불구하고 우연히 성공했던 사례를 부각시켜 마치 세상이 양지만 있는 것처럼 현실을 왜곡한다. 그리고 수많은 실패자들을 양산한다.

물론 경매시장 구조는 참가자들끼리 갉아먹고 뜯어먹어야 살아남을 수 있는 '제로섬 게임'인 주식시장과는 판이하게 달라서 기본적으로 참가자 모두가 win-win할 수 있는 구조인 것은 사실이다. 지금까지의 결과들이 그것을 증명하고 있으므로 더 이상 덧붙여 설명할 필요는 없다고 본다.

2023년은 많은 경제 전문가들이 최악의 경제위기가 몰아칠 해로 예상하고 있고, 그런 경제 위기가 휩쓴 뒤에는 경제 위기로 쓰러진 이들의 부동산 매물들로 자산을 증식하는 이들이 생겨나는 아이러니한 흐름들이 있었다. 마찬가지로 경매 시장에서도 투자자들의 먹잇감이 쏟아지게 되리는 것은 불을 보는 것처럼 명확한 현실이다.

그렇다면 한 번도 토지에 투자를 해본 경험이 없고, 더구나 직접 입찰에 뛰어들어 경매 투자자 대열에 줄을 서 본 적도 없으면서 토지경매로 대박을 치고 싶은 욕망 하나로 토지경매에서 승리할 수 있을까?

가능하다. 하지만 전제가 있다. 충분히 준비가 되어 있어야 한다는 것이다.

기본 구도부터 이해해야 한다.

이제 막 경매 공부를 시작하려는 사람들 중에는 잘 다니던 직장마저 그만두고 전업으로 부동산투자에 뛰어들겠다는 이들이 의외로 많은데, 법원경매의 기본 구도조차 이해하지 못한 상태에서 조급하게 시작하는 아이템은 실패할 확률이 열에 아홉이다. 그것은 비단 부동산경매 투자에 국한되는 이야기만은 아닐 것이다. 모든 투자에 해당하는 상식이다.

토지경매를 하면 과연 아무나 돈을 벌 수 있는 걸까?

어느 정도 시간을 들여야만 한 건을 처리하고 그 수익을 맛볼 수 있을지 따져 보자. 즉 한건 낙찰 받아 처분하고 나오는 데까지 걸리는 시간을 따져보자.

현재 살고 있는 지역이 서울이라고 하고 수도권 인근의 땅으로 투자 대상을 한정시키고 전업 투자가 아닌 직장을 다니면서 경매로 낙찰 받는 구조를 선택했다고 하자. 경매를 통한 투잡^{Tow-Job}이 가능한지를 따져보자는 것이다.

부동산 공부나 경매에 관한 기본적인 학습은 되어 있다고 가정하고, 물건조사와 임장활동은 주말이나 일요일에 하기로 한다. 마음에 드는 물건을 발견해서 한 번 응찰하려면 최소한 5건이나 7건은 현장 확인을 해야 응찰할 만한 물건 하나를 만날 수 있을 것이다. 보통은 10여 건 조사를 해서 한 건만 응찰해도 양호한 편이라고 할 수 있다. 그리고 다섯 번 정도 응찰해서 1건을 낙찰 받으면 양호한 실적이라고 할 수 있다.

정리해 보면 한 건을 낙찰 받으려면 최소한 50여 건의 물건조사가 필요하다는 계산이 나오고, 한 건을 조사할 때 비용으로 5만 원 정도로만 계산해도(물론 기회비용은 포함하지 않고) 250~300만 원 정도는 낙찰원가에 계산해야 한다. 쉽게 시작할 수 있는 투자만은 아니라는 것이다. 그럼에도 불구하고 다른 투자들에 비해 경매투자는 여전히 매력적이다. 즉 로우 리스크 하이 리턴의 투자로 성공투자의 기회는 열려 있다. 물론 먼저 충실한 공부가 선행되어야 한다는 것이 그 조건이다.

차 례

제5장   실전 토지경매 노하우와 사례

제1장

토지경매를 위한
기초쌓기

경매의 시작 그리고 이해관계인

처음으로 법원경매에 대해 공부할 때 우리는 임의경매와 강제경매가 있다고 배운다. 그러면 실제로 우리가 경매로 돈을 벌기 위해 투자한다고 할 때는 이런 개념 사이에는 어떤 차이가 있을까?

아무런 차이가 없다. 부동산이 어떤 경로를 통해서 법원경매시장에 공급되었는지는 중요하지 않다. 경매를 신청한 채권의 종류가 어떤 것인가 하는 정도의 차이 말고는 아무런 차이가 없다는 말이다.

투자자의 입장에서 굳이 그 차이를 알아보려 한다면, 강제경매가 임의경매에 비해 차후에 경매가 실체가 없다는 등의 이유로 취하될 가능성이 적다는 것 정도다. 즉 어떤 경로로 해당 부동산이 경매시장에 공급되었는가는 그다지 중요하지 않다는 것이다.

그럼 우리가 중요하게 여겨야 할 것은 무엇인가?

그것은 '어떻게 좋은 물건을 어떻게 찾아내고, 낙찰 받아 알토란 같은 수익을 올릴 것인가?' 하는 것만이 관심의 전부라고 한다면 지나친 표현일까? 이쯤에서 우리는 경매에 관련된 이해 당사자들을 살펴볼 필요가 있다. 즉 경매가 진행되기까지 해당 물건에 관계되는 수많은 이해관계인과 그들의 입장을 잠시 생각해 보고, 응찰해서 잔금을 치르고 촉탁등기를 통해서 소유권을 넘겨받는 과정, 명도 등을 통해서 완전한 점유까지 확보하여 경매에 성공하기까지의 일련의 과정 후에 낙찰인의 목적에 따라 처분(임대 또는 매도) 과정을 대략 살펴보자.

채무자(소유자)

'사건번호 00타경 12345'의 소유자로 어떤 이유로 자신의 부동산을 은행 등의 금융기관이나 혹은 개인에게 담보로 제공하고 채권, 채무관계를 형성하는 데서부터 이야기는 시작된다. 즉 빚을 얻어서 무엇을(사업, 장사, 주식투자 등) 하는 것으로부터 경매의 서곡은 울리는 것이다.

보증인

보증을 서는 자식은 자식 취급도 하지 말라는 말이 있다. 그러나 그게 어디 말처럼 쉬운가? 부모, 형제, 친인척, 선후배, 직장동료 등등…. 이런저런 인연으로 자신의 담보나 신용만으로는 필요한 돈을 차용하기가 부족하니 보증을 서달라는 간곡한 부탁을 받고 고민에 빠져보지 않았던 사람이 있으면 한 번 나와 보시라!

매정하게 거절하기도 그렇다고 서 주기도 어렵다. 잘못되면 나와 가족이 살고 있는 하나밖에 없는 집이 날아갈 상황이 올지도 모르니 고민이 아닐 수 없다. 고민하고 또 고민한 끝에 보증을 섰다고 해보자. 세상일이라는 게 마음처럼, 생각처럼 되는 일이 얼마나 있을까? 얼마 지나지 않아 채권자로부터 원금에 이자가 연체되었으니 대신해서 갚으라는 독촉 전화에 이어, 계속 연체하면 가만두지 않겠다는 식의 협박 전화가 오기 시작한다. 처음에는 채무자도 미안해 하고 "내일, 다시 내일 모레"면 돈이 생기니 안심하고 며칠만 기다려 달라는 식으로 상황이 연출되기 시작한다.

이때쯤이면 보증을 서 준 빚과 이자를 갚든지, 아니면 담보로 제공한 내 집(부동산)을 경매로 넘길 것인지에 대한 마음의 준비를 해야 하는 처지가 되고 만다. 땅을 쳐봐야 내 손만 아프고, 혈압 올려봤자 내 몸만 망가지는 상황이 되어 버린다.

세입자

경매 사건에서 드디어 "피눈물의 주인공 세입자"가 등장한다.

채무자나 보증인은 그래도 자신(?)의 의지로 어떤 선택을 하고 있는 데 반해, 경매가 진행되는 주택에 세를 든 임차 세입자는 그야말로 '불쌍함' 그 자체이다.

피 같은 전세보증금을 날리고 싶어서 세를 얻는 세입자는 아무도 없다. 그럼에도 낙찰을 받아 잔금을 내고 명도를 하러 갈 때마다 듣는 이야기는 전세보증금을 날리게 된 세입자들의 이야기다. 대항력이 없는 세입자는 물론 대항력을 가져 보증금이 안전한 세입자마저도 하나같이 지긋지긋하고, 하는 일도 손에 잡히지 않는다고 하소연 한다. 노이로제가 걸릴 지경이니 하루라도 빨리 끝났으면 좋겠다는 하소연이다.

강의를 할 때마다 수강생들에게 받는 질문이 "경매를 하면 돈을 번다는 것은 알겠는데, 명도가 엄두가 나질 않는다"고 말하는 사람들이 많다. 말이 좋아서 명도고, 말로 안 되면 명도소송을 통해 6개월 정도면 충분히 끝날 수 있다고 알고 있는 초보자들이 의외로 많다. 절대로 그렇지 않다.

이 대목에서 한 가지 부탁하고 싶다. 무슨 일이 있어도 "명도소송"을 통해 임차인을 끌어내려는 생각은 경매를 처음 배울 때부터 버려야 한다. 그게 경매 세계에서 장수할 수 있는 비결이다. 죽어도 못나간다고 막무가내로 버티면 어떻게 하느냐고 물어보고 싶겠지만 그래도 끝까지 대화로 정리를 해야 뒤탈이 없다. 강제로 끌어내는 걸 즐기다가는 언젠가 반드시 후환이 따른다.

채권자

IMF 시절 최고의 베스트셀러가 된 책 중에 『부자 아빠 가난한 아빠』라는 책이 있었다. 책에는 '빚(부채)'을 활용하는 것도 가난한 아빠에서 탈출할 수 있는 한 방법이라고 역설하고 있다.

금융기관 등의 융자(부채)를 활용하면 부자가 되는 지름길이 될 수 있다는 것이다.

얼마 전에 여의도에서 개최된 어떤 부동산 강연회를 들으러 간 적이 있었다. 강사는 재테크는 기본적으로 '부채 테크'라는 말을 했는데, 곰곰이 생각해보니 상당히 일리가 있는 말이었다. 즉 부동산이나 어떤 사업에 투자하는데, 100% 자신의 자금으로 투자하는 사람은 드물고 또 좋은 투자 방법이라고도 생각하지 않는다.

그러나 사업이나 투자 등이 당초의 계획과는 반대로 잘못되었을 때의 채권자는 채무자나 보증인의 엉덩이 살도 베어갈 준비를 하고 있다는 사실을 명심해야 한다. 즉 채권 회수를 위해서라면 법이 허용(?)하는 범위 내에서 무슨 일이든 할 준비를 하고 돈을 빌려 주게 된다.

그렇지 않다면 '자본주의'는 자본주의가 아닐 것이다.

법원(경매법원)

채권자와 채무자 사이에서 당초에 약속한 대로 채권 · 채무 관계가 정상적으로 이행되면 법원이 개입할 여지는 전혀 없다. 그러나 돈이 거짓말을 한다는 말이 있는 것처럼 채권 · 채무 관계가 당초 약속대로 이행되지 않으면 채권자는 자신의 채권을 회수하기 위해 담보로 제공받았던 채무자나 보증인의 부동산을 법원에 의뢰하여 강제처분을 한 뒤 배당 과정을 통해 채권을 회수하게 된다.

법치국가인 우리나라에서는 채권자의 '자력 구제'가 허용되지 않는다. 법원을 통한 '법적 구제'만이 허용될 뿐이다. 무슨 말인고 하니 받아야 할 돈이 있다고 해서 채권자가 채무자 집으로 쫓아가 어떻게 하는 식이 아니라 법원에 점잖게 부탁하면 법원은 정해진 법률 절차(민사집행법 등)에 엄격히 입각해서 강제매각(경매)에서 배당까지 일련의 과정을 수행하여 채권자의 채권을 받아 주는 것이다. 그 역할을 법원(경매법원)이 담당하는 것이다.

집행관

집행관은 경매법원의 보조기관으로서 경매 절차의 전 과정을 대행하는 역할을 한다. 경매개시결정이 나면 법원의 명령으로 해당 부동산에 가서 현황을 조사해 경매의 기초자료가 되는 현황기록서를 작성해 비치하고, 동사무소를 방문해서 해당 부동산의 전입자를 파악하고, 입찰일에는 입찰 법정에서 장내 질서를 유지하고 실제로 경매를 진행하는 사람들이 바로 그들이다. 또한 낙찰자가 '인도명령' 또는 '명도소송'에서 승소하여 채무자나 세입자를 강제로 끌어내려고(집행) 할 때 현장을 진두지휘하는 것도 중요한 역할 중 하나다.

감정평가사

채권자로부터 경매신청이 들어오면 법원은 그 적법 여부를 심사해 채권자의 경매신청이 이유가 있다고 판단하면 해당 부동산 등기부등본에 이 사실을 기입하고 진행 예비 절차 중 하나로 부동산 감정을 할 수 있는 전문 자격을 가진 감정평가(기관)사에게 감정을 의뢰한다. 그리고 의뢰 받은 감정평가

사는 해당 부동산의 여러 요인들을 종합적으로 판단하여 감정가를 결정하게 되는데, 대개는 이때 결정된 가격이 1차 법원경매 가격이 된다.

이 역할을 담당하는 것이 감정평가사이다.

우체국

법원이 발송하는 각종 '송달'을 채권자, 채무자 등 각 이해관계인에게 전달하는 중요한 역할을 담당한다. 만약 채무자나 보증인에게 어떤 형태로든 적법하게 송달이 되지 않는 상태에서 경매가 진행되면 절차상 하자로 돌이킬 수 없는 상황이 벌어질 수도 있다.

관공서

세무서, 구청, 시청 등

기타

지금까지 우리는 경매에 관련된 법원이나 이해관계인들에 대해서 개략적으로 살펴보았다.

그런데 위의 '00타경 12345번'의 사건을 내가 낙찰 받지 않는다면 도대체 나하고 무슨 관계가 있다는 말인가?

그렇다. 한마디로 아무 관계도 없는 것이다.

토지경매의 과정과 절차, 입찰 방법

경매신청을 위한 준비

관할법원

① 부동산경매는 반드시 해당 부동산이 소재하는 지방법원(지원)에 신청
해야 한다.

② 법원은 필요할 경우 사건을 다른 지방법원으로 이송할 수 있다.

③ 공장 재단의 경우, 재단을 구성하는 하나의 공장이 여러 개의 지방법원
관할구역에 속해 있거나 재단을 구성하는 여러 개의 공장이 여러 개의
지방법원 관할구역에 속한 경우에는 관할법원의 직근 상급법원에 관할
법원의 지정을 신청한 뒤 그 지정법원에 경매신청을 하여야 한다. 그리
고 재단이 여러 개의 공장으로 구성된 경우, 법원은 저당권자의 신청으
로 법원은 각 공장을 개별적으로 경매할 것을 명령할 수 있다.

경매신청

① 경매신청 시에는 경매예납금과 송달료 등을 납부하게 된다.

② 경매신청이 있게 되면 법원은 그 신청을 수리하거나(접수 당일) 필요 시

보정명령을 내리거나 그 신청을 각하하게 된다.

③ 보정명령이 있게 되면 보정기일 내 보정을 하여야 한다. (보정명령이란 경매신청물건의 주소 등이 잘못되었을 때 수정하도록 지시하는 것을 말한다.)

④ 경매신청이 각하되면 그에 대하여 즉시 항고를 할 수 있다.

⑤ 경매신청 후 경매신청을 취하할 수도 있다.

경매 입찰과정

1단계 : 매각공고

2단계 : 물건조사 · 현장답사

3단계 : 입찰 당일 위임장 양식, 공동입찰허가원 양식

4단계 : 입찰개시 선언

5단계 : 입찰표 작성

6단계 : 입찰함에 입찰봉투 투입, 입찰마감 선언

7단계 : 개찰 및 최고가 입찰자 결정

8단계 : 입찰 종료

9단계 : 낙찰(매각결정)

10단계 : 낙찰 허부에 대한 즉시항고매각결정 취소신청서

11단계 : 대금납부, 매각대금 납입신청서, 채권상계신청서

12단계 : 배당 매각대금 납입신청서, 채권상계신청서

13단계 : 소유권 이전, 부동산 소유권이전등기촉탁 신청서

14단계 : 부동산인도명령, 부동산인도명령신청서, 집행관 송달신청서

경매는 어떻게 진행되는가

입찰진행 흐름도

❶ 입찰 개시 알림

　　　　　　　10시 개정, 집행관 주재

❷ 집행 기록 열람

　　　　　　　10시~10:45까지 열람

❸ 입찰의 기재

　　　　　　　입찰표, 입찰봉투 기재

❹ 입찰표 및 입찰(매각) 보증금 제출

　　　　　　　10:45부터 제출 및 투함

❺ 입찰 마감 및 개찰

　　　　　　　11:30에 입찰 마감

❻ 최고가매수신고인 발표

　　　　　　　입찰 절차 종결 고지

❼ 입찰보증금의 반환

　　　　　　　비낙찰이면 보증금 반환

※ 개정시간 등은 법원에 따라 달리질 수 있다.

- 통상매각(입찰)기일 14일 전 일간신문과 법원게시판에 공고된 매각공고 또는 경매정보 회사의 경매정보를 보고 적당한 물건을 선택한다.

- 매각기일 7일 전부터 법원 민사과 경매계에 비치된 경매서류(매각물건명세서, 임대차조사서, 감정평가서, 이해관계인 열람표, 현황조사보고서, 배당요구서)를 열람한다. 그밖에 법원에 비치되어 있지 않은 등기부등본, 토지대장, 건축물관리대장, 주민등록등본을 열람하여 부동산에 대한 권리를 꼼꼼히 체크한다.

- 서류 열람이 끝난 후 현장답사를 하여 입찰물건의 상태(노후), 세입자 관계를 확인한 후 인근 중개업소를 통해 시세를 파악하여 응찰 여부를 최

종 결정한다.

- 경매는 보통 오전 10시에 법원에서 진행되며, 응찰자는 약 1시간 동안 법원에 비치된 경매서류를 최종적으로 다시 한 번 꼼꼼하게 점검해야 한다.
- 경매가 연기/취하/정지될 경우, 사전공고 없이 입찰 당일 진행하지 않을 수 있으므로 법원의 매각물건 목록을 체크하여 진행 여부를 확인해야 한다.

기본 준비물 : 매수신청(입찰)보증금(최저 매각가의 10%), 도장, 신분증(주민등록증, 운전면허증, 여권 등). 단, 경매개시결정일(경매기입등기일)이 7월 1일 이전일 경우 응찰가의 10%

- 대리응찰을 할 경우 : 매수신청보증금, 대리인도장, 대리인주민등록증, 본인인감증명서, 위임장(본인인감날인)
- 공동응찰을 할 경우 : 한 물건을 여러 사람이 공동 입찰하는 경우 집행관에게 경매 시작 전 공동입찰허가원을 제출해야 한다.

공동입찰은 원칙적으로 친자, 부부 등 친족 관계자 또는 부동산의 공동점유 사용자, 1필지의 대지 위에 수 개의 건물이 있는 경우의 각 건물 소유주. 1동 건물의 임차인, 공동저당권자, 공동채권자 등과 같이 특수한 신분 관계나 공동입찰의 필요성이 인정되는 경우에 한하여 허가된다.

- 집행관이 종 울림으로 입찰개시 선언을 하고, 개찰 시각을 알린다. 보통 경매 진행시간은 1시간에서 1시간 30분 정도다.
- 입찰표와 입찰봉투는 입찰자들이 자유롭게 사용하도록 입찰 장소에 비치해 놓는다. 입찰봉투는 입찰보증금을 넣는 흰색 작은 봉투 및 이 보증금 봉투와 입찰표를 함께 넣는 큰 봉투 두 가지가 있다.
- 입찰표에는 ①사건번호 ②입찰자 성명과 주소 ③부동산의 표시 ④입찰가격 ⑤대리인이 입찰하는 경우 대리인의 성명과 주소를 기재하고 ⑥그

밖에 입찰보증금액도 기재한다.

- 입찰보증금 봉투와 입찰표를 함께 넣은 큰 봉투 상단의 수취증을 떼고 입찰함에 넣는다.
- 입찰은 통상 11시 30분경에 마감된다.
- 입찰을 한 후 약 한 1시간 이후에 사건번호순으로 개찰 결과를 발표한다. 가장 높은 가격으로 응 가장 높은 기격으로 응찰한 사람이 최고가매수인 (입찰자)로 결정되며(서류에 기재된 금액과 실제 보증금 금액이 틀릴 경우 낙찰이 불 허가될 수 있으므로 기재 금액과 실제 보증금 금액을 꼭 확인해야 한다.) 최고가 응찰 자가 2인 이상일 경우에는 해당자들만 추가 입찰을 실시한다. 추가 입찰의 입찰자는 전에 제시했던 응찰가보다 낮게 응찰할 수 없으 며, 이 경우 입찰을 포기한 것으로 본다. 추가 입찰 실시 후 또 2인 이상 이 최고의 가격으로 응찰한 경우에는 해당자 중 추첨에 의해 최고가 입 찰자가 정해진다. 또한 추가 입찰을 실시했을 때 추가 입찰 자격이 있는 해당자들이 입찰에 응하지 않은 경우에도 추첨에 의하여 최고가 입찰자 를 정하게 된다.
- 최고가 매수신고인(입찰자) 이외 응찰자 중 최고가 입찰액에서 보증금을 공제한 금액보다 높은 가격으로 응찰한 사람은 차순위 매수신고를 할 수 있다. 이 제도는 낙찰자가 대금을 납부하지 못할 경우, 재경매 등의 절차 로 인해 경매지연 방지를 위한 목적으로 시행되고 있으며, 차순위 매수 신고를 하면 낙찰자가 낙찰 대금을 납부하기 전까지 보증금을 돌려받지 못하게 된다. 또 낙찰허가결정 전에 항고가 제기되면 보증금을 돌려받지 못 하는 기간이 5~6개월에 이를 수도 있기 때문에 꼭 필요한 경우가 아 니라면 차순위 매수(입찰)신고는 피하는 것이 좋다.
- 최고가 매수신고인(입찰자) 및 차순위 매수(입찰)신고인이 결정되면 집행

관은 성명과 가격을 호창하고 입찰이 종료되었음을 알린다. 응찰자가 없는 부동산은 입찰불능으로 처리하고 종료를 알린다. (유찰이라는 말은 정식 용어가 아니며 입찰불능 또는 경매불능이라 하는 것이 정확한 표현이다.)

- 입찰불능이 되면 다음 경매기일(통상 40일 후)에 다시 진행된다.
- 경매 종결을 알린 후 최고가 매수신고인(낙찰자)과 차순위 매수신고인은 보증금 영수증을 받고 낙찰을 받지 못한 자는 입찰자용 수취증과 주민등록증을 제시하고 입찰표의 보증금 반환 난에 서명한 후 입찰보증금을 반환받는다.
- 매각결정기일(매각기일(입찰일) 이후 통상 7일 뒤)에 법원 판사는 낙찰 불허가 사유 유무(미성년자, 금치산자, 한정치산자 여부, 농지취득자격증명 발급 여부 등)를 심사하고, 이해관계인(부동산에 대해 권리를 행사할 수 있는 채권/채무/소유자)의 진술로 법이 정한 이의 사유가 있는지 여부를 조사한 뒤 낙찰의 허가 또는 불허가결정을 선고한다.
- 낙찰허가 선고 후 비로소 낙찰자가 확정된다.
- 낙찰허가/불허가의 결정에 의해 손해를 본 이해관계인이나 낙찰자 또는 입찰자도 결정에 대하여 즉시 항고할 수 있다. 항고를 할 때에는 반드시 항고이유가 기재된 항고장을 제출하거나 항고장 제출일로부터 10일 이내에 항고 이유서를 법원에 제출하여야 한다. 또한 항고를 하려는 모든 사람은 보증으로 매각대금의 10%에 해당하는 금전 또는 법원이 인정한 유가증권을 공탁하여야 한다. 보증 제공이 없으면 법원은 항고를 인정하지 않는다.
- 채무자나 소유자가 아닌 사람이 한 항고가 기각된 때에는 항고일로부터 항고기각결정 확정일까지의 이자액에 대한 반환요구를 할 수 없으며, 몰수한 항고금액은 배당금액에 포함하여 나중에 배당하게 된다.

- 낙찰허가결정이 확정되면 대금지급 기한을 정해 낙찰자와 차순위 매수 (입찰)신고인에게 통지되고, 낙찰자는 대금지급기한까지 언제든지 매각 대금을 납부할 수 있다.

  대금납부는 법관으로부터 납부명령서를 수령하여 법원 출납공무원에게 납부명령서를 제출하면 낙찰자에게 납부서를 교부해 주고 낙찰자는 교 부받은 납부서를 법원 보관금 취급점(구내 은행)에 세시하여 낙찰대금을 납부할 때 법원보관금영수증을 받으면 대금납부가 완료된다.

  납부금액은 낙찰가격에서 입찰보증금을 제외한 금액이다.

- 낙찰자는 배당받을 채권자의 승낙이 있을 경우 낙찰대금한도 내에서 낙 찰 대금납부 대신 채무 인수가 가능하며, 배당받을 채권자가 동시에 낙 찰자인 경우에는 본인 수령 배당액과 낙찰대금을 배당액에서 상계할 수 있다. 단, 채권자와 낙찰자가 동일한 경우 상계신청은 매각결정기일이 끝날 때까지 법원에 신고하여야 한다.

- 낙찰대금액이 배당액보다 클 경우에는 상계한 잔액을 현금으로 납부하 여야 한다.

- 채무 인수 또는 상계를 위해서는 미리(가능하면 대금 납부기일이 지정되기 전에 하는 것이 좋음) 법원에 신청서를 제출하여야 한다.

- 낙찰자는 낙찰대금을 완납한 때에 권리를 확정적으로 취득하게 된다. 이 에 따라 차순위 입찰신고인은 낙찰자 대금 납부 후 즉시 보증금을 반환 받을 수 있다. 만약 낙찰자가 지정된 대금 지급기한까지 낙찰대금을 지 급하지 않고, 차순위 매수(입찰)신고인이 있을 경우 법원은 차순위 매수 (입찰)신고인에 대한 낙찰 여부를 결정하게 된다.

- 차순위 매수(입찰)신고인에 대하여 낙찰허가 결정이 내려진 때에는 종 전 낙찰자는 입찰보증금의 반환을 청구하지 못하며, 입찰보증금은 배당

에 포함된다.

- 차순위 입찰신고인에 대해 낙찰기일을 다시 지정하여 낙찰허가결정을 하고, 대금지급기일을 지정하게 되는데 새로 정해진 대금지급기일에도 대금납부를 하지 않으면 재입찰을 하게 된다.

재입찰은 전 낙찰자가 낙찰을 받았던 때의 최저 경매가로 진행되며, 전 낙찰자는 입찰에 참가할 수 없다. 다만, 전 낙찰자가 재입찰 기일의 3일 전까지 낙찰대금, 지연이자(대금 지급기일로부터 대금 납부일까지의 연 25%의 비율에 의한 이자)와 재입찰절차의 비용을 납부한 때에는 재입찰 절차를 취소하게 된다.

- 낙찰자가 낙찰대금을 완납한 후 법원은 배당기일을 정하여 이해관계인과 배당을 요구한 채권자를 소환하여 배당을 하게 된다.

각 채권자는 법원에서 통보한 배당요구 마감일까지 채권의 원금, 이자, 비용 기타 부대채권의 계산서를 제출하여야 한다. 만일 채권자가 계산서를 제출하지 않았을 경우에는 배당요구서 등 기타 기록에 첨부된 증빙서류를 참고해 채권액을 계산하며, 배당요구 마감일 이후에는 채권액을 보충할 수 없다.

법원은 미리 작성한 배당표 원안을 배당기일에 출석한 이해관계인과 배당요구 채권자에게 열람시켜 의견을 듣고, 즉시 조사할 수 있는 증거서류를 조사한 다음 배당표 원안에 추가/정정하여 배당표를 완성, 확정한다.

- 낙찰자의 대금완납으로 낙찰 부동산에 대한 소유권을 낙찰자가 취득하므로, 법원은 낙찰자 명의의 소유권이전등기와 낙찰자가 인수하지 아니하는 부동산의 말소등기를 등기관에 촉탁하게 된다.

등기와 말소 비용은 낙찰자의 부담이므로, 낙찰자로부터 주민등록표등본, 등록세영수필 통지서 및 영수필 확인서, 국민주택채권매입필증 등

첨부 서류가 제출되었을 때 법원은 소유권이전등기 등을 촉탁하게 된다.

- 낙찰자가 낙찰대금 완납 후에는 채무자에 대해 낙찰 부동산을 인도할 것을 요구할 수 있으나, 채무자가 임의로 인도하지 아니하는 때에는 대금 완납 후 6개월 이내에 집행법원에 대하여 집행관으로 하여금 낙찰 부동산을 강제로 낙찰자에게 인도케 하는 내용의 인도명령을 신청하여 명령에 의하여 부동산을 인도받을 수 있다. 낙찰자의 대금완납으로 닉찰 부동산에 대한 소유권을 낙찰자가 취득하므로, 법원은 낙찰자 명의의 소유권이전등기와 낙찰자가 인수하지 아니하는 부동산의 말소등기를 등기관에 촉탁하게 된다.

낙찰자는 점유자가 매수인에게 대항할 수 있는 권리를 가진 경우 이외에는 인도명령을 신청할 수 있다.

그림으로 보는 경매 절차

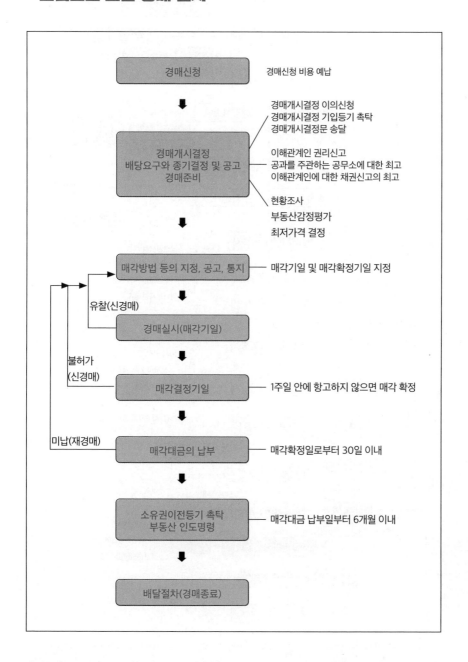

경매신청 ──── 경매신청 비용 예납

경매개시결정
배당요구와 종기결정 및 공고
경매준비

경매개시결정 이의신청
경매개시결정 기입등기 촉탁
경매개시결정문 송달

이해관계인 권리신고
공과를 주관하는 공무소에 대한 최고
이해관계인에 대한 채권신고의 최고

현황조사
부동산감정평가
최저가격 결정

매각방법 등의 지정, 공고, 통지 ──── 매각기일 및 매각확정기일 지정

유찰(신경매)

경매실시(매각기일)

불허가
(신경매)

매각결정기일 ──── 1주일 안에 항고하지 않으면 매각 확정

미납(재경매)

매각대금의 납부 ──── 매각확정일로부터 30일 이내

소유권이전등기 촉탁
부동산 인도명령 ──── 매각대금 납부일부터 6개월 이내

배달절차(경매종료)

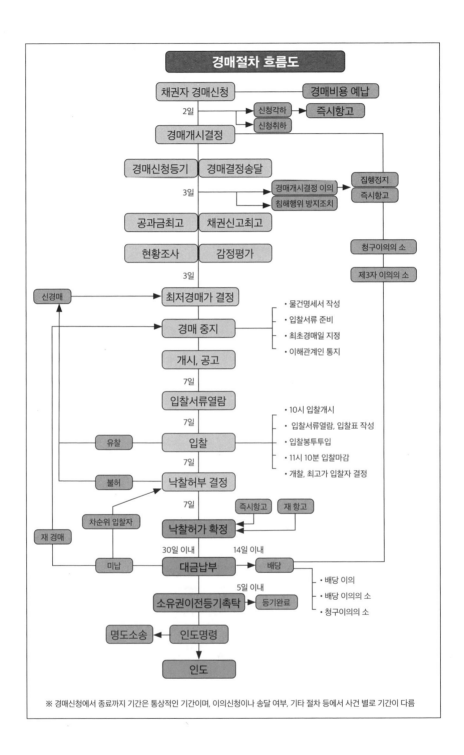

경매절차 흐름도

채권자 경매신청 — 경매비용 예납

2일 → 신청각하 → 즉시항고
신청취하

경매개시결정

경매신청등기   경매결정송달

3일 → 경매개시결정 이의 → 집행정지 / 즉시항고
침해행위 방지조치

공과금최고   채권신고최고

현황조사   감정평가

청구이의의 소
제3자 이의의 소

신경매 → 3일 → 최저경매가 결정
• 물건명세서 작성
• 입찰서류 준비
경매 중지
• 최초경매일 지정
• 이해관계인 통지

개시, 공고

7일

입찰서류열람
• 10시 입찰개시
7일
• 입찰서류열람, 입찰표 작성
유찰 → 입찰
• 입찰봉투투입
7일
• 11시 10분 입찰마감
불허 → 낙찰허부 결정
• 개찰, 최고가 입찰자 결정

차순위 입찰자
7일

즉시항고   재 항고
재 경매
낙찰허가 확정

30일 이내   14일 이내

미납 → 대금납부 → 배당
• 배당 이의
5일 이내
• 배당 이의의 소
소유권이전등기촉탁 → 등기완료
• 청구이의의 소

명도소송 ← 인도명령

인도

※ 경매신청에서 종료까지 기간은 통상적인 기간이며, 이의신청이나 송달 여부, 기타 절차 등에서 사건 별로 기간이 다름

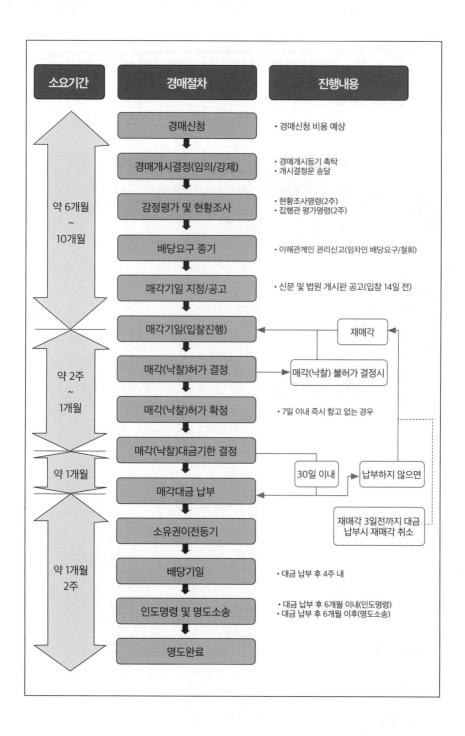

소요기간	경매절차	진행내용
	경매신청	• 경매신청 비용 예상
	경매개시결정(임의/강제)	• 경매개시등기 촉탁 • 개시결정문 송달
약 6개월 ~ 10개월	감정평가 및 현황조사	• 현황조사명령(2주) • 집행관 평가명령(2주)
	배당요구 종기	• 이해관계인 권리신고(임차인 배당요구/철회)
	매각기일 지정/공고	• 신문 및 법원 게시판 공고(입창 14일 전)
	매각기일(입찰진행)	재매각
약 2주 ~ 1개월	매각(낙찰)허가 결정	매각(낙찰) 불허가 결정시
	매각(낙찰)허가 확정	• 7일 이내 즉시 항고 없는 경우
약 1개월	매각(낙찰)대금기한 결정	30일 이내 → 납부하지 않으면
	매각대금 납부	재매각 3일전까지 대금 납부시 재매각 취소
	소유권이전등기	
약 1개월 2주	배당기일	• 대금 납부 후 4주 내
	인도명령 및 명도소송	• 대금 납부 후 6개월 이내(인도명령) • 대금 납부 후 6개월 이후(명도소송)
	명도완료	

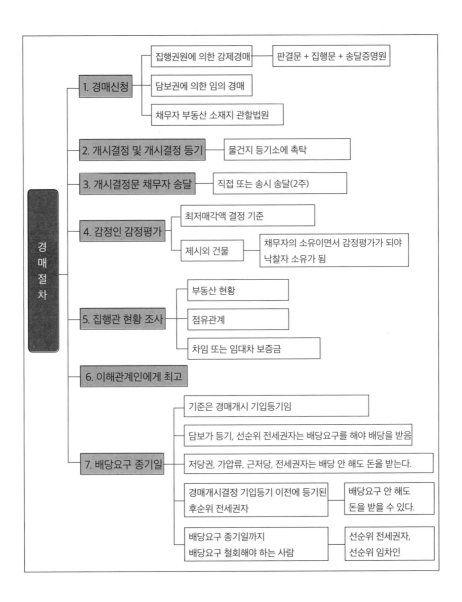

경매신청 방법

경매를 신청하고자 하는 자는 경매신청서를 작성하여 목적 부동산을 관할하는 경매법원에 제출하여야 한다. 공동담보의 목적이 되는 여러 개의 부동산이 각각 분산되어 있는 경우에는 관할 경매법원 각각에 경매신청을 해야한다. 신청서에는 다음 사항을 기재하여야 한다.

경매신청서 기재사항

① 채권자, 채무자, 소유자의 성명과 주소

② 청구금액(피담보채권의 일부에 대하여 담보권의 실행 또는 권리를 행사할 때는 그 취지 및 범위를 적음)

③ 경매할 부동산의 표시

④ 저당물의 경매를 구한다는 신청 취지

⑤ 저당권 설정 사실과 피담보채권의 불이행이 있었다는 신청 원인을 기재

⑥ 관할 법원의 표시

⑦ 경매신청인의 기명날인 신청서를 작성했으면 다음의 서류를 첨부하여 담보권의 존재를 증명해야 한다. 또한 담보권의 승계가 있는 경우에는 승계를 증명하는 서류도 첨부하여야 한다.

경매신청서에 첨부해야 하는 서류

① 신청대리인의 허가신청서 1통

② 위임장 1통

③ 근저당 설정계약서 등본 1통

④ 부동산 등기부등본 1통

⑤ 계약서 및 세금계산서 사본 1통

⑥ 부동산 목록 10통

⑦ 등록세, 교육세 납부서 1통

위와 같이 경매신청서의 필수 기재 항목들을 다 적은 후에는 이에 따른 관계 서류를 첨부하여 인지를 붙여 제출한다.

경매입찰표 작성과 입찰가 정하기

최근 부동산 가격의 하락으로 인해 경매 물량이 점점 증가하고 있다. 부동산 시장과 경매 시장은 반비례 관계로 부동산 시장이 좋으면 경매 물량이 줄어들고 반대로 부동산 시장이 어려우면 어려울수록 경매 물량은 증가 또는 급증한다.

경매물건에 입찰을 하기 위해서는 입찰하고자 하는 물건에 대하여 권리분석과 해당 물건의 가격이 아닌 가치분석을 충분하게 해야 한다. 많은 사람들은 경매 감정가격에 따라서 유찰되는 가격을 기준으로 하는 경우가 있는데, 감정가격을 기준으로 투자했다가는 큰 낭패를 볼 수 있다.

경매 감정가격은 단순하게 생각해서 경매절차를 진행하기 위한 가격 설정이라고 생각해야 실수가 없다. 경매물건은 가격이 아닌 가치를 충분하게 판단해야 한다. 가격이 아닌 가치를 판단하는 것이 무엇보다 중요하다.

경매물건의 권리분석과 가치가 충분하게 판단되었다면 입찰표를 작성하게 된다. 입찰표의 작성은 취득하고자 하는 본인이 직접 입찰표를 작성하고자 할 경우에는 쉽다.

입찰자의 신분증과 도장 그리고 입찰금액을 준비하면 된다. 입찰 금액은 수표 한 장으로 준비하는 게 좋다.

(앞면)

기 일 입 찰 표

의정부지방법원 고양지원 집행관 귀하

입찰기일 : 2023 년 01 월 26 일

사건번호	2022 타경 12345	물건번호	1 ◀물건번호가 여러개 있는경우에는 꼭기재

입찰자

	성명	홍길동 (홍길동 인)	전화번호	010-1234-5678
본인	주민(사업자)등록번호	830417-1237818	법인등록번호	
	주소	서울특별시 강남구 서초동 12345번지 하늘 아파트 101동 103호		
대리인	성명	(인)	본인과의 관계	
	주민등록번호		전화번호	
	주소			

입찰가격	천억	백억	십억	억	천만	백만	십만	만	천	백	십	일		보증금액	백억	십억	억	천만	백만	십만	만	천	백	십	일	
			3	8	0	0	0	0	0	0	0	0	원				3	7	5	0	0	0	0	0	0	원

보증의 제공방법 : ☐현금·자기앞수표 ☐보증서	보증을 반환 받았습니다. 입찰자 홍길동 (홍길동 인)

입찰표는 표에 나와 있는 대로 작성하면 된다.

가장 중요한 사항은 입찰 가격란에 숫자로 적게 되는데, 글씨를 조금 잘못 쓰거나 흐릿하게 썼다고 해서 절대로 수정하면 안 된다. 조금이라도 수정하면 1등으로 되었다고 하더라도 무효다.

입찰표 작성을 함에 있어서 쓰고자 하는 금액란을 정확한 숫자 단위에 써야 한다. 가끔 있는 일이기는 한데 억 단위로 써야 하는데, 10억 단위로 쓰거나 또는 천억 단위부터 쓰는 경우도 있다.

입찰표를 다 작성한 후에는 작성된 입찰표를 사진으로 찍어두는 게 좋다. 입찰표 작성을 하고 확인하고 사진을 찍어서 확인하고… 그래야 실수가 없다.

입찰표를 모두 작성한 후에는 입찰금액을 봉투에 넣는다. 입찰 봉투에도 봉투에 써야 할 공간에 이름, 사건번호를 기재하고 도장을 찍는다.

위의 내용에 문제가 없는 것을 최종적으로 확인하고 입찰 대봉투에 넣는다. 대봉투에도 이름, 사건번호를 기재하고 도장을 찍는다. 그리고 최종적으로 입찰함에 넣는다.

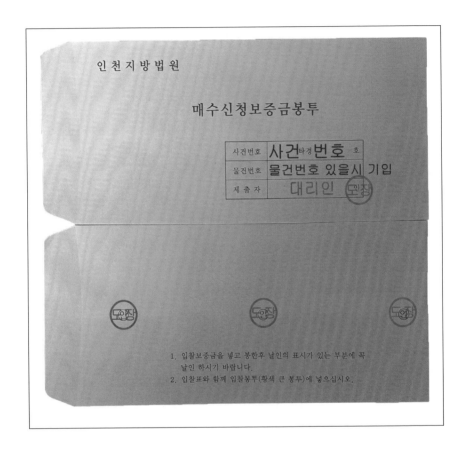

그리하면 당일 입찰번호 순서로 입찰 결과가 진행되고, 낙찰(최고가매수인)되면 영수증을 주고 떨어지면 입찰함에 넣었던 봉투를 그대로 돌려준다.

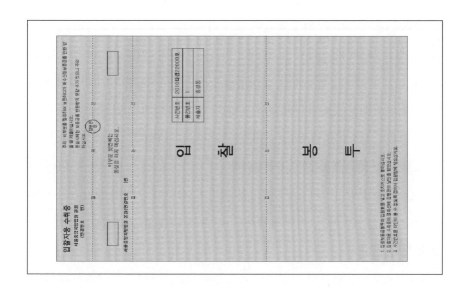

토지경매 입찰가 정하는 법

입찰에서 2등은 아무런 의미가 없다. 1등만이 낙찰의 기쁨을 누리게 된다. 그래서 계속 패찰하다 보면 오기가 생겨 입찰가를 올려서 낙찰 받는 실수를 하게 되는 경우도 있다. 그렇게 됨으로써 비록 낙찰은 받았지만 수익은커녕 오히려 손해가 나는 경우도 생길 수 있다.

입찰가는 세금을 낸 순수익을 계산해서 정한다. 경매입찰은 낙찰보다는 수익을 내기 위한 수단임을 잊어서는 안 된다. 만약 목표수익을 기초로 해서 입찰가를 정했는데도 매번 패찰을 한다면 전략을 조금 수정할 필요도 있다.

입찰가를 정하는 순서는 다음과 같다.

1 단계 : 목표수익 기준 정하기

투자금액과 투자기간에 따른 목표수익 기준을 미리 정해야 한다. 그 기준은 절대적인 것이 아니라 투자자 본인의 아주 주관적인 기준이다. 목표수익은 모든 비용과 세금을 납부한 후의 순수익이다.

1억 원을 투자해서 1년 후에 원하는 목표수익은 얼마인가? 누군가는 1,000만 원의 수익에도 만족할 것이고, 누군가는 적어도 3,000만 원의 수익은 되어야 한다고 생각할 것이다. 자신만의 목표수익 기준을 가장 먼저 정해야 한다.

2 단계 : 보유기관과 매도가격 설정

물건을 낙찰 받는다면 언제 매도할 것인지 정한다. 이해관계자와의 협의나 소송이 끝나는 시점, 지역개발계획, 가격 동향 등을 고려하여 매도 시점을 정하면 된다.

또 매도 시점에 얼마의 가격으로 매도할 수 있을 것인지도 예측해 봐야 하는데, 너무 희망적으로 매도가격을 정해도 문제이지만 그렇다고 해서 너무 소극적으로 정할 필요는 없다. 매도가격을 너무 낮게 책정하면 입찰가를 낮게 쓰게 되고 낙찰 받을 확률도 떨어지기 때문이다.

3 단계 : 입찰가 정하기

입찰가를 대략적으로 정한다. 이 입찰가는 최종적인 입찰가는 아니고, 3단계부터 5단계까지 반복해 양도소득세와 순수익을 계산해 보고 목표수익 기준을 만족시키는 입찰가를 정하는 것이다.

4 단계 : 양도소득세 산출

물건을 낙찰받기 전에 양도소득세를 산출해 본다. 양도소득세는 금액이 클뿐더러 순수익에 가장 큰 영향을 준다.

주택의 경우에는 1가구 1주택 비과세 제도가 있어서 양도소득세를 면제받을 수 있지만 토지의 경우에는 8년 자경농지 감면 등 극히 일부를 제외하고는 예외 없이 양도소득세를 납부해야 한다.

양도소득세는 보유기간과 소득금액에 따라 세율이 달라진다. 1단계에서 보유기간과 매도가격을 확실히 정해야 오차가 줄어든다.

5 단계 : 순수익 계산

목표수익 기준, 보유기간, 매도가격을 정하고 양도소득세를 산출했다면 순수익은 다음과 같이 계산된다.

순수익 = 매도가격 – 입찰가 – 양도소득세

만약 순수익이 목표수익에 미치지 못한다면 3단계로 돌아가 입찰가를 다시 정한다.

복잡하고 번거로워 보일 수 있지만 목표수익을 확실히 얻을 수 있는 입찰가를 정하기 위한 과정이다.

경매 수익률 계산법

싸다고 생각해서 무조건 낙찰 받으면 어떻게 될까?

이용 목적에 따른 수익률 계산은 필수다. 부동산을 저렴하게 취득할 수 있다는 점은 경매의 가장 큰 매력인 바, 한번 유찰될 때마다 최저 응찰가격이 20~30%씩 낮아지기 때문이다. 운이 좋다면, 3회 이상 유찰돼 시세의 반값으로 떨어진 양질의 물건을 낙찰 받을 수도 있다.

하지만 여러 번 유찰된 물건들은 권리관계나 물건 자체에 하자가 있는 경우가 대부분이어서 낙찰자가 부담해야 할 금융 비용이 커지게 된다. 가령 건축법을 위반해 건축된 건축물을 낙찰 받으면 원상회복을 할 때까지 이행강제금을 내야 하고, 공동저당 물건 중 일부를 낙찰 받은 경우, 전체 부동산이 매

각 및 배당될 때까지 명도나 이용을 할 수 없기 때문에 길게는 수 년 동안 이
자 비용을 부담해야 한다. 즉 손실을 줄이기 위해선 반드시 철저한 권리분석
이 선행되어야 한다.

물론 낙찰 받은 부동산을 어떤 목적으로 이용할 것인지에 대한 계획도 필
수다. 시세차익이 목적인 경우에는 매매가 활발한 지역인지, 개발호재가 있
는지 여부를 파악해야 하고, 토지 최유효 활용 방안을 염두에 둔 토지 사용
수익을 얻을 목적이라면, 임차수요가 풍부한지 주변에 대체상품이 많은지도
확인해야 한다.

실제 거주할 목적이 아니라면 낙찰 부동산으로 얻게 될 수익을 미리 계산
해 볼 필요가 있는데, 차입금과 취득세 등의 투자비용에 비해 임대수익이 보
잘것없거나 임대 및 분양이 걱정되는 물건이라면 경매에 참여하지 않는 편
이 더 낫다.

경매 고수들은 투자수익률이 10% 전후라면 응찰을 고려해 볼 만하다고
말한다.

구분	금액
감정가(A)	
희망낙찰가(B)	
- 자기자본(C)	
- 차입금(D)	
연 이자비용(E = D × 4%)	
취득세(F = B × 4.6%)	
임차보증금(G)	
월 임대료(H)	
중개보수[I = (G + (H × 100)) × 0.9%]	
총 투자비용(J = C + F + I - G)	

연 임대수익(K = H × 12 - E)	
연 수익률	
대출금리는 4%로 가정하여 계산, 편의상 차입금은 이자만 상환함. 관리비, 공실등을 감안한 실제 수익률은 9% 전후로 예상함.	

구분		경매진행 내용		비고
총 투입액				계약금 + 입찰보증금 + 추가 투입 - 사후 정산 입금
	매도금액	(감정가 90%)		
	매도비용	(3%)		금액(법정수수료 + 급매 컨설팅료)
	차감 수입액			
	대출 상황			
	매도 수입액			
세전 투자수익	금액			
	이익율			
	매도금액			
	매입원가			낙찰금액 + 매수수수료 + 등기제비용 + 매도비용
	명도차익			손실
	양도세	(양도세율 50%)		양도차손으로 세금 없음
세후 투자수익	금액			
	이익률			투자기간 18개월
	연수익 환산			

예시 : 경매 감정가가 1억 8,000만 원인 토지의 입찰가 정하기

1단계 : 목표수익 기준 정하기

예를 들어 1억 원을 투자해 1년에 적어도 2,000만 원 이상의 수익(수익률 20%)이 나야 한다는 목표수익 기준을 갖고 있다고 가정해 보겠다.

2단계 : 보유기간과 매도가격 설정

2년 동안 보유하고 매도가격은 2억 원을 예상한다.

3단계 : 입찰가 산정하기

일단 1억 5,000만 원으로 정한다. 투자기간이 2년이고, 투자금액도 1억 5,000만 원이므로 이 투자에서의 목표수익은 다음과 같다.

목표수익 = (1억 5,000만 원 × 수익률 20%) × 2년 = 6,000만 원

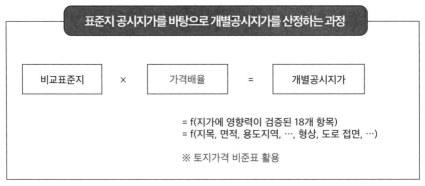

※ = f(지목, 면적, 용도지역, 용도지구, 기타제한(구역 등), 도시계획시설, 농지구분, 비목도, 경지정리, 임야, 토지이용상황, 고저, 형상, 방위, 도로접면, 도로거리(철도/고속도로 등, 폐기물/수질오염 등)

4단계 : 양도소득세 산출

양도차익은 5,000만 원이므로 양도소득세율은 24%, 누진공제는 522만 원이 적용된다. 따라서 양도소득세는 678만 원이다.

양도소득세 = (5,000만 원×24%) - 522만 원 = 678만 원

5단계 : 순수익 계산

순수익 = 2억 원-1억 5,000만 원- 678만 원 = 4,322만 원

예상 순수익이 4,322만 원이므로 목표수익을 만족시키지 못 한다. 목표수

익이 6,000만 원이 되려면 입찰가를 낮춰야 한다. 다시 3단계로 돌아가 입찰가를 1억 3,000만 원으로 바꾸어 본다. 그러면 양도소득세는 1,158만 원으로 계산되고, 순수익은 5,842만 원이 된다.

양도소득세 = (7,000만 원 × 24%) - 522만 원 = 1,158만 원
순수익 = 2억 원-1억 3,000만 원-1,158만 원 = 5,842만 원

이 정도면 목표수익을 대략 만족하기 때문에 입찰가를 1억 3,000만 원 내외로 정하면 된다는 결론에 이른다.

이렇게 목표수익과 양도소득세, 순수익을 계산해 입찰가를 산정하면 나만의 기준에 맞춰 정할 수 있다.

땅값을 알아보는 3가지 방법

토지경매를 위해서는 땅값을 먼저 파악해야 한다. 토지 가격을 조사하는 3가지 방법이 있다. 실거래가격을 조사하거나 부동산 중개업소를 통하는 방법, 거래 사례를 조사하는 방법이다.

토지 실거래가 조사

먼저 토지 실거래가를 조사하는 방법이다. 토지 실거래가격은 국토교통부 실거래가 공개시스템에서 확인할 수 있다.

국토교통부 실거래가 공개시스템 메인화면 (http://rt.molit.go.kr/) 실거래가 공개시스템 홈페이지에서 토지(①)를 클릭한다.

실거래가 조회

아래에 보여지는 그림을 참고해 실거래가 공개시스템의 화면에서 화면에서 기준연도(②)와 지역(③)을 선택하고 검색(④)을 누른 후 용도지역(⑤)을 선택한다. 그러면 실거래가 자료(⑥)가 조회되는데, 면적단위당 거래금액을 환산하면 대략적인 가격을 알 수 있다.

하지만 이 자료만으로는 정확한 가격을 파악할 수 없다. 개인정보 보호를 위해 거래된 땅 지번 정보를 제공하지 않기 때문이다.

도로에 접한 땅인지, 안쪽 땅인지, 모양이 삼각형인지 사각형인지도 알 수 없다. 하지만 대략적인 가격과 동향을 파악할 수 있기에 유용하게 사용할 수 있을 것이다.

부동산 중개업소를 통한 조사

중개업소를 방문할 때는 최대한 많은 중개업소를 방문하는 것이 좋다. 그래야 정확한 정보를 주는 중개업소를 만날 가능성이 높아지기 때문이다. 그러기 위해서는 정확한 목표를 가지고 가야 한다. 목표에 따라 문의 방법도 달라지기 때문이다.

만약 경매 물건으로 나온 토지를 조사하려는 것이라면, 경매 토지에 대해 직접 문의하는 것이 좋다. 그러면 대상이 확실하기 때문에 이야기가 겉돌지 않으며, 솔직하고 숨김없이 상담할 수 있다. 대상 토지 거래가격에 대한 의견을 나눌 수 있고, 개발 방향에 대한 이야기도 들을 수 있다.

또 다른 방법은 매수자로 위장을 하는 것이다. 이런 경우에는 주변의 다양한 매물과 분위기, 시세 등을 확인할 수 있다. 이때 주의할 점은 뚜렷한 토지 매입 목적과 진실성을 보여줘야 한다는 것인데, 만약 목적이 불분명하다고 느껴지면 중개인으로부터 성의 있는 대답을 듣긴 힘들 것이다.

다른 목적을 생각해내기 힘들다면, 전원주택 부지를 보러 왔다거나 또는 투자해서 묻어둘 땅을 사러 왔다고 하면 된다. 이는 대부분의 토지 매수자들이 부동산을 방문하는 목적이기도 하기 때문이다. 또한, 투자금액도 미리 설정하면 구체적인 정보를 습득할 수 있다.

땅 가격의 종류

- 공시지가(개별/표준지)
- 실사용목적 원가(실수요자)
- 감정평가가격(감평가/감평원)
- 매도호가, 매수호가(공인중개사)
- 급매가(매도인)
- 흥정가격(당사자)
- 담보대출가(은행)
- 경매낙찰가(법원)
- 실거래가(국토부)

> 땅값은
> 호가 > 매도희망가 > 시세가 > 급매가 > 공매가 > 경매가 순으로 낮아진다

부동산 중개업소에 방문해 조사할 때 주의해야 할 점

부동산 중개업소에 방문해 조사할 때 주의해야 할 점도 있다. 중개사들이 말하는 가격은 평균적인 가격일 확률이 높다. 토지는 각각 입지, 면적, 도로

조건이 다르므로 매수하고자 하는 토지를 그 가격으로 매도할 수 있다고 속단하면 안 된다.

또 토지의 가치가 아닌 면적기준으로 가격을 말해 주기 때문에, 만약 건축선 후퇴가 되는 토지라도 그 면적을 제외하지는 않는다. 따라서 투자자 스스로 토지의 가치를 판단할 수 있어야 한다.

공인중개사라 하더라도 토지에 대해서는 잘 모르는 경우도 많다. 그래서 스스로 어느 정도 토지의 기본 지식을 습득하고 난 후, 공인중개사와 대화하면 그들의 실력을 짐작할 수 있을 것이다.

다른 한편으로 공인중개사 또한 잠재적인 경쟁자일 수도 있다. 그들도 경매에 입찰하여 할 수도 있기 때문이다. 그래서 절대적인 믿음을 갖지도, 믿지도 말고 파악한 정보를 유출하지 않도록 주의해야 한다.

토지 거래 사례 조사

거래 사례는 현장 임장을 통해서 찾을 수 있다. 중개업소를 통해 알 수도 있지만 인근 주민들에게서도 정보를 얻을 수 있다.

어느 땅이 얼마에 거래됐다는 얘기를 들었다면 그 땅의 등기부등본을 열람하여 거래 금액을 확인한다. 거래 사례를 찾는 다른 방법은 경매감정평가서를 보는 것이다. 모든 감정평가서에 거래 사례가 있는 것은 아니지만 그 지역의 과거 경매나 공매 물건을 찾아보면 알 수 있다.

경매감정평가서에 나온 거래 사례로 조사하기

거래 사례를 찾는 또 다른 방법은 전문사이트를 이용하는 것이다. 그 중에서 유용한 사이트가 밸류맵(https://www.valueupmap.com)이다.

밸류맵에 주소를 입력하면 주변 토지 거래가격이 뜨기 때문에 손쉽게 토지

거래 사례를 얻을 수 있다. 하지만 밸류맵에 모든 거래 사례가 뜨는 것은 아니기 때문에 다양한 경로로 사례를 찾을 수 있어야 한다.

이처럼 실거래가 분석을 통해서 평균적인 토지가격을 조사하고, 부동산중개업소를 통해서 가격에 대한 의견을 듣고 매물 시세도 파악하고, 또 거래 사례를 조사하면 대략적으로 그 지역의 토지 가격이 어느 정도에 형성되어 있는지 알 수 있다.

토지 감정평가의 오류를 감안하자

- 인접비 '대지' 매매사례 비교법
- ㄴ 경매낙찰(유찰저감률에 의존)
- 개발이익 배제의 원칙
- 도로변 토지는 매매사례
  - 1km 정도 멀어질 때마다 땅값은 5~10% 정도 하락
    대상 토지의 위치. 지형, 주변 환경, 용도, 지목, 땅의 형태, 지질, 경사도, 도로에서의 거리 등
- 도로의 폭, 주 진입로냐 간선도로냐에 따라 다르다.
- 동일 지역이라도 방향, 강, 바다 조망 여부, 혐오시설 여부 개발계획 등에 따라 가격이 다르게 형성된다.
- 경사도의 경우 전원주택지일 때 10% 미만

비슷한 토지인데 왜 가격이 다를까?

여기서는 토지 투자를 할 때 위험을 피해갈 수 있는 방법에 대해 알아보고자 한다.

땅을 살 때 위험을 피하고 좋은 물건을 고르기 위해서는 토지이용계획확인서를 꼭 살펴야 한다. 겉보기에는 괜찮아 보여도 막상 토지이용계획확인서를 확인해 보았을 때 문제가 있는 경우도 있기 때문이다.

외관상 비슷한 토지라 할지라도 땅값이 차이가 나는 것은 토지의 이용규제가 다르기 때문이다. 토지에 대해 잘 모르는 일반 투자자들은 위성지도만 보고 외관상 비슷한 토지라고 판단하기 쉬운데, 토지에는 눈에 보이지 않는 이용규제가 존재하고, 규제에 따라 토지를 이용할 수 있는 범위가 다르므로 이런 부분 또한 잘 살펴야 한다.

아래 그림을 보면 광주광역시 광산구 삼도동 농지가 경매로 진행되고 있다. 감정가는 11,310,000원으로 ㎡당 30,000원에 경매 감정평가가 되었다.

2016타경○○○(2)	• 광주지방법원 본원 • 매각기일 : 2017.12.07(목, 10:00) • 경매 10계(062-239-1674)						
소재지	광주광역시 광산구 상도동 6○○-○○						
물건종별	농지	감정가	11,310,000원	구분	입찰기일	최저매각가격	결과
토지면적	377㎡(114.042평)	최저가	(100%) 11,310,000원	1차	2017-02-10	11,310,000원	낙찰
				낙찰 22,999,900원(200.36%)/16명/미납			
					2017-04-21	7,917,000원	변경
건물면적		보증금	(10%)1,140,000원	2차	2017-05-26	11,3210,000원	낙찰
				낙찰 20,099,990원(177.72%)/12명/미납			
매각물건	토지매각	소유자	정○○	차순위 신고금액 11,494,000원 매각결정기일 : 2017.07.24 차순위매각허가 결정			
개시결정	2016.06.06	채무자	정○○	3차	2017-09-28	11,310,000원	낙찰
				2낙찰 26,170,000원(231.39%)/17명/미납			
사건명	임의경매	채권자	인○○	4차	2017-12-07	11,310,000원	

하지만 인근에 있는 토지의 가격은 이보다 훨씬 비싸다. 예를 들면 삼도동 728번지는 2015년에 ㎡당 125,000원에 거래가 되고 있었다.

따라서 주변 토지에 비해 낮은 가격으로 평가되었다는 점으로 인해 매번 경매입찰자 수가 10명을 넘었는데, 이 물건의 낙찰자는 미납을 했다. 왜 그랬을까?

건물을 지을 수 없는 토지였기 때문이다.

위성지도에서 경매 토지와 삼도동 728번지를 살펴보면 외관상으로는 비슷해 보인다. 하지만 토지이용규제는 전혀 달랐다. 삼도동 728번지는 일반주거지역이기 때문에 건물을 지을 수 있는 반면, 경매 토지는 개발제한구역에 포함되어 있기 때문에 건물을 지을 수 없었다.

그런데 낙찰자는 토지이용규제에 표시된 개발제한구역이라는 글자를 보지 못하고 단지 위성사진으로만 경매 토지의 가치를 판단했고, 낙찰 받은 후에 건물을 짓지 못하는 토지임을 알게 되어 결국 미납하게 된 것이다. 즉 해당 경매 토지의 감정평가 금액은 올바르게 평가된 것이지 결코 싸게 평가된 것이 아니었던 것이다.

이렇게 외관상 비슷해 보이는 토지라도 가격 차이가 나는 이유는 토지의 규제가 다르기 때문이다. 그래서 토지이용계획확인서를 통해 토지이용규제를 파악할 수 있어야 한다. 토지이용계획확인서만으로도 위험을 피해갈 수 있다.

또 다른 예시를 보겠다. 토지만 매각으로 나온 경매 물건인데, 인천대공원 방문객들과 소래산 등산객들이 꼭 찾는다는 맛집이 많은 동네다. 토지 면적 219평으로 작은 면적이 아니고 바로 옆에 손칼국수집이 있어 식당 자리로도 괜찮아 보이는 곳이다.

2017타경○○○(2)	• 인천지방법원 본원 • 매각기일 : 2017.12.07(목, 10:00) • 경매 10계(062-239-1674)							
소재지	인천광역시 남동구 장수동 ○ ○ ○							
물건종별	농지	감정가	538,656,000원					
토지면적	724㎡(219.01평)	최저가	(100%)538,656,000원	구분	입찰기일	최저매각가격	결과
건물면적		보증금	(10%)53,870,000원	1차	2018-03-08	538,656,000원	
매각물건	토지매각	소유자						
개시결정	2017-06-14	채무자						
사건명	임의경매	채권자						

하지만 역시 꼼꼼하게 살펴보아야 하기 때문에 의심을 가지고 확인을 해보는 습관은 중요하다. "이렇게 좋은 땅인데 왜 건물을 짓지 않고 내버려두었을까?" 하고 생각해 보아야 한다는 것이다.

토지이용계획확인서를 살펴보도록 하자.

소재지	인천광역시 남동구 장수동			
지목	답	면적	724㎡	
계별공시지가(㎡당)	589,700원(2018/01)			
지역지구등 지정여부	「국토계획 및 이용에 관한 법률」에 따른 지역·지구등	제1종일반주거지·제1종지구단위계획구역(2012-11-26)(만외골)·경관광장(2002-06-05)(15.11.30 변경고시)·소로2류(폭 8M~10M)(접합)		
	다른 법령 등에 따른 지역·지구등	제한보호구역(후방지역 500m)〈군사기지 및 군사시설 보호법〉·**현상변경허가대상구역(역사문화환경 보존지역(문의, 문화체육과 453-2132))**〈문화재보호법〉과밀억제권역〈수도권정비계획법〉		
「토지이용규제 기본법 시행령」 제9조제4항 각 호에 해당되는 사항				

'현상변경허가대상구역'이라는 글자가 보인다. '문화체육과 문의'가 표기되어 있는 것으로 보아 이런 내용을 모르고 투자를 했다가 낭패를 본 사람들이 많았던 것 같다. 시청에서는 반복되는 민원을 예방하기 위해 이런 문구를 토지이용계획확인서에 넣어두므로 잘 살펴보아야 한다.

전화를 걸어 문의한 결과, "이 토지 근처에는 시 지정 기념물인 장수동 은행나무가 있어 이 토지는 원지형 보존지역에 포함되어 있습니다. 기존 건축물이 있다면 심의를 받아 개축은 가능합니다. 만약 지금 건물이 없는 상태라면 새로운 건물을 지을 수 없습니다." 라는 답변이 돌아왔다.

만약 이 토지를 낙찰 받았다면 식당은 고사하고 농사만 지을 수 있을 것이다. 이후 이 경매 물건은 신건에 낙찰되었다가 잔금이 미납되었고, 1회 유찰된 끝에 5억 1,000만 원에 낙찰되었다. 5억 원이 넘는 거금을 투자하면서 기본적인 사항도 파악하지 않는다면 미납으로 인해 소중한 입찰보증금을 잃게 되거나, 낙찰 받아 이러지도 저러지도 못하는 상황에 처할 수 있다.

토지의 외형만 보고 좋아 보인다는 생각에 혹은 다른 사람의 이야기만 듣고 괜찮아 보인다고 토지를 매입해서는 안 된다. 반드시 토지이용계획확인서를 통해 꼼꼼하게 조사를 마친 후에 투자를 결정해야 한다.

경매절차에 따른 관련 과정의 이해

채권자의 경매신청서 작성

경매신청서 첨부서류
- 강제경매 : 집행권원, 이동기 부동산일 경우 채무자의 소유임을 증명할 수 있는 서류(도급계약서, 재산세과세증명, 건축물사용승인서, 건축허가서 등)를 첨부
- 임의경매 : 담보권이 존재함을 증명하는 서류를 첨부
- 공통첨부서류 : 토지대장, 건축물관리대장, 등기부등본

경매비용 예납
- 경매절차를 진행하는 데 필요한 비용을 겸해 신청과 동시에 예납
- 경매비용은 송달료, 집행관 수수료 감정평가 수수료, 매수 수수료, 신문공고

- 예납비용은 통상 청구액의 1~2%로 매각대금의 배당순서에서 가장 우선 변제 받음.

채권자의 경매

경매 접수
- 경매신청서가 접수되면 법원은 기재사항, 첨부서류, 인지첨부 여부 등을 검토해 요건의 적부를 심사
- 흠결이 있으면 이를 지적, 고시하며 이에 신청자가 흔하지 않더라도 접수 자체를 거부할 수 없음.

경매개시결정
- 요건이 적법하게 구비되었으면 법원은 경매 신청 후 2일 후에 경매개시결정을 하게 됨.
- 경매개시결정 후 법원은 등기소에 대상 부동산의 등기부등본에 '경매개시결정' 기입 등기를 촉탁
- 경매개시결정은 압류의 효력을 가지고 있으며 압류 후에는 소유자가 그 부동산을 제3자에게 양도하거나 또는 담보물권이나 용익물권을 설정하는 등 처분을 하여도 그로써 압류채권자(경매신청자)에게 대항하지 못함.
- 법원의 개시결정에 대해 이해관계인은 법원에 기왕의 개시결정의 취소를 구하는 이의신청을 할 수 있으며, 이는 매수인이 매각대금을 완납할 때까지 해야 함.
- 임의경매는 절차상의 하자와 실제상의 하자 모두에 대해 이의신청이 가

능하지만 강제경매는 절차상의 하자에 대해서만 이의신청 가능

배당요구종기 결정, 공고

• 법원은 경매개시결정 후 7일 내에 채권자가 배당요구를 할 수 있는 종기
일(통상 매각기일의 3~4개월 전)을 결정해 이를 공지해야 함.

경매 준비

채권자 등에 대한 채권신고 최고

• 세무서, 시/군/구청, 국민연금관리공단, 건강보험관리공단 등 공과(公課) 주
무관청에 대해 교부청구 최고

• 채권자, 이해관계인에 대해 채권신고의 최고

• 공유자, 임차인에 대한 경매개시결정 통지

부동산에 대한 현황 조사

• 경매개시결정일로부터 3일 내에 집행관에게 부동산의 현황조사 및 보
고서 작성, 제출을 명함

• 집행관은 부동산의 현황 및 점유 관계, 현재 점유하고 있는 자의 권원, 임
대차 관계 등을 조사한 후 현황조사보고서를 2주일 내에 작성.

감정평가

• 현황 조사와 마찬가지로 법원은 경매개시결정일로부터 3일 내에 감정평
가사에게 해당 부동산의 감정평가를 명함.

- 법원은 감정평가 가격을 참작해 해당 부동산의 최저매각가격을 결정하게 되며, 통상적으로 1회차 경매의 최저매각가격은 감정평가금액임.

매각조건의 결정

- 매각조건은 법정매각조건과 특별매각조건이 있음.
- 법정 매각조건 : 최저가 미만 매각 불허, 무잉여 시 경매취소 등이 있음.
- 특별 매각조건 : 법원 직권 또는 이해관계인의 합의에 의해 변경한 조건으로 재매각 시 매수신청 보증금을 최저가의 20%로 증액하거나 분할매각을 일괄매각으로 변경하거나 농지의 경우 농지취득자격증명을 제출케 하는 것을 말함.
- 법원이 채권신고 최고에 따라 채권자들이 신고한 권리금액과 각종 부동산 권리자들이 배당요구한 금액을 감안해 우선순위의 채권자나 권리자들이 배당을 받고 나면(경매집행 비용 포함) 경매신청 채권자가 배당을 전혀 못받게 될 경우 경매절차를 취소해야 함.

매각물건 명세서 작성

- 법원은 매각물건 명세서를 작성해 매각기일 14일 전까지 이를 공고해야 하며, 매각기일 1주일 전에는 해당 법원에 사본을 비치해 누구나 열람할 수 있도록 해야 함.
- 응찰자는 매각물건 명세서를 통해 매수 후에도 인수해야 하는 권리, 취득할 수 있는 종물, 부합물의 범위 등을 확인해야 하며 만약 매각물건 명세서에 중대한 하자가 있을 경우, 매각허가에 대한 이의신청 및 매각허가결정에 대한 즉시항고를 할 수 있음.

신문, 인터넷 공고

법원은 매각 기업 14일 전까지 소재지, 매각 및 매각결정기일 등을 적은 내용을 신문과 법원 게시판, 인터넷 대법원 경매정보사이트(www.courtauction.go.kr)에 공고해야 함.

- 물건자료 열람
  - 경매 부동산에 동참하고자 하는 사람은 인터넷 또는 법원 방문을 통해 해당 경매사건의 물건명세서, 현황조사서, 감정평가서 등을 반드시 열람해야 함.
  - 자료 열람을 통해 해당 물건 응찰 여부 결정

매각기일

입찰

- 기일입찰의 경우 도장, 신분증, 입찰보증금이 필요하며 대리인은 인감증명서, 위임장이 추가로 필요
- 기간입찰일 경우 정해진 기간 내에 기간입찰표와 보증금 납부 증명서류를 첨부 해당 경매계로 접수
- 서울 지역의 경우 입찰은 오전 10시부터 실시되어 오전 11시 정도에 입찰을 마감한 후 11시 10분 정도에 개찰을 시작하므로 늦지 않도록 주의해야 함.
- 공동의장은 경매에 비치된 공동입찰신고서와 공동입찰자 목록을 작성해 제출

최고가매수신고인 결정

- 집행관은 해당 경매사건에 관한 최고가매수신고인의 응찰 금액과 성명을 호창한 후 공유자매수신고자나 차순위 매수신고자가 있는지를 확인한 후 해당 경매사건의 매각을 종결

보증금 반환

- 최고가매수신고인으로 선정되지 못한 응찰자들의 보증금은 즉시 반환됨.
- 최고가매수신고인이 납부한 입찰보증금은 반환되지 않고 매각가에 포함됨.

매각결정기일

매각허부결정

- 법원은 최고가매수신고인으로 선정된 응찰자에 대해 매각을 허가할지의 여부를 매각기일부터 1주일 뒤인 매각결정기일까지 결정·선고해야 함.
- 미성년자, 한정치산자, 금치산자 등은 매각불허가 사유에 해당
- 매각허가가 있을 때까지 강제집행을 허가할 수 없거나 집행을 계속할 수 없을 때, 최저매각가격의 결정, 일괄매각의 결정·매각물건명세서상 중대한 흠이 있는 때 등에 한해 매각허가에 대한 이의를 신청할 수 있음.
- 법원은 이해관계인의 매각허가에 대한 이의신청이 정당하거나 과잉매각되는 경우 매각불허가 결정을 내려야 함.

- 최고가매수신고인은 법원의 매각허가결정이 내려지면 매수인의 자격을 취득함.

즉시항고, 재항고

- 이해관계인은 법원의 매각허부결정에 대해 결정이 선고된 날로부터 7일 이내에 즉시항고를 할 수 있음.
- 위 즉시항고 기간은 불변 기간으로 7일이 지나면 즉시항고는 받아들여지지 않음.
- 즉시항고는 이해관계인이 손해를 볼 경우에만 제기할 수 있음.
- 즉시항고를 제기하는 자는 항고장에 항고이유를 구체적으로 적시해야 하며, 매각대금의 10%에 해당하는 항고보증금을 공탁해야 함.
- 채무자와 소유자는 항고가 기각. 각하될 경우 공탁한 항고보증금을 돌려받지 못하며 그 외 이해관계인은 항고를 제기한 날로부터 각하 결정이 날 때까지 연 20%의 지연이자를 제외한 금액만을 돌려받을 수 있음.
- 즉시항고자는 법원의 항고 기각 · 각하 결정에 대해 재항고 할 수 있음.

대금납부

소유권이전등기촉탁

- 매수인은 매각허부결정에 대한 즉시항고가 없을 경우 법원이 정하는 기간까지(보통 매각허가결정 확정일로부터 1개월 후) 보증금을 제외한 매각대금을 법원에 납부해야 함.
- 매각대금을 납부한 후 매수인이 소유권이전 및 말소등기촉탁신창서와

등록세 영수증 등을 첨부해 제출하면 법원은 소유권이전등기와 매수인인 인수하지 않는 부동산 부당에 관한 기입을 말소하는 등기, 경매개시결정 말소등기를 등기관에게 촉탁해야 함.

배당

- 매수인이 매각대금을 납부하면 법원은 배당기일을 지정하고 이해관계인과 채권자에게 이를 통지해야 함.
- 통지를 받은 이해관계인과 채권자는 1주일 내에 채권계산서를 법원에 제출해야 함.
- 법원은 배당기일 3일 전까지 배당표를 작성해 법원에 비치하고 채권자와 채무자가 열람을 요구할 경우 이에 응해야 함.
- 채권자는 배당기일 출석해 배당에 대한 이의를 진술할 수 있으며, 배당이의의 소를 제기할 수 있음.

인도명령 명도소송

- 채무자, 소유자, 대항력 없는 임차인 등은 인도명령 대상임.
- 매수인은 잔금납부 시 인도명령 신청서를 작성해 제출하는 것이 좋으며, 필요시 점유이전금지가처분도 동시에 신청하는 것이 바람직함
- 대금 납부 후 6개월 내의 기간에만 인도명령을 신청할 수 있으며 6개월이 지나면 명도소송을 제기해야 함
  신청 후 1주일 뒤에 인도명령결정정본에 채무자 외 매수인에게 발송되며, 매수인은 인도명령결정 정본이 있어야만 강제집행이 가능

개시결정 및 개시결정문에 대한 채무자 송달

경매개시결정

경매법원은 경매신청서의 기재 및 첨부서류를 토대로 경매 개시의 형식적·실질적 요건의 적부를 심사하여 요건이 적법하게 구비된 것으로 판단되면 경매개시결정을 한다.

경매개시결정의 효력

경매개시결정의 효력은 압류의 효력이다. 이는 경매개시결정이 부동산 소유자에게 송달된 때 또는 경매신청기입등기촉탁에 의해 경매신청등기가 된 때를 효력 발생 시기로 본다는 의미이다.

압류의 효력은 소유자의 처분권 자체를 박탈하는 것이 아니라 경매신청인과 낙찰인에게 대항하지 못하게 하는 상대적 처분금지효력으로서 압류 후에도 소유자가 목적 부동산을 관리 이용할 수는 있다.

제3자에게 미치는 압류의 효력은 압류된 부동산의 권리를 취득한 경우 경매신청자나 낙찰인에게 대항할 수 없도록 한다. 또한 압류 효력은 목적 부동산 및 그에 부합된 물건과 종물에도 효력을 미친다.

경매개시결정의 송달

송달이 되지 않으면 더 이상 경매 절차를 진행시킬 수가 없다. 만약 소유자에게 송달 없이 경매 절차를 진행하면 이는 위법이므로 집행 방법 이의신청의 대상이 될 수 있다. 따라서 소유자의 주소지가 분명하지 않거나 외국에 나가 있더라도 반드시 송달하여야 한다.

경매 취하 방법

임의경매든 강제경매든 채권자에 의하여 경매가 진행되면 낙찰인이 낙찰 대금을 납입하기 전까지는 언제든지 경매의 취하가 가능하다. 그 이유는 경매부동산의 소유권 취득 시기가 정지되는 것을 조건으로 하는 법률 행위를 대금납부 시점으로 보기 때문이다.

경매부동산을 취하시키는 방법은 부동산이 낙찰되기 전후에 따라 차이가 있다.

낙찰되기 전의 경매 취하

경매신청기입등기 이후부터 낙찰 전까지 경매를 취하하는 경우에는 다음의 서류를 첨부해 제출하면 된다.

① 경매 취하서 2통(경매신청 때와 같은 도장으로 날인)

② 경매 실행 채권자의 인감증명 1통

③ 변제증서

④ 위임장(필요 시) 1통

※경매취하신청이 받아들여지게 되면 경매신청자는 즉시 항고할 수 있다.

경매개시결정에 대한 이의 사유가 될 수 있는 것

강제경매	경매개시결정에서 형식적인 하자만이 될 수 있다. 1) 경매신청 방식의 적부 2) 신청서의 기재 3) 신청인의 적격 여부 4) 대리권의 존부 5) 첨부서류 6) 목적 부동산 표시의 불일치 7) 집행력 있는 정본의 불일치 등

임의경매	위의 강제경매의 사유를 포함하여 실체의 하자도 될 수 있다. 1) 담보권의 부존재·무효 2) 피담보채권의 불성립·무효 3) 변제나 공탁에 의한 채권의 소멸 4) 이행기의 미 도래 5) 상호 합의한 변제기일의 유예 등이 될 수 있다.

배당요구종기일

'배당종기일'이란 경매로 인하여 그 물건에 관련된 채권자들이 경매법원에 배당을 요구하게 되는데, 그 기간을 말한다. 즉 배당요구종기일까지 모든 채권자는 배당 요구를 하여야 한다.

이미 경매신청 당시 등기부상에 등기된 권리자는 배당 요구를 하지 않아도 된다. 그렇지 않은 채권자는 반드시 배당 요구를 한다. 특히나 전세권 설정을 하지 않고 전입신고와 확정일자만 받은 세입자는 필히 배당 요구를 하여야 한다. 만약에 배당 요구를 하지 않는다면 배당을 전혀 받을 수가 없다. 비록 남는 금액이 있어도 배당은 안 되고 소유자가 나머지를 배당을 받으면 그곳에 가압류를 하고 본안소송을 통해서만 받을 수 있다.

그러므로 이미 등기된 권리자를 제외한 모든 권리자는 배당요구종기일까지 배당 요구를 하여야 하며, 그 배당 요구를 할 수 있는 마지막 날을 배당요구종기일이라 한다. 그러므로 배당요구종기일 이후에는 배당 요구를 할 수 없고 또한 배당 요구를 하더라도 받아 주지 않는다.

매각 조건의 결정

법원은 집행관에게 매각할 부동산의 현황, 점유 관계, 차임, 보증금의 액수, 기타 현황에 관하여 조사를 명하고, 감정인에게 매각할 부동산을 평가하게 한다. 법원은 감정인의 평가액을 참작하여 최저 매각가격을 정한다.

현황조사

법원은 경매개시결정 후 바로 집행관에게 부동산의 현황, 점유 관계, 차임, 임대차 보증금의 액수, 그밖의 현황에 관하여 조사를 명하며, 매수 희망자는 집행관이 작성한 현황조사보고서를 통해 부동산에 관한 정보를 얻는다.

부동산의 평가 및 최저 매각가격의 결정

법원은 감정인에게 부동산을 평가하게 하고 그 평가액을 참작하여 최저 매각가격을 정하며, 그보다 낮은 가격으로 하는 매수신고에 대하여는 매각이 허가되지 않는다.

매각물건 명세서의 작성, 비치

법원은 매각물건 명세서(부동산의 표시, 점유자와 점유의 권원, 차임 또는 보증금에 관한 관계인의 진술, 등기된 부동산에 대한 권리 또는 가처분을 통한 매각으로 효력을 잃지 않는 것, 매각에 의하여 설정된 것으로 보게 되는 지상권의 개요 등) 작성 후 매각기일의 1주일 전까지 법원에 현황조사보고서, 감정평가서 사본과 함께 비치한다.

공과를 주관하는 공무소에 대한 최고

법원은 조세 및 기타 공과公課를 주관하는 공무소에 대하여 경매할 부동산에 관한 채권의 유무, 한도를 배당 요구의 종기까지 통지하도록 최고하며 이는 우선채권인 조세 채권의 유무와 최저 매각가격으로 압류채권자의 채권에 우선하는 부동산의 모든 부담과 절차 비용을 변제하고도 남을 가망의 여부 확인과 주관 공무소로 하여금 조세 등에 대한 교부 청구의 기회를 주기 위함이다.

이해관계인에 대한 채권신고의 최고

법원은 등기기록에 기입된 부동산 위의 권리자 등에 대하여 자신의 채권, 임금, 이자, 비용, 기타 부대채권에 관한 계산서를 배당요구종기까지 제출하도록 최고하며, 이 역시 우선채권의 유무, 잉여의 가망 여부를 확인하고 배당요구의 기회를 주는 의미가 있다.

매각기일과 매각결정기일

법원은 통상 경매목적물에 대한 감정평가를 끝마치고 나면 매각기일을 지정하여 공고하게 된다. 먼저 매각 방법의 지정과 관련한 것들에 대해 알아보도록 한다.

매각 방법의 지정

민사집행법에 의한 부동산의 매각 방법에는 호가경매, 기일입찰, 기간입찰의 세 가지 방법이 규정되어 있으나 실무에서는 기일입찰에 의한 방법으로 매각하고 있다. 최근에는 기간입찰도 혼용하고 있으나 사건 수는 많지 않다.

매각기일의 지정

매각기일이란 집행법원이 매각 부동산을 매각하는 날을 말하는 것으로, 집행법원이 부동산을 매각하기 위해서는 매각기일과 매각결정기일을 지정해서 이를 공고하여야 한다. 통상 매각기일은 감정인의 감정평가가 완료된 다음에 공고하게 되고, 감정평가액이 최저 매각가격의 기준이 된다.

매각결정기일

통상 매각기일로부터 1주일 이내에 정한다.

매각이 실시된 후, 최고가 매수신고인이 정해졌을 때, 이해관계인들의 진술을 듣고, 매각 절차의 적법 여부 등을 따져 매각 허가 또는 매각 불허가의 결정을 선고하는 날이다.

매각기일의 공고

매각기일의 공고는 법원게시판, 신문, 인터넷 등에 공고하게 되나 실무에서는 통상 일간신문에 공고하게 된다. 아울러 일반인들은 대법원 경매 사이트를 통해 위 내용을 확인할 수 있다.

1. 법원은 통상 경매 목적 부동산에 대한 감정평가인의 감정평가가 끝나면 매각기일을 지정 공고하게 되고, 감정평가의 금액이 최초 매각 가격의 기준이 된다.

2. 매각 방법은 통상 매각기일날 입찰하는 기일입찰이 많이 이용된다. 최근에는 기간입찰도 혼용되고 있으나 오히려 절차가 더 번거로워 많이 사용되지 않고 있다.

3. 일반인들은 매각기일의 지정, 공고 등과 관련해서는 대법원 경매 사이트를 통해서 확인할 수 있다. 매각물건 명세서는 말 그대로 경매에 나와 있는 경매물건에 대한 설명이다. 이 설명을 통해 일반인들은 매수 여부를 판단하는 기준으로 삼는다.

매각기일 매수신청자격 및 준비물

입찰 참여가 불가능한 사람

다음의 어느 하나에 해당하는 사람은 입찰에 참여할 수 없다.

1. 법정대리인의 동의 없는 미성년자

2. 채무자

3. 매각 절차에 관여한 집행관

4. 매각 부동산을 평가한 감정인(감정평가법인이 감정인인 경우에는 그 감정평가법인 또는 소속 감정평가사)

5. 매각사건에 이해관계가 있는 법관 및 법원 사무관

6. 재매각 사건인 경우 전 매수인

매각 장소의 질서유지를 위해 집행관이 다음 어느 하나에 해당한다고 인정되는 사람에 대해서는 입찰을 하지 못 하도록 할 수 있다.

1. 다른 사람의 매수신청을 방해한 사람

2. 부당하게 다른 사람과 담합하거나 그 밖에 매각의 적정한 실시를 방해한 사람

3. 위 제1호 또는 제2호의 행위를 교사한 사람

4. 민사집행 절차에서의 매각에 관해 다음의 죄로 유죄판결을 받고 그 판결 확정일로부터 2년이 지나지 않은 사람 : 공무집행방해죄(형법 136조), 위계에 의한 공무집행방해죄(형법 137조), 공무상비밀표시무효죄(형법 140조), 부동산강제집행면탈죄(형법 140의2), 공무상보관물강제집행효용침해죄(형법 142조), 경매입찰의방해죄(형법 315조), 권리행사방해죄(형법 323조), 형법 324조, 형법 324의2. 3. 4. 5. 6, 형법 326, 형법 327조

입찰 준비물

일반인 입찰	• 본인 참여시 : 입찰표, 신분증, 도장 • 대리인 참여시 : 입찰표, 위임장, 인감증명원, 신분증, 도장
법인입찰	• 대표이사 참여시 : 입찰표, 법인등기부 등본, 신분증, 도장 • 법인대리인 참여시 : 입찰표, 위임장, 인감증명원, 법인등기부 등본, 신분증, 도장
비영리법인입찰	• 대표이사 참여시 : 입찰표, 비영리단체신고서, 사업자등록증 사본, 신분증, 도장 • 법인대리인 참여시 : 입찰표, 위임장, 인감증명원, 비영리단체신고서, 사업자등록증 사본, 신분증, 도장
문중입찰	• 문중대표 참여시 : 입찰표, 정관, 회의록, 법인등록증, 신분증, 도장 • 문중대리인 참여시 : 입찰표, 위임장, 인감증명원, 정관, 회의록, 법인등록증, 신분증, 도장
종교단체입찰	• 종교단체 대표입찰시 : 입찰표, 정관, 회의록, 교회소속증명원, 신분증, 도장 • 종교단체 대리인 참여시 : 입찰표, 위임장, 인감증명원, 정관, 회의록, 교회소속증명원, 신분증, 도장
지방자치단체입찰	• 입찰표, 위임장, 인감증명원, 신분증, 도장
미성년자입찰	• 입찰표, 위임장, 인감증명원, 미성년자 입찰 참가 동의서, 가족관계등록부, 신분증, 도장

기일입찰과 기간입찰의 진행 과정

기일입찰 진행 과정

기일입찰

매각장소 ➡ 입찰의 개시 ➡ 입찰표의 작성 ➡ 입찰표 및 매수신청 보증의 제출 ➡ 입찰의 종결

기일입찰 안내

1. 매각장소	매각기일은 법원 안에서 진행한다. 매각장소에는 매수신청인이 작성할 수 있는 설비(입찰표 기재대)가 마련되어 있다.
2. 입찰의 개시	입찰절차는 집행관이 진행한다. 집행관은 입찰을 시작하기에 앞서 입찰희망자가 매각물건명세서 현황조사보고서 및 평가서의 사본을 볼 수 있도록 한다. 또한 특별한 매각조건이 있으면 이를 알려 준다. 집행관이 입찰표의 제출을 최고하고 입찰마감시각과 개찰시각을 고지하면 입찰이 시작된다.

3. 입찰표의 작성	기일입찰에 참여하려면 흰색 용지로 된 "기일입찰표"를 작성하여야한다. 기일입찰 표에는 ① 사건번호, ② 입찰자의 성명과 주소, ③ 물건번호, ④ 입찰가격, ⑤ 대리인 에 의하여 입찰하는 경우에는 대리인의 성명과 주소, ⑥ 입찰 보증금을 기재한다. 입 찰가격은 일정한 금액으로 표시하여야 하며, 다른 사람의 입찰 가격에 대한 비율로 표시할 수 없다. 입찰을 하려는 사람은 입찰표 기재대에 들어가서 입찰표를 기재하고, 매수신청 보 증을 입찰보증금 봉투에 넣고 1차로 봉한 다음, 기재한 입찰표와 매수신청 보증 봉 투를 다시 큰 입찰봉투에 넣어 스테이플러로 찍어 봉하고 봉투의 지정된 위치에 날 인한다.
4. 입찰표 및 매수신청 보증 의 제출	입찰표와 매수신청 보증이 들어 있는 봉투를 집행관에게 제출한다. 봉투를 입찰함 에 넣으면 집행관에게 제출한 것이 된다. 한 번 제출한 입찰표는 취소, 변경 또는 교 환할 수 없다. 매수신청의 보증금액은 최저매각가격의 1/10이다. 다만 법원이 상당하다고 인정하 는 때에는 보증금액을 달리 정할 수 있으므로 주의해야 한다.(재입찰의 경우에는 매 수신청의 보증금액을 입찰가격의 2/10 혹은 3/10으로 정하는 것이 보통이다.) 매수 신청 보증을 제공하려면 현금, 자기앞수표 또는 일정금액의 보증료를 지급하고 발급 받은 지급위탁계약체결문서(경매보증보험증권)를 제출하면 된다. 매수신청 보증을 제출하지 않으면 입찰이 무효로 처리된다.
5. 입찰의 종결	① 입찰 마감 및 개찰 입찰을 마감하면 지체없이 입찰표를 개봉하여 입찰을 실시한다. 입찰에 참여한 사람 은 입찰표를 개봉할 때 참여할 수 있다. ② 최고가매수신고인의 결정 개찰결과가 가장 높은 가격으로 입찰하고 정해진 입찰보증금을 제공한 사람이 최 고가매수신고인으로 결정된다. 만일 가장 높은 가격으로 입찰한 사람이 2인 이상 일 경우에는그들만의 상대로 추가입찰을 실시한다. 추가입찰을 실시한 결과 또 다 시 2인 이상이 가장 높은 가격으로 입찰한 경우에는 추첨에 의하여 최고가매수신고 인을 정한다. ③ 차순위매수신고인의 결정 최고가매수신고인 이외의 매수신고인은 매각기일을 마칠 때까지 차순위매수신고를 할 수 있다. 차순위매수신고란, 최고가매수신고인이 대금지급의무를 이행하지 아니 하는 경우에는 자기의 입찰에 대하여 매각을 허가하여 달라는 신고를 하는 것을 말 한다. 차순위매수신고는 그 신고액이 최저매각가격 이상이고 최고입찰가에서 그 보 증금액을 공제한 때에는 추첨에 의하여 차순위 매수신고인을 정한다. ④ 매각기일의 종결 최고가매수신고인과 차순위매수신고인이 결정되면 집행관은 그들의 성명과 가격을 부르고 매각기일의 종결을 고지하게 된다. 입찰자가 없는 사건은 입찰불능으로 처리 하고 종결을 고지한다. ⑤ 입찰보증금의 반환 집행관은 매각기일의 종결을 고지한 후에는 최고가매수신고인 및 차순위매수신고인 이외의 입찰자에게 그들이 제출한 입찰보증금을 즉시 반환하게 된다.

기간입찰 진행 과정

기간입찰

입찰기간 및 매각기일 확인 ➡ 입찰의 방법 ➡ 입찰표의 작성 ➡ 매수신청 보증
➡ 입찰표 제출 ➡ 매각기일의 참석 등

기간입찰 안내

1. 입찰기간 및 매각기일 확인	기간입찰에서 입찰기간은 1주 이상 1월 이하의 범위 안에서 정한다. 매각기일은 입찰기간이 끝난 후 1주 안의 날로 정한다.
2. 입찰의 방법	기간입찰에 참여하려면 입찰기간 안에 입찰표를 집행관에게 직접 제출하거나 집행관을 수취인으로 하며 등기우편으로 부치는 방법으로 한다..
3. 입찰표의 작성	기간입찰에서는 연두색 용지로 된 "기간입찰표"를 작성해야 한다. 기간입찰표에는 ① 사건번호 ② 입찰자의 성명과 주소 ③ 물건번호 ④ 입찰가격 ⑤ 대리인에 의하여 입찰하는 경우에는 대리인의 성명과 주소 ⑥ 입찰보증금액을 기재한다. 입찰가격은 일정한 금액으로 표시해야 하며, 다른 사람의 입찰가격에 대한 비율로 표시할 수 없다.
4. 매수신청 보증	매수신청 보증의 제공 방법으로는 다음의 2가지 방법이 있다. • 입금증명서 : 입찰기간 동안 법원보관금 취급은행에서 매수신청 보증금을 납부한 후 발급받은 보관금영수필통지서를 법원에 비치된 입금증명서 양식에 붙여서 입찰표와 함께 입찰봉투에 넣어 제출한다. • 보증서 : 서울보증보험 주식회사에 일정액의 보증료를 지불한 후 보증보험증권을 발급받아 기간입찰표와 함께 기간입찰봉투에 넣어 제출한다.
5. 입찰표 제출	입찰표, 매수신청 보증금(입금증명서 또는 보증서), 기타 첨부서류를 기간입찰 봉투에 넣고, 봉투 겉면에 매각기일을 적은 다음 입찰기간 동안 집행관에게 제출해야 한다. 봉투 겉면에 매각기일을 기재하지 않으면 입찰이 무효로 된다는 점을 주의한다. • 직접 제출 : 평일에는 09:00부터 12:00까지, 13:00부터 18:00까지 집행관 사무실을 방문하여 집행관 또는 그 사무원에게 제출하고, 입찰봉투 접수증을 받아야 한다. 토요일과 공휴일에는 법원 당직근무자에게 제출하면 된다. • 등기우편 제출 : 입찰기간 개시일 00:00경부터 마감일 24:00까지 법원에 우편물이 도착하여야 한다. 입찰봉투가 등기우편 이외의 방법으로 송부되거나 마감일을 넘겨 접수되면 무효처리 된다.

6. 매각기일의 참석 등	입찰에 참여한 사람은 매각기일에 입찰표를 개봉할 때 참여할 수 있다. 차순위매수신고를 하고자 하는 입찰참가자는 매각기일에 반드시 참석하여 신고해야 한다. 최고매수신고인이 2인 이상일 경우에는 그들만을 상대로 기일입찰 방식으로 추가입찰 한다. 출석하지 않는 사람에게는 추가입찰 자격을 부여하지 않고, 출석한 사람들만을 상대로 추가입찰을 실시하며, 출석한 사람이 1인인 경우에는 출석자에게만 추가입찰을 실시한다. 최고가매수신고인 중 매각기일에 출석한 사람이 없는 경우, 출석한 전원이 추가입찰을 하지 않는 경우, 추가입찰 가격이 동액인 경우, 추가입찰을 실시하였으나 그 입찰이 전부 무효인 경우에는 그들 중에서 추첨에 의하여 최고가매수신고인을 정한다. 이때 입찰자 중 출석하지 않은 사람 또는 추첨을 하지 않은 사람이 있는 경우에는 법원 사무관 등 상당하다고 인정되는 사람이 추첨을 대신한다.

주의사항

1) 경매절차의 취소 등
경매절차가 입찰기간이 시작되기 전에 또는 입찰기간 중에 취소될 수 있다. 경매절차의 취소, 경매신청의 취하는 집행관 사무실 및 인터넷 법원경매공고란(www.courtauction.gr.kr)에 게시되므로, 입찰하기 전에 반드시 확인한다.
2) 기간입찰표의 취소 등
기간입찰봉투가 입찰함에 투입된 이후에는 입찰표의 취소, 변경, 교환은 허용되지 않는다.
3) 매수신청 보증의 반환
매각기일이 종료되면 최고가매수신고인 및 차순위매수신고인을 제외한 입찰참가자들에 대하여는 매수신청 보증을 반환한다. 입찰 후 경매절차가 취소되더라도 매각기일이 되기 전에는 매수신청 보증이 반환되지 않는다.

- 입금증명서에 의한 매수신청 보증의 반환 : 입금증명서에 의하여 매수신청 보증을 제공한 경우에는 매각기일 종료 후 법원보관금 납부서에 기재된 전액환급예금계좌로 매수신청 보증금이 반환된다.
- 보증서의 반환 : 입찰에 참가하지 않는 경우, 매각기일 이전에 경매신청이 취하되거나 경매절차가 취소된 경우, 입찰이 무효가 된 경우는 집행관 또는 법원사무관에게 그 사실을 확인 받아 서울보증보험회사에 제출하면 보증료를 환급받을 수 있다. 보증서의 반환을 신청할 때에는 주민등록증과 도장을 반드시 지참해야 한다.

최고가 매수신고인 및 차순위 매수신고인 결정

최고가 입찰자 결정

집행관은 사건번호 순으로 입찰자의 이름과 입찰액수를 밝히고 최고가 입찰자를 결정한다. 이때 차순위 입찰자도 함께 발표되는데, 차순위 입찰신고인으로 신고할 것인지 여부도 결정한다. 입찰보증금이나 입찰표 작성상의 문제로 인해 무효가 된 경우도 고지된다.

최고가 입찰자의 입찰봉투를 개봉하여 보증금을 확인하는데, 이때 보증금이 초과하여 들어 있는 경우는 상관이 없으나 부족한 경우에는 당사자의 입찰 자체를 무효처리하고, 바로 다음 순위의 가격으로 입찰한 입찰자의 입찰보증금의 봉투를 개봉한 뒤 이상이 없으면 그 사람을 최고가 매수 신고자로 결정, 고지한다.

차순위 입찰신고

최고가 입찰자 이외의 입찰자 중 최고가 입찰액에서 보증금 공제액보다 높은 가격으로 응찰한 사람은 차순위 입찰신고를 할 수 있다. 예를 들면, 최고가 입찰자가 2억 원이고, 입찰보증금이 2천만 원인 경우에 2억 원에서 2천만을 공제한 1억 8천만 원보다 높은 가격으로 응찰한 사람은 차순위 입찰신고를 할 수 있다.

차순위 입찰신고를 하게 되면 낙찰자가 낙찰대금을 납부하기 전까지는 보증금을 반환받지 못한다. 이 제도는 낙찰자가 대금을 납부하지 못할 경우 재경매 등의 절차로 인해 경매가 지연되는 것을 방지하기 위한 목적으로 시행되고 있다. 또 낙찰허가를 결정하기 전에 임차인 등이 항고를 제기하면 보증금을 돌려받지 못하는 기간이 5~6개월에 이를 수도 있다. 따라서 낙찰 부동산과 이해관계가 없으면 차순위 신고는 피하는 것이 좋다.

추가 입찰

최고가 입찰자가 2인 이상이면 그 자리에서 추가입찰을 실시한다. 이때에는 처음 써낸 입찰가보다 더 많은 금액을 쓰도록 되어 있다. 전원이 추가 입찰을 포기하거나 다시 최고가 입찰자가 2인 이상이 나오면 추첨을 통해 결정한다.

최종 입찰자는 증액한 액수만큼의 보증금을 더 내야 한다. 즉 처음 입찰 시에 1억 원에 응찰하면서 매수보증금 1천만 원을 제출하였다가 추가입찰에서 1억 2천만 원에 응찰을 하려면 추가로 2백만 원만 제출하면 된다.

즉시항고

이의신청에 대한 재판 결과에 대하여 불복하는 신청인은 재판 결과의 고지일로부터 7일 이내에 즉시 항고할 수 있다.

이 항고에 대하여 경매법원은 다음과 같은 처분을 내리게 된다.

1. 항고가 이유 있다고 인정하는 경우에는 원심을 취소한다.
2. 항고가 이유 없는 경우에는 기각한다.
3. 항고가 부적법한 경우에는 각하한다.

※ 경우에 따라서는 사건을 원심법원에 환송한다.

잔대금 납부 및 기한

대금납부

낙찰인은 낙찰허가결정이 확정된 후 법원이 지정한 대금지급기일에 낙찰대금을 납부하여야 한다. 납부할 금액은 낙찰대금에서 매수보증금을 공제한 나머지 금액이다. 주민등록증, 도장, 대금납부통지서를 지참한다.

대금납부 절차

1. 경락인은 대금지급기일에 법원을 방문해 담당 집행계에 찾아가 대금의 납부 의사를 밝히면 집행계에서는 납부금액을 적은 법원보관금 납부명령서를 발부해 준다.
2. 이 납부 명령서를 받아 납부계에 가서 확인을 받은 후 법원이 지정하는 은행에 대금(대금=낙찰금액-보증금액)을 납부하면 법원보관금 영수증을 받는다.
3. 은행에서 받은 영수증 사본을 다시 담당 집행계에 제출하면 경락자가 해야 할 일은 완료된다.
4. 대금을 납부하면 경락인은 해당 부동산의 소유권을 취득하게 된다. 즉 경락 취득의 공신력이 확보된다.
5. 채권자가 낙찰을 받은 경우에는 자기의 낙찰대금으로부터 배당받을 금액과 납부할 금액의 상계를 신청할 수 있다.

대금납부의 의의

낙찰자는 낙찰대금을 납부하는 동시에 입찰 대상 부동산의 소유권을 인정받는다. 이후 낙찰자가 소유권이전등기에 필요한 서류를 갖추어 신청하면 법원은 등기소에 등기를 촉탁한다. 즉 낙찰자가 낙찰대금을 납부하는 동시에 이전의 소유자에게 부동산의 인도를 요구할 수 있다. 낙찰대금을 납부하였는데도 이전의 소유자가 낙찰자에게 부동산을 인도하지 않으면 법원에 인도명령을 신청해야 한다. 대금을 납부한 후 6개월이 지나면 명도소송을 해야 한다.

1. 차순위 매수신고인은 매수 책임을 면하고 이미 맡긴 경매보증금의 반환을 청구할 수 있다.
2. 경매신청 취하 불가능

3. 경매개시결정에 대한 이의신청의 불가능

4. 경락인이 인수하지 아니 하는 부동산상의 등기된 권리의 말소

5. 경매신청등기의 말소

6. 부동산 인도명령신청권(대금지급기일로부터 6개월 이내)

대금 미납에 따른 처분

낙찰자가 지정된 대금납부기일까지 대금을 납부하지 않으면 법원은 다음과 같은 처분을 내리게 된다.

1. 차순위 입찰신고인이 있는 경우 : 차순위 입찰신고인에 대한 낙찰허락 여부를 결정하게 되고 경락인의 매수보증금은 법원에 귀속되어 배당신 청권자에게 배당된다.

2. 차순위 입찰신고인이 없는 경우 : 재경매를 실시한다. 재경매 입찰일로 지정된 3일 전까지 종전 낙찰자가 낙찰대금 및 그동안의 이자(연5-25%), 절차비용을 납부하면 대금납부 효력을 가지며 재경매를 하지 않는다.

상계 신청에 의한 납부

1. 채권자가 낙찰인일 경우 채권의 배당액이 매입대금의 지급액과 비교하여 충분할 때에는 채권이 소멸된다. 낙찰인의 채권에 대해 이의가 있는 경우에는 이에 상당한 대금을 지급하거나 담보를 제공해야 한다.

2. 상계신청은 배당액이 대금액과 같거나 초과해야 하므로 배당액이 매입대 금에 미달할 때에는 상계를 주장하지 못하며, 일단 현금으로 매입대금 전 액을 지급한 후 배당기일에 배당받아야 한다. 상계신청서, 상계에 대한 이 의신청서가 접수되면 접수 순서에 따라 경매 기록을 편철한다.

채무인수신청에 의한 납부

1. 채무의 인수 낙찰인은 배당기일에 관계하여 채권자의 승낙이 있으면 매입대금의 한도 안에서 매입대금의 지급에 맞추어 채무를 인수할 수 있다. 즉 저당권의 피담보채무 등 관계 채권자에 대한 채무자의 채무를 인수하여 배당액에 상당하는 낙찰대금의 지급 의무를 면제받을 수 있다. 그러나 현실적으로 채무를 인수하는 일은 드물다.

2. 채무 인수에 대한 이의신청 배당기일에 인수할 채무 관계에 대해 타당한 이의가 있으면 그것에 상당하는 대금을 지급하거나 정보를 제공해야 한다. 채무인수신청서 또는 채무 인수에 대한 이의신청서가 제출되면 접수 순서에 따라 경매 기록을 편철한다.

부동산 인도, 소유권이전 및 말소

소유권이전등기 및 말소등기촉탁, 소유권이전등기신청

강제경매든 임의경매든 낙찰대금을 완납하면 법원은 낙찰인의 소유권이전등기, 낙찰인이 인수하지 않은 등기부상의 권리 말소, 경매신청등기의 말소를 촉탁하여야 한다.

낙찰자가 촉탁서를 법원에 제출하면 법원은 곧바로 신청서류에 낙찰허가결정등본과 낙찰대금완납증명을 첨부하여 등기소에 등기촉탁을 한다.

등기촉탁신청서에는 부동산의 표시와 등기 목적을 기재하고 첨부서류와 함께 경매계에 제출한다.

소유권이전등기촉탁서가 접수되면 법원은 관할 등기소에 소유권이전등기

촉탁서를 발송한다. 관할 등기소는 법원의 등기촉탁서에 의해 낙찰자 명의로 소유권을 이전한다. 등기소에서는 소유권이전등기를 한 후 인수되지 않는 권리를 말소한다.

촉탁등기 신청 후 약 2주 정도 지나면 경락허가결정등본에 등기필의 날인이 찍힌 권리증이 경매법원으로부터 낙찰자에게 지급된다.

필요한 서류 목록

서류명	부수	서류명	부수
소유권이전등기촉탁신청서	1	건축물대장	원본 1, 사본 2
부동산의 표시	6	토지대장	원본 1, 사본 2
부동산 목록	6	등기부등본	원본 1
등록세 및 채권 산출	6	부도산 양도신고확인서	원본 1, 사본 2
주민등록등본	원본 1, 사본 2	공시지가확인서	원본 1, 사본 2

위 서류로 아래와 같이 만든다.

소유권이전등기촉탁	말소등기촉탁	소유권이전등기 신청
소유권이전등기촉탁신청서 부동산의 표시 부동산 목록 등록세 및 채권 산출	부동산의 표시 부동산 목록 등록세 및 채권 산출 주민등록등본(원본)	부동산의 표시 부동산 목록 등록세 및 채권 산출 주민등록등본(사본)
주민등록등본(사본) 건축물대장(사본) 토지대장(사본) 등기부등본(원본) 부동산 양도신고확인서(사본) 공시지가확인서(사본)v	건축물대장(원본) 토지대장(원본) 부동산 양도신고확인서(원본) 공시지가확인서(원본)	건축물대장(사본) 건축물대장(사본) 부동산 양도신고확인서(사본) 공시지가확인서(사본)
부동산의 표시 부동산 목록 등록세 및 채권 산출	부동산의 표시 부동산 목록 등록세 및 채권 산출	부동산의 표시 부동산 목록 등록세 및 채권 산출

등기촉탁

등기촉탁의 효과

소유권의 취득은 등기를 한 후에야 효력이 생긴다. 그러나 경매에 의한 부동산의 취득은 법률의 규정에 의한 물권 변동이기 때문에 등기가 필요하지 않아 낙찰대금을 완납하면 입찰 부동산의 소유권이 자동으로 이전된다.

해당 부동산을 처분하기 위해서는 등기가 필요하고 입찰 당시의 소유자나 채권자가 처분이나 압류, 가압류 등을 신청할 수도 있으므로 낙찰대금을 완납하는 즉시 소유권이전등기를 하는 것이 좋다.

등기촉탁 비용

등기촉탁 비용은 소유권이전등기 비용(등록세, 교육세, 채권 매입비 등), 부담기입등기, 경매신청기입등기의 각 말소등기 비용은 낙찰자가 부담한다. 촉탁서 송부비, 등기 공무원의 등기필증 송부비 등 송부비도 포함된다.

부동산 인도명령

법원은 낙찰자가 대금을 납부한 후 6개월 내에 경매부동산의 인도를 거부한 경매 사건의 소유자, 채무자, 경매개시결정기입등기 이후의 점유자를 대상으로 법원에 명도소송을 제기하지 않고 경매법원의 명령에 따라 낙찰 부동산을 인도할 수 있도록 강제집행할 수 있는 명령을 말한다. 다만, 점유자가 낙찰자에게 대항할 수 있는 권한을 가진 경우에는 인도명령을 신청할 수 없다.

인도명령신청 요건

1. 낙찰대금 완납 후 6개월 이내 신청할 것.
2. 인도명령은 낙찰인이나 그 승계인이 낙찰대금을 완납하였음을 증명하면 되기 때문에 낙찰인 명의의 소유권이전등기가 경료되는 것과는 무관하다.

인도명령 신청자

1. 낙찰자
2. 차순위매수신고에 의해 결정된 낙찰자
3. 잉여의 가망이 없는 경우의 매수 신청한 채권자인 낙찰자
4. 낙찰자의 상속자
5. 법인의 낙찰자(일반 낙찰 승계자)

인도명령 대상자

1. 채무자 경매개시결정시 표시된 채무자 및 채무자의 특정 승계인, 세대 중 채무자와 동거하는 가족 및 채무자의 고용인, 법인인 채무자의 기관 등 경매부동산을 점유하는 채무자의 점유보조자 또는 채무자를 위하여 관리하는 자, 점유자가 채무자와 공모하여 인도 집행을 방해할 목적으로 점유한 자, 채무자와 점유자의 근친자.
2. 강제경매의 경우 소유자는 압류 당시의 부동산 소유 명의자, 임의경매의 경우 소유자는 부동산의 소유자 겸 채무자, 채무자의 일반 승계인, 압류 발생 이후의 제3 취득자.
3. 점유자 압류의 효력 발생 후 부동산에 대항력 없는 직접 점유자, 압류효력 발생 이전에 점유를 했다가 점유를 풀고 이주한 뒤 압류효력 발생 후

다시 점유한 자, 압류의 효력 발생 이전에 부동산을 전대하였던 임차인이 다시 압류·효력 발생 후 전대계약서를 해제하여 직접 점유한 자, 경매신청기입등기 이후의 임차인, 지상권자, 전세권자.

신청서류

신청서류 접수 : 낙찰부동산 인도명령신청서 앞에 표지를 붙이고 뒤쪽에 별지로 부동산 목록을 붙인 후 서류를 첨부하여 소정의 송달료와 인지를 붙여 신청한다.

1. 부동산 인도명령 신청서
2. 도장
3. 인감증명서(대리인 선임시)
4. 위임장(대리인 선임시)

인도명령 진행 절차

1. 심리 및 심문 : 채무자나 소유자는 심문하지 않고 인도명령을 내리지만, 그 외의 임차인이나 전세권자 등이 점유하고 있을 경우에는 심문 후에 인도명령을 내린다. 서면심리에 의하여 인도명령의 가부를 결정할 수 있고, 필요한 경우 당사자를 심문하거나 변론할 수 있다.
2. 인도명령 결정 : 인도명령 신청 후 약 3~15일이면 부동산 인도명령에 대한 결정이 난다.
3. 송달증명 : 송달된 인도명령 결정문과 피신청인에게 송달되었다는 송달증명원을 통보한다.

4. 재집행 신청 : 상기 인도명령 결정문과 인도명령 대상자에게 보내진 송달증명원을 첨부하여 부동산 소재지를 관할하는 집행관 사무소에 강제집행을 신청한다.

배당기일

매수인이 매각대금을 모두 납부하면 법원은 배당기일을 지정하고 이해관계인과 배당을 요구한 모든 채권자에게 그 기일을 통지하여 배당을 실시하게 된다.

채권 계산서의 제출

채권자는 배당 요구의 종기까지 법원에 그 채권의 원금, 이자, 비용 기타 부대 채권의 계산서를 제출하여야 한다. 채권자가 제출하지 아니한 경우 법원은 배당요구서 기타 기록에 첨부된 증빙서류에 의하여 채권액을 계산하고 계산서를 제출하지 아니한 채권자는 배당 요구의 종기 이후 채권액을 보출할 수 없다.

배당표 작성과 확정

집행법원은 미리 작성한 배당표 원안을 배당기일에 출석한 이해관계인과 배당을 요구한 채권자에게 열람시켜 그들의 의견을 듣고 즉시 조사할 수 있는 서증을 조사한 다음, 배당표 원안에 추가로 정정할 것이 있으면 추가 정정하여 배당표를 작성, 확정한다.

제 2 장

돈 되는 토지경매 물건은
어디에서 찾을까?

경매물건의 정보 찾기

대법원 경매 정보 사이트 활용하기

법원 게시

경매 물건의 입찰기일과 낙찰기일 등 공고사항은 입찰기일 14일 전에 법원 게시판에 게시한다. 법원 게시판에 게시되는 내용은 부동산의 표시, 경매취지, 부동산의 점유자 · 점유권원 · 점유사용기간 차임 또는 보증금의 약정 유무와 그 금액, 입찰일시 · 장소 및 입찰 진행 집행관의 성명, 최저 입찰가, 낙찰 일시 및 장소, 집행 기록을 열람할 장소, 등기부에 기입을 요하지 않는 부동산의 권리 있는 자의 채권을 신고할 취지, 이해관계인이 입찰기일에 출석할 취지, 일괄 경매를 결정한 때의 취지, 매수신청인의 자격을 제한한 때의 그 제한 내용 및 입찰물건 명세서, 현황조사보고서 및 감정평가서의 사본 등이다. 이들 사항은 입찰기일 1주일 전까지 법원에 비치되어 일반인이 열람할 수 있도록 하고 있다.

신문공고

일반인이 경매를 가장 가까이 접할 수 있는 것은 대부분 신문을 통해서이다. 입찰에 부쳐지는 모든 물건들은 민사소송법에 따라 입찰의 요지를 반드시 신문에 게재하도록 의무화되어 있기 때문이다. 그러나 입찰자는 신문 공고의 내용만을 바탕으로 경매에 참여해서는 안 된다. 신문지상에는 해당 경매계, 사건번호, 물건번호, 입찰물건, 비고, 최저 입찰 가격, 입찰기일, 낙찰기일, 입찰 장소, 기타 가장 기초적인 사항들만 게재되어 있기 때문이다.

경매 정보지

경매 정보지는 신문 공고에 비해 훨씬 자세한 물건 상황이 실려 있다.

보통 경매 정보지에는 법원의 경매계 별로 각 물건의 채권자, 채무자, 채권액, 주변 환경, 입주자, 임차금, 입주일, 감정평가액, 입찰 결과, 등기부의 권리 관계까지 상세하게 다루고 있다.

사설 경매 사이트 활용하기

사설 경매정보 제공 인터넷 사이트

인터넷에서도 각종 경매 관련 사업체가 제공하는 경매 정보를 검색할 수 있다. 인터넷 정보도 시중에 나와 있는 정보지와 유사한 경매 정보들이다. 단, 일부의 사이트는 회원제로 운영되고 있다.

원하는 사이트에 접속하여 회원가입을 하면 회원이 될 수 있지만 월·연회비 등을 지불해야 경매 정보를 이용할 수 있다.

대법원 경매 사이트와 사설 경매 사이트의 차이

유료 사이트는 많다. 굿옥션, 스피드옥션, 태인, 지지옥션 등이 비교적 검색하기 좋은 사이트라 할 수 있다. 물론 리치옥션, 지스옥션, 윈옥션 등 무료 사이트도 있다.

가장 좋은 무료 사이트는 대법원에서 운영하는 '법원경매정보' 사이트다. 대법원 사이트는 무료로 이용할 수 있고 믿을 수 있는 정보인 반면에 검색 기능이 다소 떨어지고, 유료 사이트에서 제공하고 있는 권리분석, 등기부등본, 세대열람, 현장조사보고서 등이 제공되고 있지 않는다는 점에서 불편한 점이 있다. 사설 무료 사이트는 권리분석이 있는 곳도 있고, 없는 곳도 있다. 경매 부동산으로 재테크를 하고자 하면 아무래도 유료 사이트를 이용하면서 대법원 경매 정보를 보조적으로 사용하는 것이 좋을 듯하다.

사설 경매 사이트 이용 시 주의할 점

사설 경매 사이트를 이용할 때는 다음 사항에 주의를 기울여야 한다.

1. 의뢰 전, 수수료는 정확히 얼마인가?

공·경매 대행 자격이 있는 자 : 변호사 또는 공제보험에 가입한 공인중개사. 의뢰 수수료 ➡ 경매감정가의 1~2% 이내 또는 경매낙찰가의 1~2% 이내에서 협의.

2. 경매대행 의뢰 시, 일처리는 어디까지인가?

• 경매 낙찰 이후, 명도까지 추가 비용 없이 일처리를 해 주는지.(추천)
• 경매 낙찰 이후 명도 절차까지 하되, 추가비용은 별도 청구인지.(보통)

3. 대행업체에서 낙찰가를 산정하여 줄 때, 경매 대행 비용 및 실질적으로 주택을 인도받기까지의 모든 비용이 내가 투자한 자금 및 기간에 따른 수익

률은 얼마인가?

4. 법적으로 경매대행 자격을 갖춘 자이며, 공제보험에 가입하였는지? 차후 문제가 발생하였을 시, 손해배상청구의 금액은 얼마까지 책임질 수 있는지?

대체로 컨설팅업체로 인해 피해를 보는 경우를 보면 다음과 같다.

1. 무리한 입찰가로 낙찰을 받게 하여 수수료만 받아 챙기는 경우

컨설팅업체는 수수료를 받기 위해 어떻게든 일단 의뢰인에게 낙찰을 받도록 하여야 한다. 의뢰인에게 몇 천만 원의 수익을 내 주기 위해 노력해 봐야 정해진 수수료밖에 받지 못하고, 낙찰을 받지 못하면 수수료를 받을 수 없으므로 실거래 매매가보다 싸게만 받게 해 준다는 인식을 주면 된다고 본다. 그래서 물밑 작업을 통하여 차순위 입찰자와 큰 차이 나지 않게, 시가보다 약간 낮은 정도로 대충 입찰가를 작성한다. 따라서 의뢰인 입장에서는 큰 실익을 보기가 매우 어렵다.

2. 처음 계약 당시에는 없었던, 명도를 하는 데 드는 추가 비용을 과다하게 요구하는 경우 및 해당 물건의 인도일이 지체되는 경우, 권리분석을 제대로 하였다면 추가비용이 발생할 일은 없다.

아파트의 경우 그동안 밀린 관리비 및 도시가스 요금 또한 사전에 미리 알아보고 경매입찰가를 산정할 때 감안하면 되는 사항이며, 주택의 명도 또한 권리분석을 통하여 명도가 쉬운 대상을 상대로 한다면 비용이 발생할 일도 없다. 매우 빠르게 주택을 인도 받을 수 있으나 낙찰 이후 명도에 대해서 잘 모르는 의뢰인이 확인을 할 수 없다는 점 및 의뢰인이 이리저리 따질 경우, 오

히려 점유하고 있는 임차인 및 소유자와 작당하고 골탕 먹이는 경우도 있다
는 점을 알아 두어야 한다. 실제로 대행하는 업체들이 추가적인 비용 없이 주
택의 인도를 수월하게 받고 나서 의뢰인에게 이것저것 구실을 가져다 붙여서
터무니없는 추가 비용을 청구하는 경우가 있다.

3. 권리분석도 제대로 하지 못하는 잉터리 경매대행업자

전문가라고 하여 믿고 맡겼다가 권리분석을 잘못하여 채무를 떠안게 되거
나, 경매감정가의 10%인 입찰보증금만 날리는 경우가 종종 있다.

보통 이런 경우는, 자격을 갖추지 않은 자로서 경매 브로커나 남의 이름을
빌려 대행업을 하는 자들이다. 이들을 피하는 방법은 공제보험이나 책임보험
의 가입 여부와 그 한도액 및 변호사나 공인중개사인지 확인해 놓아야 보상
을 받는 데 무리가 없을 것이다.

이 외에도 이것저것 여러 사항이 있으나 대표적으로 많이 당하는 것에 대
해서 설명했다. 제대로 된 경매대행업체에 의뢰하여 별다른 문제없이 진행된
다 하더라도 일단 돈을 지출한 후로부터 부동산을 실질적으로 점유하기까지
약 1~2개월의 추가기간이 발생할 수도 있다는 점을 유의해야 한다.

토지경매 입찰대상 지역과 입지의 선정

입찰하기 전에 가장 고민하는 부분은 입찰대상 물건의 선정이다. 입찰물
건이 아무리 좋다고 해도 우선 내가 가진 예산에 적합하여야 하고 능력에 맞
아야 한다.

다음으로는 입찰대상 지역의 선정이다. 전국 곳곳에 산재한 입찰대상 물건

중에서 어떤 지역을 공략할 것인지가 최대 고민일 수밖에 없다.

경매를 통해 땅을 취득할 때 대상지역의 선정기준은 투자 목적에 따라 각각 다르다. 순수한 투자인지 아니면 실수요자로서 이용하거나 개발할 것인지에 따라 기준이 달라지고, 입찰자의 개인적인 신념과 취향에 따라 다를 수도 있다. 하지만 동일한 것은 어느 경우든지 미래에 땅값이 오를 것이라고 믿기 때문에 투자한다.

그렇다면, 땅값이 오를 것으로 보이는 땅의 조건은 무엇일까?

사실 땅이 가지고 있는 잠재력을 보는 대체적인 기준은 새롭지 않다.

단기적으로는 현재 개발 중이거나, 장차 개발될 가능성이 있는 지역이거나 그 인접지역일 것이다. 철도나 도로, 지하철 등이 새로 개통되거나 확장되어 접근성이 좋아지고, 길을 따라 개발될 가능성이 있는 지역도 좋다. 장기적로는 그 지역의 인구가 지속적으로 증가하는 곳이 유망하며, 투자에 실패할 가능성이 적다. 또한 종전의 공법상 규제가 풀리거나 완화되는 지역의 땅도 유리하다. 규제가 풀리면 거래물량이 늘어나 장기적으로 좋은 물건들은 경쟁적으로 값이 오를 수 있기 때문이다. 그리고 이러한 조건은 중복되게 많을수록 좋다.

여기서 이 모든 조건에 해당하는 지역이란 현행 기초자치단체를 말한다. 시 · 군 · 구와 같은 행정 단위로 정부정책과 통계 및 규제 등은 모두 이 지역을 기준으로 하고 있기 때문이다.

입찰대상 지역이 정해졌다면 다음에는 그 지역 내에서의 구체적인 입지 선정 작업에 들어갈 것이다. 구체적인 입지 선정에서는 우선 지목과 용도지역 및 특별한 공법상 규제, 땅의 모양 및 향向과 주변 환경, 그 주변 지역의 발전 가능성, 진입도로의 유무, 적합한 개발 용도, 지목 및 용도변경 등 토지 리모델링의 가능성 등을 종합적으로 검토할 것이다.

지금부터는 실전에서 경매로 돈 되는 토지를 구매하는 방법을 알아보도록 한다.

① 인터넷 유·무료 사이트를 연결한다.

대법원경매 무료사이트, 온비드, 한국부동산경매정보, 리치옥션, 굿옥션 등 많은 인터넷 사이트에서 법원경매 관련 정보를 제공받을 수 있다.

② 전원생활을 선호하는 지역의 논, 밭, 임야에 대한 경매 물건을 체크한다.

용인, 안성, 평택 등 지역 검색과 전·답, 임야, 농지와 같은 분야별 체크 항목도 있다.

처음 시작하는 경매 투자자라 할지라도 한눈에 쉽게 파악할 수 있는 감정평가 및 분석 자료도 볼 수 있다.

지방은 대도시와 달라 논, 밭, 임야의 경매물건이 한 달에 30건이 넘지 않는다. 관심만 있다면 경매물건을 조사할 시간적 여유가 된다는 뜻이다.

한번 유찰되면 약 40일 뒤에 다시 재경매 공고가 나오는데, 신건(처음 나온 물건)이라고 그냥 지나치는 것은 금물이다. 아무래도 신건은 비싸서 유찰이 될 것이라 생각할 수도 있겠지만 농지나 임야의 감정평가는 기존의 가치보다 평가 절하된 가격으로 경매에 나오기에 첫 경매에서 낙찰률이 높은 물건이다.

③ 지도를 활용해서 미리 해당 지역 물건을 알아본다.

포털 사이트 지도 서비스는 토지이용계획확인서, 임야대장 등 기본 정보도 함께 제공된다.

그 지도를 여러 장 인쇄해서 현장과 비교하면 거의 일치한다.

다음, 네이버, 온나라, 구글 지도의 위성 항측 사진을 확인한다.

④ 여행을 가는 기분으로 현장 조사를 떠난다.

가족과 주말 나들이를 간다는 생각으로 현지에 가서 경매물건을 조사하다 보면, 재테크, 돈 버는 여행, 운동까지 세 마리 토끼를 잡을 수 있다. 다만, 한 번의 경매로 원하는 토지를 얻을 수 있다는 생각은 버리는 게 좋다.

⑤ 경매물건에 대한 현지조사 또한 부동산업체를 통한 토지투자 체크 포인트와 일치한다.

경관, 계곡, 소나무, 돌, 경사, 방향, 주변 오염도, 도로 여건 등을 확인한다.

⑥ 인근 주민들의 친구가 되는 것은 필수다.

"아무개의 땅 300평은 서울사람들에게 얼마에 팔렸다더라."

"주변에 마실 물이 없다. 장마철에 자주 물에 잠기는 땅이다. 도로를 낼 수가 없다" 등 해당 토지의 문제점과 역사를 들을 수 있다.

⑦ 마지막으로 가까이 지내는 부동산업체에 입찰에 관한 도움을 받는다.

나에게 딱 맞는 경매물건을 찾으면 평소 알고 지내는 부동산업자에게 경매입찰 방식에 대해 도움을 받자. 그럴 상황이 안 될 때는 직접 공부를 해도 무방하다.

보통 법원에서 오전 10시부터 경매를 진행하는데, 경매 개시 20분 전에 경매법정 집행관 사무실에서 경매 방법에 대한 교육을 실시한다. 그 때를 대비해서 기본 상식 정도는 미리 알고 가는 것이 유리하다.

경매토지 현장답사 노하우

　책상에서 서류나 컴퓨터를 통해 검색한 물건 중 '괜찮은' 물건을 찾았다면 반드시 현장을 답사해야 한다. 토지투자 전문가조차 서류로 봤을 때는 좋은 물건이라 판단해 현장을 방문해 보면 '역시' 좋다는 생각이 드는 땅은 다섯 건 중 한 건에도 미치지 못한다.

　현장을 방문했을 때 실망을 하는 토지가 신 건에서 감정가 대비 300~400%에 낙찰되는 경우도 종종 있다. 이는 현장답사를 하지 않았기 때문인 경우가 대부분이다. 이런 물건은 2~3개월 후 여지없이 재매각 공고가 난다. 물론 입찰보증금은 20%로 높아져 있을 것이다.

　일반적으로 경·공매 대상 토지는 중개업자나 토지소유주의 안내를 받는 것이 불가능하므로 자신의 힘만으로 목적 토지를 찾아갈 수 있어야 한다. 하지만 토지는 건축물처럼 지번이 표시되어 있지도 않고 경계도 명확치 않으며 우편물을 확인할 수도 없다. 그러니 생각만큼 해당 토지를 찾는 게 그리 쉽지는 않다. 혹자는 현장에 가서 마을사람에게 물어보면 알 수 있을 것이라고 생각하겠지만 현지인들 역시 '아무개 땅'은 알아도 '000-0번지' 토지에 대해서는 알지 못한다. 답사를 떠나기 전에 철저히 준비하고 현장에 가서 꼼꼼히 살피는 것만이 유일한 방법이다.

대상 토지를 찾는 법

위치도를 보고 목적 토지 찾기

감정평가서에 첨부된 위치도는 1:25,000 지도인 경우가 대부분이다. 하지만 넓은 범위까지 표시되지 않으므로 자신이 소유하고 있는 전국지도에 별도로 표시를 하고 이를 보면서 찾아가는 것이 수월하다. 뿐만 아니라 이러한 행위는 자신이 답사한 모든 토지가 한 권의 지도책에 표시되게 되므로 나중에 지역별 특징을 기억하는 데 상당한 도움이 된다. 전국지도가 없다면 하나쯤 사두자. 1/50,000이나 1/75,000 정도의 축척이면 무난하지만 1/50,000 지도는 너무 두껍고 무거워 1/75,000 지도가 휴대하기에 좋다.

위치도를 볼 때는 계곡 또는 도로를 기준으로 목적 토지가 좌측에 있는지 우측에 있는지를 특히, 주의해서 살펴봐야 한다. 이것만으로도 찾고자 하는 범위가 절반으로 줄어들기 때문이다.

지도를 보는 방법의 중요성

부동산을 중개하거나 투자하고자 하면서 지도와 나침반 없이 움직이는 것은 생각하기 어렵다. 특히 토지를 현장에 가서 파악하기 위해선 지도, 지적도, 나침반 없이는 불가능하다. 그리고 먼저 지도상에서 내가 찾고자 하는 위치를 파악할 수 있어야 한다.

지도의 정의

지도는 지구 표면의 일부 또는 전부를 일정한 비율로 축소하여 여러 가지 기호, 선, 색깔, 형태로 평면상에 나타낸 그림이다.

지도는 우리에게 방향, 지형과 거리, 어떤 지형 지물의 위치와 명칭, 그 밖의 다른 사항들을 세밀히 알려 준다.

지도상 거리와 실제거리

- 실제거리 = 지도상의 거리 × 축척의 분모
- 1:25,000 지도의 1cm는 실제거리 250m
- 1:50,000 지도의 1cm는 실제거리 500m
- 이것은 평면상의 거리이므로 고도차와 루트의 굴곡이 고려되어야 한다.

※ 실제 치수 기준

- 1/100 : 100mm
- 1/200 : 200mm
- 1/300 : 600mm
- 1/400 : 800mm
- 1/500 : 1,000mm
- 1/600 : 3,000mm

지도의 축척이 1:25,000이라는 것은 지도상의 1cm가 실제거리 25,000cm를 의미한다는 것이다. 즉 실제거리 25,000cm(250m)를 지도상에서 1cm로 줄여 표시했다는 뜻이다. 그리고 축척이 1:50,000이라는 것은 실제거리 50,000cm(500m)를 지도상에서 1cm로 줄여 표시했다는 뜻이다.

※ 축척이 1:50,000인 지도에서 면적이 1㎠인 밭의 실제 면적은?

- 면적이 1㎠인 정사각형의 한 변의 길이는 1cm이다. 즉 지도상에서 가

로, 세로 길이가 1cm인 정사각형이 실제 지표상에서 어느 만큼의 면적을 가지고 있는지 묻는 문제다. 축척이 1:50,000이므로 지도상의 1cm는 실제 거리 50,000cm 다시 말해 500m를 나타낸다. 그러므로 밭의 실제면적은 0.5km x 0.5km = 0.25km^2

축척 표시 방법			지도상의 1cm의 실제 거리	지도상의 1cm²의 실제 면적
막대자	비율	분수		
0 5km	1: 250,000	$\dfrac{1}{250,000}$	2.5km	6.25m²
0 1km	1: 50,000	$\dfrac{1}{50,000}$	0.5km	0.25m²
0 0.5km	1: 25,000	$\dfrac{1}{25,000}$	0.25km	0.625m²

• 소축척 지도는 비교적 넓은 지역을 간략하게 나타낸 지도로, 우리나라 전도나 세계 전도 등이 포함된다.

대축척 지도는 비교적 좁은 지역을 상세하게 나타낸 지도로, 대표적인 것으로는 1:50,000 또는 1:25,000 등의 지도가 있다.

1:25,000 지도와 1:50,000 지도는 모두 대축척 지도에 포함된다. 그런데 두 가지를 비교한다면 500m를 1cm로 줄인 1:50,000 지도보다는 250m를 1cm로 줄여서 표현한 1:25,000 지도가 더 자세하다.(더 작은 부분까지 나타낼 수 있다.) 그리고 축척을 비교할 때에는 분수로 나타내는 편이 더 쉽다. 즉 1:25,000 = 1/25,000, 1:50,000 = 1/50,000로 나타내서 비교하면 1/25,000 〉 1/50,000. 분수로 나타냈을 때 더 큰 쪽(분모가 작은 쪽)이 더 상세한 지도다.

지도에서의 색깔

- 흑색 : 대다수의 문화적 또는 인공적 지물
- 청색 : 호수, 강, 늪과 같은 배수 관계
- 녹색 : 수림, 과수원 및 포도원 같은 식물 관계
- 갈색 : 기복 및 고저
- 적색 : 주요 도로, 밀집된 건물, 지역 및 특수 지물

등고선

- 해수면(해발 0m)에서부터 수직으로 일정한 높이의 지점을 연결한 선(5m, 10m 등의 일정한 간격)
- 5개의 등고선마다 계곡선(굵은 실선)이 그어지고, 그 높이가 등고선마다 표시됨.
- 등고선의 원리
- 낮은 쪽으로 내민 것이 능선
- 높은 쪽으로 들어간 것이 계곡
- 간격이 좁을수록 경사가 급함.
- 간격이 넓을수록 경사가 완만함.

자북선 표시법

- 지도에 나타난 경선(세로줄)은 도북을 향한 방향이며 나침반의 북쪽(자북)은 여기에서 약간의 편차(우리나라는 서편각 5.5도~8.5도)가 난다.
- 자북선 표시(서편각 6도의 경우)
- 나침반의 다이얼을 360도에서 6도를 뺀 354도에 고정
- 지도상의 경선과 북방 지시 보조선을 일치시킴.

• 기저판의 긴 변을 따라 직선을 긋는다.

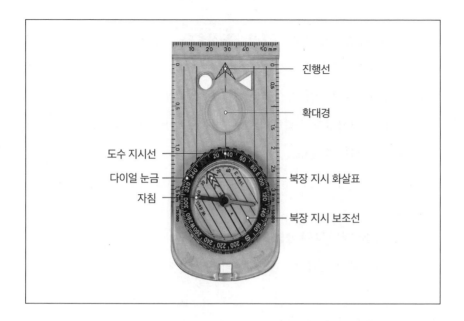

진행 방향 측정법 및 진행법

• 부동산이 위치한 쪽이 진행 화살표의 방향과 일치하게 목적지와 현재 위
치를 기저판의 긴 변에 일치
• 다이얼을 돌려 북방 지시 화살표(보조선)와 자북선을 평행이 되게 하면 눈
금에 나타난 각도가 자북 방위각(진행 방위각)
• 나침반을 진행 화살표가 전방이 되게 수평으로 든다.
• 자침의 북쪽과 북방 지시 화살표가 일치되게 몸을 돌린다.
• 진행 화살표의 방향에 있는 목표물로 간다.

방향 유지법

• 대상 부동산과 현재 위치와의 거리, 소요시간을 산출한다.

- 대상 부동산과 현재 위치를 그은 직선상에서 찾기 쉬운 지형지물을 중간 목표로 선정한다.
- 각 중간 목표와의 거리, 소요시간을 산출하여 중간 목표를 거쳐간다.
- 장애물 우회 시 방향 유지법
- 건너편이 보이는 장애물(호수, 경작지 등) : 건너편의 진행 방향상의 뚜렷한 목표물을 설정하고 우회하여 그 위치에서 출발점의 후퇴 방위각을 측정하여 일치되는가 본다.
- 건너편이 보이지 않는 장애물(밀림, 절벽 등) : 90도 우회법으로 돌아간다.

지도 정치 및 방위각 측정법

- 지형 지물에 의한 정치: 지형지물의 방향과 지도상의 지형 지물의 방향과 일치시킴.
- 자북선에 의한 정치
  - 지도를 수평으로 놓는다.
  - 나침반 집속의 북방 지시선과 자북선을 각기 북쪽에 일치시킨다. (다이얼의 각도는 무시)
  - 나침반과 함께 지도를 돌려 자침의 북쪽과 북방 지시 화살표를 일치시킨다.
- 목표물의 방위각 측정법
  - 나침반을 수평으로 들고 진행 화살표가 목표물을 향하도록 한다.
  - 나침반을 그대로 둔 채 다이얼을 돌려 자침의 북쪽과 북방 지시 화살표를 일치시킨다.
  - 도수선이 가리키는 다이얼 눈금이 목표물의 자북 방위각.

지형지물을 이용하라

해당 지역에 도착하였다면 지형지물을 이용한다. 주변에 있는 저수지, 하천, 계곡 등은 매우 유익한 지형지물이다. 논두렁이나 밭두렁의 경계 등도 이용이 가능하다. 여기서 세부적으로 보는 것은 지적도 보는 법으로 넘겨서 정리하기로 하자.

땅에 꽂힌 깃발의 의미

무심코 지나가다 보면 개발부지에 꽂힌 깃발들을 보게 된다. 어떤 것은 흰색 깃발, 노랑색 깃발, 빨강색 깃발 등 다양한 색깔의 깃발들이 있다. 아래와 같은 의미를 갖고 있으므로 현장답사를 할 때 참고하자.

1. 흰색 깃발 : 강제수용된 토지
2. 노랑색 깃발 : 토지보상 진행 중이나 시간이 다소 걸린다는 뜻
3. 파랑색 깃발 : 현재 토지보상이 진행 중
4. 빨강색 깃발 : 토지보상이 완료
5. 말뚝 : 토목공사 진행 중

경매 물건 사진을 보고 목적 토지 찾기

위치도를 보고 현장 인근까지 찾아갔다면 먼저 감정평가서에 첨부되어 있는 사진과 일치하는 토지를 찾아야 한다. 그러나 사진이 찍혔을 때의 계절과 실제로 현장답사를 위해 갔을 때의 계절이 반대일 경우가 많아 주변 환경이 다르게 보일 수 있으므로 이를 고려해서 보는 상상력이 필요하다. 이는 경매 개시결정이 나고 감정평가가 이루어진 시점에서 최초 매각공고시점까지 약

6개월 정도의 시간이 소요되기 때문이다.

감정평가 시점은 감정평가서의 첫 장(표지 제외)에 표시되어 있다. 이러한 감정평가 시점과 답사 시점의 차이는 계절뿐 아니라 현황에도 많은 변화를 줄 수 있다. 특히 농지의 경우 작물 현황이 현저하게 달라질 수 있으므로 사진의 배경까지도 꼼꼼히 살펴 목적 토지를 찾는 노력이 필요하다.

주의할 점은 '확실하지는 않지만 대략 이 땅인 것 같다.' 라고 대충 쉽게 판단하고 결론을 내려서는 안 된다는 것이다. 계절과 현황이 아무리 바뀌었다 해도 제대로 찾았다면 '확신'이 선다. 확신이 서지 않는다면 절대로 찾고자 하는 땅이 아니다.

간혹 감정평가서의 물건 사진이 엉뚱하게 찍혀 있는 경우도 있으므로 주의하여야 한다. 물건 사진을 이용하는 방법 외에도 지적도에서 인접지에 대지가 있다면 그 대지 위에는 건축물이 있을 가능성이 높으므로 그 건축물을 먼저 찾는 것도 좋은 방법이 될 수 있다. 그 지번에 해당하는 건축물은 마을사람에게 물어도 좋고 특히, 우편배달부를 만날 수 있다면 더욱 수월해질 것이다.

토지의 현황 파악

목적 토지를 찾았다면 이제는 토지의 현황과 공부(公簿)가 일치하는지를 파악해야 한다. 나중에 매도를 하게 될 경우 매도의 노하우는 특별히 없다 해도 과언이 아니다. 다시 말해 토지를 잘 파는 사람과 못 파는 사람의 구별은 없다는 말이다. 잘 팔릴 토지를 파는 사람은 잘 파는 사람이 될 것이고 팔리지 않을 토지를 팔고자 하는 사람은 못 파는 사람이 될 것이다.

토지의 현황 파악은 가치 및 시세 파악, 개발과 함께 잘 팔릴 토지와 안 팔릴 토지를 구별하는 매우 중요한 과정이라 하겠다.

지적(임야)도를 보며 토지의 현황 파악하기

토지는 실제의 경계가 표시되지 않기 때문에 지적도와 일치하는지를 파악하기가 쉽지 않다. 아니다. 그러나 자세히 살펴본다면 담이나 축대 같은 구조물이 없더라도 실제 경계를 알 수 있는 경우가 많다. 즉 농작물의 종류가 달라지거나 지면의 높이가 달라지거나 하는 등의 정보를 통해 대략 알아낼 수 있다.

이러한 경계를 토대로 한 현황상의 토지 모양과 지적도상의 토지 모양이 일치하는지의 여부는 반드시 체크해 봐야 할 사항이다. 만약 현장 상황으로 볼 때 대략적인 경계가 없다고 해도 우려할 만한 문제는 아니다. 취득 후 지적측량을 통해 말뚝을 박는다면 이것이 곧 경계가 되기 때문이다.

우선 지적도의 북쪽과 현황의 북쪽을 정확하게 일치하도록 지적도를 돌려 맞춘 상태에서 지적도의 1cm는 실제의 12m가 되고(1/1,200), 임야도의 1cm는 실제의 60m가 되는(1/6,000) 점을 감안하여 현황을 파악한다. 이렇게 파악한 현황이 지적도와 다를 경우, 실제의 면적이 공부의 면적보다 넓은 경우라면 문제될 게 없다. 지적도상 타인(국유지 포함)의 토지 위에 건축물을 앉힐 수는 없지만 마당이나 텃밭 등으로 사용하는 데는 문제가 없기 때문이다. 물론 토지소유주가 반환을 요구한다면 내 주어야 한다. 반대로 실제의 면적이 공부상 면적보다 작은 경우는 문제가 된다. 이러한 경우는 취득 후 지적측량을 통하여 되찾을 수 있는 상황인지 아니면 타인 소유의 건축물이 존재한다거나 도로로 편입됐다거나 하천으로 유실됐다거나 하는 등으로 되찾을 수 없는 상황인지를 판단하여 입찰 여부 혹은 입찰가를 결정하여야 한다.

진입로가 있는지 여부를 확인

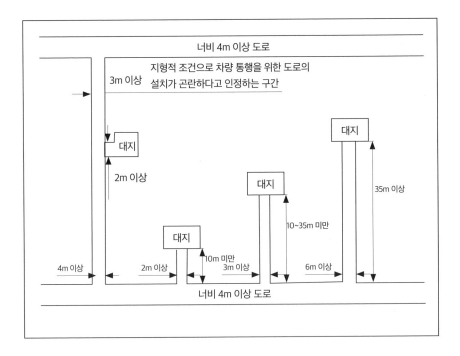

건축법에 따르면 폭 4m 이상의 도로에 2m 이상 접하지 않은 토지에는 건축이 불가능하다. 다만, 부설주차장의 설치 의무가 없는 건축물의 경우는 지자체마다 그 규정을 달리 정하는 경우가 많으므로 관할 시·군·구청에 별도로 문의를 해보는 것이 좋다.

단독주택에 있어 부설주차장의 설치가 필요한 건축물은 연면적 50㎡(약 15평)를 초과하는 단독주택이다.(건축법 시행령 별표1 참고)

도로현황과 건축행위 시 도로 인정 여부

지적상 도로	현황상 도로	조 건	포장 여부	포장 주체	건축 시 도로 인정 여부
O	O	국유지	불문	불문	인정
		사유지	포장	개인	사용승낙서 필요
				지자체	인정 (별도 문의 요망)
			비포장		사용승낙서 필요
X	X				부정
O	X	취득 후 개설 가능 (사도인 경우는 사용 승낙서 필요)			인정
		취득 후 개설 불가능			부정
X	O	현황도로가 국유	불문	불문	인정 (별도문의 요망)
		현황도로가 사유	포장	개인	사용승낙서 필요
				지자체	인정 (별도문의 요망)
			비포장		사용승낙서 필요

토지의 가치는 진입로의 여부에 따라 확연히 달라진다. 지적상 도로와 현황도로가 일치하는 경우도 있지만 그렇지 않은 경우도 많기 때문에 주의하여야 한다. 지적상의 도로는 있지만 현황도로가 없는 경우라면 취득 후 지적상의 도로를 살릴 수 있는지 판단해야 한다.

오래전부터 타인이 건축물의 부지나 작물의 재배 등으로 사용해 왔다면 지적상의 도로는 유명무실해진다. 물론, 도로개설이 가능한 경우라 하더라도 사도인 경우는 도로소유주의 사용승낙서를 요건으로 함은 당연하다.

반대로 지적상 맹지이지만 현황도로가 있다면 그 도로가 건축행위 시 도로로 인정받을 수 있는지를 판단해야 한다. 현황도로가 국유지로 나 있다면 관습상 도로로 인정받을 수 있으며, 타인 소유의 토지에 개설되어 있는 경우라면 포장이냐 비포장이냐에 따라 달라질 수 있다.

비포장도로의 경우는 토지소유주의 동의를 얻어야만 사용할 수 있고, 포장도로의 경우 그 포장의 주체가 토지소유주라면 그 소유주의 동의가 필요하다. 지방자치단체라면 별도의 사용승낙 없이 사용이 가능한 경우가 대부분이다.

그러나 이러한 자의적 판단은 가능성의 타진일 뿐 시·군·구청 건축과에 건축행위 가능 여부를 지번을 첨부하여 직접 문의하는 것이 가장 확실하게 알 수 있는 방법이다

필자는 다음과 같은 조건이 충족되지 않는다면 답사 자체를 가지 않는다.

① 구입 목적과 맞는가? 투자인가? 즉 개발 및 활용하기 위한 목적에 맞아야 한다.
② 예산 및 주변 시세보다 저렴한가?
③ 용도지역은 활용 및 개발에 적합하여 인·허가가 가능한가?
④ 경매낙찰 후 매각 시 매각물건의 소개수수료가 적정한가?
　　답사 전에 지급하여야 할 수수료를 결정 짓는다. (이 부분에서 낙찰 물건의 소개 수수료는 일반인이 이해할 수 없는 수수료를 지불한다. 단, 그만한 수수료를 지급하기 위해서는 매도 조건이 좋아야 하며, 매도인과 협상 테이블을 오픈하여야 한다.)

대체적으로 항상 깔끔한 답사와 시원하게 입찰결정을 하는 사람들은 위에 열거한 몇 가지 사항에 대해 분명한 생각을 가지고 답사를 한다.

답사를 하기 전에는 서류상으로 위에서 검토했던 사항과 같은 몇 가지 파악 가능한 부분의 정보를 입수한 후 답사를 떠난다.

물건 답사는 서류와 현장 파악으로 직접 판단하고, 부지의 경계는 주변의 지형, 지물을 이용하면 70~80% 파악이 가능하나 경매응찰 시에 진입도로 등은 이상이 없음을 확인한 후에 경매입찰한다.

물건 확인을 위한 현장답사 사례 보기

사례로 소개하는 이번 현장답사는 금액도 크고 낙찰 예상가격이 마음에 들 정도라서 일단 현장을 확인한 후에 중개업소와 협상을 해도 좋을 것 같다는 판단에서였다.

토지 매입을 위한 답사 목적 : 휴양용 주말농원을 개발하기 위한 부지 물색

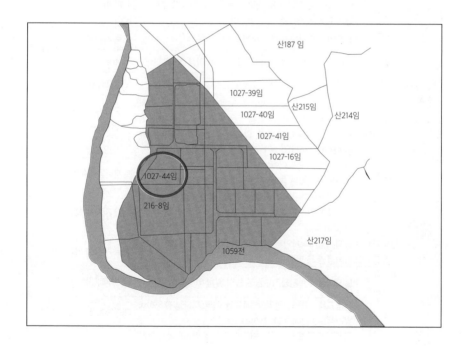

물건지 개요

① 홍천 서면

② 임야

③ 일부 준보전임지 및 일부 보전임지

④ 16,000평

구분		내용	확인사항
물리적 현황	경사도	경사도가 높으면 형질변경 등의 비용이 과다하게 소요되며, 허가에 어려움이 있음. 전체 면적에서 법면의 비율이 높으면 투자가치가 낮음.	경사도는 20도 미만/ 법면은 30% 미만
	방향	남동향이 선호됨. 오후 2시쯤의 일조량과 경관을 확인.	남(동)향, 경관
	조망권	최근들어 방향보다 조망권이 중시되는 경향이 증가	조망권
	높이	인접 대지보다 높으면 좋고, 특히 도로보다는 높아야 부지 활용이 용이함.	현장답사
	모양	땅의 모양은 정방향이 좋으며, 예각보다 둔각이 선호 됨. 땅의 폭은 최소수준(10~15m) 이상.	정방향, 둔각 > 예각, 폭 넓이
도로 현황	도로 여부	유동인구 유입을 위한 도로가 존재	도로 개설 여부
	도로 폭	건축이 가능한 폭 4m 이상 도로에 2m 이상 접도	폭 4m 이상
	포장 여부	포장도로 또는 다져진 비포장도로	도로포장 여부
	도로 사용권한	지적도로와 현황도로 여부 및 도로 개설가능 여부, 맹지가 중요한 것이 아니라 점용 등을 통한 도로 개설 가능 여부를 판단하는 것이 중요. 타인의 토지를 이용하는 사례도 많으니 권확인은 필수.	도로 개설 여부 (주변 탐문 및 관계청 확인)
공법 현황	용도지역	목적에 맞는 용도지역인지 확인, 일반적인 토지투자에 있어서는 주거지역 토지가 선호됨.	토지이용계획확인서
	공법상의 규제	토지거래허가구역, 개발제한구역, 수질보전대책특별지역, 상수원보호구역, 군사시설보호구역, 문화재보전구역 등의 규제.	해당 지자체 확인
	분묘기지권 등	토지이용계획확인서 상에 표지되지 않는 분묘기지권, 법정지상권 등 파악.	해당 지자체 확인
	소유권 등 권리관계	토지대장과 토지등기부등본 등의 일치 여부를 확인	등기부와 공부 확인
주변 현황	대중교통	대중교통 이용의 편의성, 역세권 여부(지하철 0.5~1km, 일반철도 1~3km, KTX 3~5km)	대중교통 접근성
	하수처리	지역에 따라 반드시 하수처리관로를 매설해야 하는 토지가 있으므로, 하수종말처리장 여부, 인접토지 소유주의 동의가 필요한 경우라면 동의 여부.	하수처리 관계 사항

	전기 · 통신시설	전기는 200m까지 기본으로, 그 이상은 추가요금 적용. 전화는 400m까지 기본이고 그 이상은 추가요금 적용.	전기 200m 내, 전화 400m 내
	인근도시 접근성	생활기반시설이 위치한 도시지역과의 접근성	차량 10분 이내
	혐오시설	공동묘지, 하수종말처리장, 쓰레기매립장, 광산, 염색가공, 가죽, 목재가구 공장 등 공해시설이나 레미콘공장, 축사나 분묘, 사격장 인근, 고압선 등	현장확인

답사 전 준비서류

① 현장_지적(임야도) : 축척 1/5,000

② 간선도로에서 현장까지 연결도로가 표기된 지적(임야도)

③ 현장 지형도

답사 전 서류로 파악이 가능한 요소

① 서하향 완경사 및 일부 남측 급경사 지대

② 서측 세로폭 2~3m 도로 접

③ 서남측 하천 접

④ 전체를 수십 필지로 분할한 상황으로 보아 매도인이 개발업자이거나 분양업자에게 분양을 의뢰한 뒤 진행이 중단 또는 보류된 상태로 추측

⑤ 분할 형태로 봐서 단순 매도작업을 시도하였을 가능성이 매우 높으며, 매도 가격이 오픈된 상태일 것으로 추측

답사 시 주요 체크사항 결정

① 서측 2~3m의 도로가 하천과 접하여 유실 가능성 있음. 도로가 개설되어 있을 경우 현황도로와 지적상 도로의 경계 파악

② 간선도로에서 진입도로가 일부 끊겨 있어 추후 맹지가 될 가능성이 있으므로 이에 대한 탐문 및 서류를 확보하여 세부 조사

③ 준보전과 보전임지의 경계 파악

④ 지형도와 현황 토지의 지형이 맞는지 파악

⑤ 부지의 하천으로 유실 상태 파악

⑥ 일조권

⑦ 개발을 하게 될 경우 최종 하수방류구 지점 파악

⑧ 전기, 전화 전주의 현장과의 거리 파악

⑨ 인근 지역의 건축물 형태 및 용도 파악

⑩ 하천의 경관 수준 파악

⑪ 준보전지역의 개발 시 가장 편안한 단지 내 도로개설의 구간 파악 및 구간의 임야 경사도 파악

⑫ 기타 인근 혐오시설의 유무 및 입지예정 등에 관한 정보 탐문

보통 위에서 소개한 절차를 2일 정도에 걸쳐 준비하고 답사일자를 계획한다. 일반적으로 좋은 물건이 나왔다는 말을 듣고 별 준비도 없이 무심코 소개인을 따라나서는 것은 대단히 위험한 일이다. 소개인에게 사기를 당할 위험때문이 아니다. 냉정하게 검토하기보다 순간적인 충동으로 잘못된 판단을 내릴 위험을 배제할 수 없기 때문이다.

어떤 목적으로 사용하기 위한 땅을 찾는 것인지, 답사하는 물건이 그 목적에 적합한지 정확히 판단하고 답사를 결정해야 한다. 부지의 경계 및 도로에 대해 하자가 있는지 없는지에 대해서는 그 다음 문제다. 소개인에게 의지하고 참고할 수 있는 것은 매물로 나왔다는 것과 매도하고자 하는 가격에 대한 정보 정도만 참고할 수 있을 뿐이다.

가끔 경매낙찰 후 중개인 탓 하면서 후회하는 사람들이 의외로 많다. 하지

만 매입자에게 가장 큰 책임이 있다는 건 분명한 사실이다. 소개인은 단지 소개를 해 주는 사람일 뿐 책임을 지는 사람이 아니기 때문이다.

중개업소의 중개인도 문제가 발생했을 때 일부의 책임밖에 없고, 공제조합에서 보상할 수 있는 한도도 매우 적다. 따라서 이런 위험을 피하기 위해서는 현장답사에 대한 노하우부터 잘 익혀야 한다.

현황조사와 감정평가

직접 눈으로 현장을 확인하고 조사해야

인터넷, 정보지를 통해 원하는 물건을 선정한 후 법원에서 입찰 기록을 열람했다면 현장에 나가 미리 조사한 정보들이 사실과 일치하는지 확인해 보아야 한다.

현장조사를 통해 정보지나 법원 기록에 없는 추가 정보를 수집할 수 있으므로 반드시 현장조사에 임한다. 해당 물건의 소재지를 직접 방문하는 일은 꼭 필요한 일이다. 등기소에서 발급하는 토지 · 건물 등기부등본의 내용이 실제와 일치하는지 확인해야 하기 때문이다.

지적도와 도시계획도를 지참하여 대지의 일부가 도로에 편입되지는 않았는지, 주변 땅과의 경계가 명확한지도 확인해야 한다. 또한 토지, 건물, 건축물관리대장, 임야대장 등에서 지목, 건축 현황 등도 살펴본다. 또한 현장에서 임차인의 협조를 얻어 주민등록상 전입일자, 확정일자 부여 여부, 임대차 금액, 실제 거주 여부를 파악한다.

입지 조사

※ 확인 자료 : 토지대장 · 건축물관리대장 · 토지이용계획확인서 · 지적도 · 사진 · 공시지가확인서

※확인 사항

• 공부와 실제 이용의 일치 여부(지적도) 확인

• 건축허가 및 법정지상권 설정 여부 확인

• 용도지구 용적률 · 건폐율 확인, 교통 상황(도로의 폭, 대중교통 이용 가능성, 가구당 주차 비율) 확인, 대지의 모양 확인

• 인근 지역의 환경 · 상하수도 · 가스시설 · 인근 지역의 토지나 건물 이용 현황 · 편의시설 · 학교 등의 존재 확인

• 인근 지역 건물의 상태 · 현재 건물의 용도와 인근 지역과의 적합성 · 해당 지역의 토지이용계획 사항(토지이용계획확인서의 기타 규제사항 조사)

• 인근 지역의 발전 단계(지역의 라이프 사이클), 점유자 조사, 법원에 기록된 점유자(임차인) 외의 별도 임차인이 있는지, 실제 점유하고 있는지 여부를 확인한다. 임차인이 허위로 답변해 주거나 협조를 하지 않을 것에 대비해 우편물 수취인, 전기 · 수도 검침계 등을 확인하며, 통 · 반장 집이나 인근 구멍가게에서 확인할 수도 있다.

물건 상태 확인

건물의 외관

외관의 디자인이 오래된 것인지, 현대적인지, 부지와의 균형이 어울리는지, 너무 복잡하거나 너무 단순하지 않은지, 적정한 균형을 취하고 있는가 등을 검토한다.

건물의 색조

건물의 외관 및 내부의 색조, 즉 지나치게 화려한지, 지나치게 평범한지, 현대적인 감각이 가미된 색조인지 아닌지 등을 검토할 수 있다.

배치 · 설계

방이나 창문의 배치는 어떤지, 설계가 낡은 구식인지, 이로 인해 기능이 뒤떨어지지는 않는지 등을 검토한다.

출입구, 창의 적정성

출입구나 창이 건물 전체로 보아 적정한가, 기둥과 구조 등과의 상태를 보고 균형이 잘 맞는지를 살펴본다.

개 · 보수의 상태와 비용

물리적으로 보아 개수 또는 수선해야 할 시점이 되지 않았는지, 외벽의 페인트칠, 배수관의 파손, 베란다의 상태, 구조물의 보수 상태 등을 확인하여 개 · 보수 여부를 결정할 수 있다. 건물의 개 · 보수가 필요하다면 어느 부분이 해당되며, 필요한 경비는 어느 정도인지도 조사 분석한다.

시세 조사

- 중개업소(5개소 이상) 방문 및 전화 조사 · 부동산 전문지(부동산뱅크 등) 활용
- 지역생활정보지(벼룩시장, 교차로 등) 참조 · 인근 지역 유사 주택이나 아파트 시세 조사, 관공서 서류 조사, 관공서를 통해서는 각종 공부상 서류를 발급 받는 것만이 아니라 대상물건에 대한 민원사항까지 확인할 수 있다. 기관별로 발급을 받을 수 있는 서류는 다음과 같다. 특히 전 · 답 등의 농

지는 농지취득자격증명을 발급 받아야 하는지 여부를 확인해야 한다.

- 동(면)사무소 : 주민등록등본, 공시지가 확인서
- 구청(군청) : 건축물관리대장, 토지대장, 도시계획확인서(토지이용계획확인서), 지적도, 농지취득자격증명
- 등기소 : 등기부등본

감정평가서

감정평가서는 감정평가사가 법원의 의뢰를 받아 현장조사를 통해 가격을 평가한 것으로 토지분과 건물분 금액의 합계액이 기록된다. 기재 사항은 다음과 같다.

- 평가표
- 평가의견서
- 평가명세표(토지 면적, 건물 면적, 각 층 면적, 미등기 면적, 기타 주요 동산, 설비 등 각각의 평가액)
- 평가요항표(부동산 위치, 인근 상황, 교통 상황, 이용 상태, 위생 및 난방설비, 토지이용계획 기타 공법상 관계 내용, 공부상 차이, 물건 위치도, 지적도 등 기재)
- 위치도
- 물건의 구조, 노후 정도, 위치, 주변 환경, 교통 등에 대한 객관적인 평가

주의해야 할 점

감정평가액은 최초의 최저 입찰가와 일치한다. 최저 입찰가는 감정평가기관이 조사한 평가액으로 경매개시 직후의 시세를 반영한다. 대개 거래시세의 85~110% 선이므로 거래시세와 비교해 보아야 한다. 감정평가액이 높게 책정된 부동산의 경우는 시세차익이 줄어들기 때문이다.

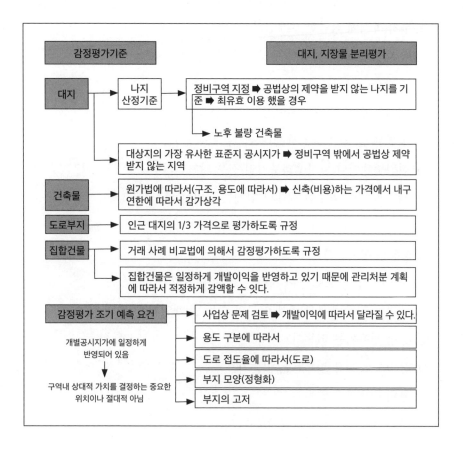

임장 활동은 필수, 현장답사 포인트 레슨

경매로 토지에 투자할 때 반드시 현장에서 확인해야 할 사항

1. 지적도의 모습과 현장은 다른 경우가 많다.

지적도상의 모습과 현장이 다른 경우가 매우 많다는 것을 명심하자. 또한 경매 물건일 경우, 시간이 흘렀다면 경매서류 상의 감정평가서나 현장방문 기록과도 다를 수 있으므로 주의를 요한다.

2. 투자 목적에 적합한 토지인가?

① 투자 또는 구입 목적이 무엇이며 적합한가?

② 입지가 좋은가?

③ 대지의 방향은 어느 쪽인가?

④ 햇볕은 잘 들고 일조시간과 조건은 충분한가?

⑤ 전원주택이나 농가주택부지인 경우 외지인의 비율은 높은가?

⑥ 해당 부지에 입주한 세대나 업체는 얼마나 되는가?

3. 현황은 어떠한가?

① 구거나 하천, 도로 등이 지적과 일치하는가?

② 농지든 임야든 분묘 존재 여부와 수는 몇 개인가?

③ 불법 점유자는 없는가?

④ 불법으로 전용된 부분은 없는가?

⑤ 불법 건축물은 없는가?

⑥ 주변인과의 사적 분쟁은 없는가?

4. 농지인 경우

① 현황이 경작 중인가, 방치된 잡종지 상태인가?

② 경작 상태라면 농작물 경작은 누가 하고 있는가?

③ 주변의 농지가 창고 등으로 전용된 비율은 높은가?

5. 임야인 경우

① 표고가 너무 높지 않고 경사도는 너무 급하지 않은가?

② 상수리나무, 참나무 등 활엽수림 비율은 높은가?

③ 지층에 토목공사 시 부담이 되는 암반이 존재하는가?

6. 개발 가능성은 높은가?

① 개발허가 진입로는 어떻게 확보할 수 있는가?

② 작업 차량이 진입할 현황도로는 있는가?

③ 토목공사를 시공할 때 평탄 작업은 용이한가?

7. 성장성은 높은가?

① 주변지역의 개발행위는 활발한가?

② 알지 못했던 도로나 개발계획은 없는가?

③ 주변에 도로개설을 표시하는 깃발이 꽂혀 있다면 착공과 준공일은 언제인가?

④ 경전철역사, 행정관청 등과의 거리는 얼마나 되는가?

8. 결정적인 취약성은 없는가?

① 공항이나 비행장 근처의 최고 고도지구나 비행안전구역이라면 비행기 소음은 없는가?

② 바닷가 토지라면 만조일 때 바닷물에 잠기지는 않는가?

③ 공중으로 고압선이 지나가거나 철탑은 없는가?

④ 폐기물이나 쓰레기 등이 있는가?

⑤ 홍수가 닥쳤을 때 상습적인 수해는 없는가?

⑥ 혐오시설, 공동묘지, 쓰레기매립장 등은 없는가?

9. 현지 부동산 방문하기

① 주변 개발계획이나 현황은 어떠한가?

② 알지 못 했던 다른 결정적인 흠은 없는가?

③ 공사 등이 중단된 토지라면 사유가 무엇인가?

④ 주변 토지 시세는 어떠한가?

⑤ 최근 몇 년 간의 시세 변화는 어떠한가?

⑥ 농협 등에서 대출 등은 얼마나 받을 수 있는가?

10. 현장 확인 시 유의사항

매매나 경매 대상 토지의 소유주나 거주인, 임차인 또는 인근 주민들과 마찰의 소지가 없도록 교양 있고 신중하게 처신해야 한다.

대분류	소분류	채크 항목	체크			비고
			○	△	×	
토지입지	경사도	토지경사가 25°보다 작은가?				
	토지 방향	(산을 등지고) 남향, 남서향, 남동향인가?				
	토지 조양	전원주택용지로서 조망이 탁월한가?				
	토지 높이	인근 하천과 개울의 최소 수위보다 높은가?				
주택 건축 가능성	토지 모양	토지 한 면의 길이가 최고 15m 이상인가?				
	토질/지반	주변에 쓸 만한 바위가 있는가?				
	지하수	지하수를 개발할 수 있는가?				
	전기/전화	전기는 200m, 전화는 50m 기본거리 내에서 끌어올 수 있는가?(초과시 추가비용 소요)				
	대중교통	대중교통으로 접근할 수 있는가?				
	편의시설	병원, 시장, 은행, 관공서가 가까운가?				
	주민성향	외지인에 대한 거부감이 심하지 않는가?				
인접도로	도로의 폭	토지가 4m 이상의 도로에 2m 이상 접해 있는가?				
	지적상 도로	지적상 도로가 너무 좁거나 인접 땅주인의 사용허락을 받아야 하는가?				
	현황상 도로	실제는 도로가 있는데 지적상으로는 없는가?				
포장여부	포장주체	지적도상의 도로가 아니지만 포장 주체가 국가인가?				
용도지역	용도지역	농업진흥구역, 보전녹지는 아닌가?				
	하천구역	하천구역, 소하천구역에 포함되는가?				
자연재해	침수구역	강변, 하천변 토지 유입 가능성을 확인했는가?				

개별규제	개별규제	토지거래허가구역(경매물건은 상관없음), 상수원 보호구역, 군사시설보호구역, 문화재보전구역 등 이 아닌가?				
유해시설	분묘 유무	묘지나 화장터가 있는가?				
	혐오시설	하수종말처리장, 쓰레기 매립장이 있는가?				
	분진발생	광산, 레미콘 공장, 고속도로 등이 가까운가?				
	악취발생	축사, 염색 가공공장 등 악취 요소가 있는가?				
	사고재해	사격장, 고압선 등 위험시설이 있는가?				
입목	입목	나무가 있는가? 벨 수 있는 나무인가?				
		수령이 얼마나 되는가?				
	경작 상태	경작물이 있는가?				
시세	공인중개사 사무서소	공인중개사 자격증을 확인했는가?				
		매매가는 얼마인가?				
		급매가는 얼마인가?				
		공인중개사 연락처				

시·군에서 확인해야 할 사항과 노하우

1. 확인해야 할 사항

주로 개발정보나 개발허가와 관련된 사항이 주를 이룬다. 가장 기본이 되는 부서는 도시계획과이다. 시·군마다 조금씩 다르므로 담당부서 등으로 안내해 달라고 한다.

① 도시계획심의 여부

② 진입로 문제

③ (불법전용된) 농지인 경우 농지취득자격증명 발급 가능 여부

④ 도로나 개발계획 여부

⑤ 공고를 통해 고시되기도 한다. 따라서 건축물을 곧바로 건축하기 위한

목적으로 투자하는 경우에는 반드시 개발가능 여부를 확인해야 한다.

2. 시 · 군 · 구청을 방문할 때의 노하우

① 담당자가 자리에 있는 시간에 방문한다.

② 오전이나 늦은 오후 시간이 좋다.

③ 하고자 하는 개발행위를 정해놓고 간다.

④ 사전에 전문용어 등에 대한 준비가 되어 있으면 좋다.

⑤ 담당자가 부재 시 옆 직원에게 메모를 남기자.

3. 시 · 군보다 현장을 먼저 방문하라.

4. 현장 확인 보고서를 작성하라.

콕 찍어 돈 되는 농지·산지 고르기

농지에 대한 이해와 투자 전략

농지 취득 방법

유·무상 여부
① 유상 : 매매, 경공매
② 무상 : 증여, 상속

구입 주체 별
개인, 농업법인, 기타

증명·허가 여부
① 농지취득자격증명(농지법 제8조)
- 거주 제한 없음.
- 경영 능력만 판단
- 일부 취득자격 제한 있음.

② 토지거래허가(국토계획법 제117조, 제118조, 동법 시행령 제116조, 제118조)

- 농지 소재지에 전 가족이 1년 이상 거주

- 농업인인 경우 연접 시·군·구 30㎞ 이내 거주자

③ 상속

- 증명, 허가 필요 없음.

- 자격 제한 없음.

농지의 보유 관리

농업법인을 통한 투자

① 농업법인 유형

- 영농조합법인 : 농업인 5인 이상, 준조합원 출자금으로 투자 가능

- 농업회사법인 : 농업인 1인 이상, 출자금으로 투자 가능(한계 있음)

② 도시인도 투자 가능

- 부재지주 여부와 상관 없음.

- 재촌자경 요건 상관 없음.

③ 세제 혜택

- 구입 보유세가 부담되지 않는다.

- 양도세가 중과되지 않는다. (법인세 25% + 10%)

개인 재촌 요건 충족

① 주민등록 이전

② 실제 거주 사실 입증

• 거주 사실 인지 : 이장, 영농회장 등 마을주민 접촉, 전화 가설

※ 외지인의 경우 연립 등을 구입하고 냉장고 등 가동

• 입증 자료 : 통장거래, 카드 사용 거래 내역이나 현금영수증 확보(전화, 전기, 가스, 주유, 식사대, 생필품 구입)

개인 자경 요건 충족

① 직접 자경

② 실제 경작 사실 및 입증 자료 : 논 농업직불제 신청, 자재구입 영수증, 판매영수증, 음식배달, 농기계 임차 확인이나 비용 입금

농지원부 신청 유지

① 신청 원칙 : 주소지 시 · 구 · 읍 · 면 · 동사무소/ 농지소재지 시 · 구 · 읍 · 면 · 동에서 자경증명 발급받아 신청

② 유지관리 변동사항 등 있을 시 말소되지 않게 함.

지역조합원

① 조합원 가입 : 주소지 지역조합원 또는 농지소재지 지역조합원 가입

② 조합원 혜택 : 출자금 배당, 사업준비금 적립, 영농자재 지원, 대출금리 할인

토지개발등

① 물리적 리모델링 → 형질변경, 도로개설, 성토 · 절토 등

② 법률적 리모델링 → 토지의 분할 합병, 용도변경, 지목변경, 개발행위 허가

③ 토지신분상승 → 용도지역 변경

④ 리모델링 · 개발 시 비용

- 허가비용 등 제반 비용

- 농지보전부담금 → 공시지가의 30% (상한선 ㎡ 당 50,000원)

- 개발부담금 → 개발이익의 25%

- 기반시설부담금 → 연면적 200㎡ 이상의 건물 신 · 증축시 시정 금액

- 취득세 → 변동되는 공시지가의 2%

- 면허세, 지역개발공채, 원상회복 이행보증금 등

- 기타 잡비 (마을이나 이웃 섭외, 무마비 등과 관정, 전기, 전화 등 시설비)

처분(매도 시 갖춰야 할 사항)

재촌자경 후 매도

① 재촌 요건을 충족하라.

- 주민등록 전입

- 실거주자로서 농지소재지에 거주하거나 농지소재지와 연접한 시 · 군 · 구에 거주하는 자나 30㎞ 이내에 거주하는 자

② 자경 요건을 충족하라.

- 직접 농사를 지을 것

- 종묘, 자재 구입이나 생산물 판매 영수증 등을 챙길 것

③ 기한을 충족할 것

- 8년 이상 재촌자경을 한 후 매도

- 3년 이상 재촌자경을 한 후 대토하면서 매도

- 2년 이상 의무사용기한 경과 후 매도(허가지역인 경우)

대토를 하고자 매도

① 대토 대상

- 3년 이상 재촌자경한 자가 필요에 의하여 양도일부터 1년 이내에 다른 농지를 구입하여 3년 이상 경작을 하여야 함.
- 수용으로 인한 대토(2년 이내 구입하면 됨)

② 대토 요건

- 종전 토지 및 새로 취득하는 토지가 농지일 것
- 종전의 농지소재지에서 3년 이상 거주하면서 경작했을 것
- 종전 농지를 양도한 날로부터 1년 이내에 새로운 농지를 취득할 것

※수용으로 인한 경우에는 2년 이내에 새로운 농지를 취득할 것

- 새로운 농지 면적이 양도하는 농지 면적의 1/2 이상이거나 새로운 농지 가액이 양도하는 농지 가액의 1/3 이상일 것

③ 의무 기한

- 대토한 농지는 재촌자경을 하면서 3년 이상 보유할 것

수용으로 보상 등

① 가급적 협의 매수에 응하라 : 부지 내 대토 부지, 양도세 등 혜택

② 재촌자경 요건을 충족하라.

- 지정고시일 1년 이전부터 재촌자경한 자(2008.4.18 시행)

③ 대토 요건이 된다면 대토를 하라.

- 수용가액의 범위 내에서 구입 시 취득세 · 양도세 감면 혜택

증여, 상속 등 무상 이전

① 보유자산이 10억 원을 넘는 경우, 사전 증여

② 상속도 처분의 일종으로 고려(부재지주 농지 등)

농지 관련 세금

구입 시 세금

① 세금 종류 및 세율

• 취득세(농어촌특별세) 2% (0.2%)

• 등록세(지방교육세) 1% (0.2%)

• 주택채권 가액에 의함

② 감면 내용

• 2년 이상 농업인 취득 시 취득세, 등록세 50% 감면, 채권 100% 감면

• 2년 미만 농업인 취득 시 채권 100% 감면

※수용 농지 대토 시 취득세 · 등록세 · 채권 100% 감면

보유 시 세금 문제

① 세금 종류 및 세율

• 재산세 : 시가표준액의 0.07% (지방교육세 20%)

• 종합부동산세 대상 아님.

② 자경농지인 경우 분리과세 대상임.

처분 시 세금 문제

세금 종류 및 세율

• 양도세 : 재촌자경 6~35%, 부재지주 60% /단기매도(50~40%), 미등기 (80%)

• 주민세 : 양도세의 10%

감면 내용

• 8년 이상 재촌자경 2억 원 감면 (5년 합산 3억 원)

• 3년 이상 재촌자경 경작농지 대토 시 1억 원 감면(5년 합산)

※근로소득자, 사업자 등은 재촌자경에 특별히 신경을 써야 함.

③ 재촌자경 요건을 충족하지 못 하더라도 중과세에서 제외되는 농지

• 상속농지(상속일로부터 5년 내 양도 시)

※2006. 12. 31일 이전 상속 받은 농지는 2009년 12월 31까지 양도 시 중과세 제외 (2006. 2. 9. 양도 분부터는 상속인이 경작하지 않는 경우 상속 개시일부터 3년 이내에 양도하는 경우에 한하여 상속인의 경작기간 합산함.)

• 이농 농지 (이농일로부터 5년 내 양도 시)

※2006년 12.31이전 이농한 농지는 2009년 12월 31까지 양도 시 중과세 제외

• 종중 소유 농지 (2005. 12. 31이전 취득 분에 한함)

• 농지전용허가를 받은 농지로서 농지전용 목적으로 사용하는 경우

• 5년 이상 계속 재촌자경한 농지를 소유자가 질병, 고령, 징집, 취학, 선거 등에 의한 공직 취임 등으로 재촌자경할 수 없어 임대 또는 사용대차 하는 경우

- 2006년 12월 31현재 20년 이상 소유한 농지, 단 2009년 12월 31까지 양도 시 중과세 제외
- 농지은행을 통하여 8년 이상 임대하는 경우는 제외(2008. 3. 22개정)

토지수용 시 세금 및 감면 문제

세금 종류 및 세율
- 취득세, 등록세 : 비과세 (대토하는 농지 등)
- 양도세 : 재촌자경 6~35%, 부재지주 60%, 단기매도, 미등기, 5년 이상 소유 토지는 일반세율 적용

감면 내용
- 취득세, 등록세
- 자가 보상금을 받은 날로부터 1년 이내에 수용부동산 등이 소재하는 시·도 및 연접한 시·군·구이거나 투기지역을 제외한 연접 시·도에서 취득하는 농지
- 총 보상금의 100분의 50 미만의 가액으로 취득하는 주택 포함
- 양도세
※ 8년 이상 재촌자경 농지 2억 원
➡ 사업인정 고시일 1년 전부터 재촌자경한 자가 2년 이내에 대토 시 1억 원 감면
※ 토지거래허가구역은 주소지로부터 80㎞까지 대토 구입 가능

농지투자 전략

농지에 투자하고자 할 때 고려하여야 할 사항

① 투자 대상 지역 선정

② 대상면적 규모 결정 1,650㎡ 이상 또는 이하

③ 이용 목적 : 실수요, 투자 수요

④ 개발 여부 : 사업용, 주거용

⑤ 용도지역 · 지구 등 검토

⑥ 자금의 규모 및 성격

- 주말농장, 전원생활, 분묘 등 확실한 실수요자 땅이 좋다.

- 원칙을 가져라. (예외를 보라, 예외의 예외를 보라.)

- 개발을 위한 투자냐, 자산관리 투자냐를 정하라.

- 단기보유냐 장기보유냐?

- 살 때는 모든 것이 파악 가능한 겨울에, 팔 때는 봄 5~6월에 풀이 파릇파릇 나고 꽃 피고 잡초 많지 않을 때

- 나대지는 주차장이나 야적장 등 사업용으로 전환하라. (지가의 3% 이상 수입이 입증되어야 한다.)

농업법인을 통한 투자

① 향후 도시민이 투자로 적격

② 출자를 통하여 도시민도 투자 가능

③ 재촌자경 여부와 상관없음.

④ 양도차익에 대한 세금은 법인세 +10%로 일반세율이나 같다.

- 도시민의 투자처로 전망 있음.

- 농업법인을 통한 대기업 투자가 진행될 것이다.

국토종합개발계획, 도시기본계획 예측 투자

① 국토종합개발계획에서 도로, 항만, 권역별 계획 등 장기 투자처를 살펴라.

② 도시기본계획에서 토지이용계획, 인구배분계획, 철도 · 도로 등 기반시설, 학교, 주택보급률 등 도시성장과 개발, 보전계획을 파악 투자하라.

- 인구증가율이 높은 도시 주변에 공적개발, 사적개발 예정지 투자 (시가화 예정용지, 도로 · 철도 계획노선 주변 등)

- 도시나 산업의 빨대(끌림 현상) 효과를 주의하라.

용도지역, 지구별 투자

용도지역별, 지구별 투자 전략을 짜라.

① 주거지역 : 상업지역과 주거지역의 도로가 보행자 도로 정도로 협소한 곳으로 연결성이 있는 곳(대형 ×, 규모가 작아도 ×, 고연령층 거주 ×)

② 상업지역 : 무늬만 상업지역인(유통상업지역정비법, 도정법 제한지역) 근린상업지역은 배후 주거 수준과 규모 분석이 중요(중앙선 있는 곳은 ×)

③ 공업지역

- 전용, 일반 공업지역의 재생사업 대상지 투자 유망

- 준공업지역에서 숙박시설 투자 유망(건축 가능, 제약 요소 적고 땅값이 저렴, 경기변동 적다.)

- 준공업지역 단독주택, 창고를 공략하라.

④ 녹지지역

- 자연녹지지역 일단지가 10,000㎡ 이상은 되어야 한다.

- 산이나 물이 가깝고 경사도가 있으면 안 된다.
- 생산녹지지역이라면 주상공이나 자연녹지 인근은 좋다.
- 생산녹지지역 중 일부가 개발된 곳은 추가 개발 어렵다.
- 보존녹지지역은 투자 가치 없다.
- 시가화예정용지의 녹지지역이라면 투자 가치 매우 높다.

⑤ 관리지역

- 계획관리지역 중 규모화 되고 도시 접근성이 좋은 곳으로 30만 ㎡ 이상 인 곳은 좋다.
- 초등학교 500~1000m 이내 관리지역은 투자 가치 높음. (초등학교 주변은 개발계획면적 20만 ㎡ 이상이면 됨)
- 계획관리지역이라도 도시 접근성 적은 곳은 안 된다.
- 생산관리지역 중 계획관리지역이나 도시지역에 접한 규모가 적은 경우 는 묻어가는 투자로서 가치가 있다.
- 생산관리지역에서 투자하려면 그 면적이 넓은 곳보다는 면적이 적거나 개발이 주변에 이루어진 곳이라면 좋다.
- 보존관리지역이라면 투자하지 말라.

용도지역별 토지가격 비교

용도지역			가격
도시지역	주거지역		100%
	상업지역	상업지 형성 초기	300%
		상업지 활성화 시	600%
	공업지역	전용공업지역	20~25%
		일반공업지역	30~40%
		준공업지역	80~90%
	녹지지역	보전녹지지역	15%
		생산녹지지역	25%
		자연녹지지역	40%

관리지역	보전관리지역	15% 정도
	생산관리지역	25%
	계획관리지역	40%
농림지역		20%

허가지역 투자

① 경·공매를 통하여 취득한다.

② 농업인으로 만들어서 허가지역 내 농지 취득한다. (구입가능 지역에 농지를 구입하여 농업인 만들어서 허가지역 투자)

• 규제가 심한 곳은 그만큼 개발이나 상승 가능성이 크다.

대체 토지 투자

① 3년 이상 재촌자경 후 대토 취득 : 반복 투자

• 농지가 1필지 이상이고 양도세가 1억 원 이상이라면 8년 자경 시 또는 3년 이상 재촌자경 후 대토하면서 5년 간 3억 원 양도세 감면 제도를 적극 활용하는 투자를 해야 함.

② 수용된 토지의 대체 취득

• 수용지역에서 80㎞ 이내 지역 보상 시 땅값이 오를 것 예측

• 대토시장은 강력한 수요시장 형성 예측

• 대토시장 형성 후, 3년 경과 후 매물, 즉 공급 시장 예측

개발지역 또는 개발 인근 지역 투자

① 개발 시 대토보상 기대 (대지 330㎡, 상가용지 1000㎡)

② 개발 시 수용가 현실화 기대 (10만 ㎡ 이상 개발보상협의회 의무화)

③ 보상금 수령 후 대토 등 활용 투자

④ 개발지 인근 투자 : 대토 수요로 지가 급등 예상. 공장 등 이전 수요 급증 예상

⑤ 정부정책이나 지자체 개발계획에서 개발지역, 개발 인근지, 인구증가, 행정구역과 브랜드, 접근성, 진입도로, 기한, 규제 해제 등을 보고 판단하고 투자하라.

⑥ 개인의 개발이나 리모델링으로는 개간, 간척, 도로점용, 하천점용, 토지분할 · 합병, 지목변경, 용도변경, 농지전용, 산지전용 등으로 가치 상승

용도변경 등 사개발 투자

① 허가기준 등 조건

• 허가기준에 맞아야 한다.

• 도시관리계획에 맞아야 한다.

• 도시계획사업에 지장이 없어야 한다.

• 기반시설의 설치나 용지 확보가 적합하여야 한다.

• 규모 조건이 맞아야 한다.(음식점 · 모텔 400㎡, 기타 800㎡, 보전녹지 5천 ㎡, 주거 · 상업 · 자연 · 생산녹지 1만 ㎡, 공업 · 농림 · 관리 3만 ㎡)

② 1필지보다는 일단의 토지가 좋다. (90.7.19 이후 분할된 경우 기허가가 있다면 허가 불가)

③ 개발지와 도로

• 개발행위는 도로 점용허가가 좌우한다.

• 각지나 가속도로, 가감도로, 진입도로 등에 제한이 있다.

• 교차로에서는 변속차로 등의 설치제한 거리와 테이퍼 구간을 감안하라. (50-50, 60-70, 70-90, 80-120테이퍼 15)

- 부가차로는 500m 이하이고 노폭은 3m 이상 확보
- 터널, 교량 500m 이내에는 도로점용 불가 : 커브길, 오르막, 내리막길에서는 점용허가가 잘 나지 않는다.

④ 도로를 내는 법

⑤ 매입, 토지사용승낙서(도로고시), 주위통행권(민법-소송), 지역권, 구거 등 점용허가

- 사도법에 의거 사용료 징수나 통행을 제한할 수도 있다.
- 소방법에 의한 소방도로 확보로 소방서에 신고로 통행제한을 막을 수도 있다.

기타 투자 시 유의 사항

① 공무원에게 문의할 경우는 해당 조항에 대해 정확히 질문하라.(허가가능 여부만 물어서는 안 된다)

② 성토와 절토를 잘 활용해서 가치를 높여라.

③ 5년이 지난 축사는 창고로 용도변경을 하라.

④ 목장용지는 25년이 지나야 용도변경이 가능하다.

⑤ 도시계획심의 개발제한 대상지역 투자

⑥ 도시계획심의 개발제한 대상지역 투자 노하우

- 도시계획심의 개발제한 대상지역에 걸렸으나 도로 확장(20m 이상) 등으로 연접지제한에서 빠지는 곳에 투자
- 장기투자자는 도시계획심의 개발제한 대상지역 중 개발 가능지 투자

농지 경매와 농지취득자격증명

농지를 취득하려면 원칙적으로 농지취득자격증명이 필요하다. 부동산경매로 농지를 취득하려는 경우, 공고 내용 중 '농지취득자격증명의 제출을 요함'이라는 문구가 있는 경우에도 마찬가지다. 이처럼 농지취득자격증명만 발급받으면 매매 또는 경매로 농지를 매수할 수 있다.

그런데 최근 농지취득에 대해서 농지법이 강화됐다. 즉 농지취득에 대해 강화된 개정 농지법이 2022년 5월 18일부터 시행되었는데, 강화된 개정 농지법의 주요 내용은 ▲농업진흥지역 내 농지의 주말 · 체험 영농목적 취득 제한 ▲농지취득자격증명 심사요건 강화 ▲거짓이나 그 밖의 부정한 방법으로 농지취득자격증명을 발급받아 농지를 소유한 것으로 시장 · 군수 또는 구청장이 인정한 경우 등에 대해 6개월 이내에 해당 농지에 대한 처분을 명함 ▲농지법 위반행위에 대한 벌칙 상향 ▲이행강제금 부과액도 상향했다.

2022년 5월 18일부터 시행되고 있는 농지법 내용 중 농지취득자격증명과 관련해 개정된 주요 내용으로, 직업 · 영농 경력 · 영농 거리 작성 및 증명서류 제출을 의무화하고, 증명서류 제출을 거짓 또는 부정으로 한 자에 대해 과태료를 부과하도록 했으며, 농지취득자격증명을 발급할 때 농지위원회의 심의 사항을 규정했다. 또 농지취득자격증명 발급 기간도 연장했다.

농지법 제8조에 따라 농지를 취득하려는 자는 이처럼 농지취득자격증명원을 발급받아야 하는데, 농지취득자격증명이란 농지를 취득하기 위한 자격을 얻었음을 증빙하는 서류이다. 소유권이전등기 신청 시에 이 자격증명을 첨부해야만 소유권이전등기가 가능하다. 즉 농지를 취득하려는 자는 농지 소재지를 담당하는 시장, 구청장, 읍장 또는 면장에게서 농지취득자격증명을 발급받아야 한다. 다만 농지가 토지거래허가구역 내에 있는 경우에는 토지

거래허가를 받으면 농지취득자격증명을 받은 것으로 본다. 특히, 법원경매로 농지를 취득하는 경우에는 최고가 매수신고인으로 정해지면 법원에서 최고가 매수신고인 증명서를 발급받아 그 증명서를 가지고 농지 소재지를 관할하는 시장, 구청장, 읍장 또는 면장에게 농지취득자격증명을 발급받아 법원에 제출해야 한다.

농지를 취득하려는 자가 농지에 관해 소유권이전등기를 마쳤다고 하더라도 농지취득자격증명을 발급받지 못한 이상 그 소유권을 취득하지 못하고, 농지에 관한 경매절차에서 농지취득자격증명의 발급은 매각허가 요건에 해당한다. (대법원 2018. 7. 11. 선고 2014두36518 판결)

농지취득자격증명을 기간 내에 발급받아 제출하지 못하면 소명 자료를 첨부해 매각결정기일 변경신청을 하거나 부득이하게 제출하지 못한 사유를 소명해 입찰보증금을 반환받을 수 있는 방법이 있지만 대부분은 기간 내에 농지취득자격증명을 발급받아 제출하지 못하면 매각불허가 결정이 나며 입찰보증금을 몰수당할 수 있으므로 각별한 주의가 요구된다. 따라서 이러한 상황이 발생하지 않도록 사전에 농지 소재지의 관할 관청에 농지취득자격증명을 발급받을 수 있는지 반드시 알아보고 입찰에 임해야 한다. 특히, 경매 공고 내용 중에 '농지취득자격증명의 제출을 요함'이라는 문구가 있는 경우 더욱 그러하다.

한편 판례는 '입찰물건명세서 및 입찰기일공고가 입찰 목적물의 취득에 농지법 소정의 농지취득자격증명이 필요하지 않음에도 불구하고 이와 반대의 취지로 작성되어, 일반인에게 입찰대상 물건에 대한 필요한 정보를 제공하는 역할을 할 부동산 표시를 그르친 하자가 있는 경우, 이와 같은 하자는 일반 매수희망자가 매수 의사나 매수신고가격을 결정함에 있어 심대한 영

향을 끼쳤다고 할 것이므로, 이는 낙찰불허가 사유에 해당한다.' 라고 했다. (2002마1208 결정)

농지경매 취득에서 농지자격증명과 반려증

경매를 통해 농지를 낙찰 받게 되면, 최고가 매수인은 7일 이내에 해당 농지가 소재한 시·구·읍·면장에게 농지취득자격증명원을 떼어 제출해야 한다.

기한이 7일이기 때문에 낙찰 받은 당일에 농지가 소재한 시·구·읍·면장에게 농지취득자격증명을 신청해야 한다. 이 처리 기간이 4일에 송달일을 계산하면 기간 내에 제출할 수 있으므로 서두르는 게 좋다. 기간 내에 농지취득자격증명을 제출하지 않으면, 매각불허가 결정이 나고 입찰보증금도 몰수되므로 주의해야 한다.

농지취득자격증명제도는 농지를 취득해서 어떤 목적으로 사용할지 확인하는 절차다. 농지이므로 당연히 농업용으로 써야 한다. 하지만 경매로 농지를 취득하다 보면, 간혹 지상에 불법건축물이 있거나 분묘가 있는 경우가 있다. 이때는 농지로 원상복구를 하고 와야 증명서를 발급해 준다고 한다.

이러한 경우, 낙찰자는 난감할 수밖에 없다. 농지취득자격증명원(이하 농지취득자격증명)을 발급해 주지 않고, 반려증(미발급)을 떼어주는 경우가 문제가 된다. 이 부분에 대해서 대응 방안을 생각해 보자.

반려증이 나오는 이유는, 대한민국의 법이 '현황주의'를 취하고 있기 때문에 농지가 아니라면 농지취득자격증명이 나올 수 없다. 하지만 사유에 '사실상 대지화 되었다'는 내용이 있다면 여지가 있다. 반려증을 법원에 제출하면 농지취득자격증명 없이도 매각결정 허가를 받을 수 있는데, 농지법에서 농지는 자기의 농업경영에 이용하거나 이용할 자가 아니면 소유하지 못 한다. (제6조 농지소유 제한).

① 농지를 취득하려는 자는 농지 소재지를 관할하는 시장·구청장·읍장 또는 면장에게서 농지취득자격증녕을 발급빈아야 한다.

② 제1항에 따른 농지취득자격증명을 발급받으려는 자는 농업경영계획서를 작성하여 농지 소재지를 관할하는 시·구·읍·면의 장에게 발급신청을 하여야 한다. (제8조 농지취득자격증명의 발급)

반려증 사유 내용에 '원상복구를 하면 농지취득자격증명을 내 준다'는 내용이 있을 수 있다. 이 반려증은 법원에 제출해도 불허가가 떨어지며, 입찰보증금을 몰수당한다.

그런데 소유자도 아니고 낙찰자 지위일 뿐인데, 어떻게 원상복구를 할 수 있겠는가? 위반건축물이 있다면 면사무소에서 철거 조건에 따라 계획서를 제출하고 미리 농지취득자격증명을 발급해 주는 곳도 있다. 이것조차 되지 않아 보증금을 몰수당한다면 억울할 노릇이다.그렇기 때문에 입찰 전 농지취득자격증명이 나올 수 있는지 여부부터 면사무소를 통해 확인해야 한다.

반려증을 받아 제출하는 경우, 부산고등법원 2006누1791 〈 농지취득자격증명 신청서반려 처분 취소 〉 판결 내용을 숙지하고 활용한다면 농지취득자격증명을 받는 데 도움이 되겠다.

판결 내용은 다음과 같다.

① 지상에 불법건축물이 있는 농지를 경매절차를 통하여 위 토지를 낙찰받

기 위하여 농지취득자격증명을 발급받으려는 자는, 위 토지를 낙찰 받아 소유권을 취득하기 전에는 원상회복 등의 조치를 할 아무런 권원이 없으므로 그에게 형질이 변경된 부분의 복구를 요구한다는 것은 법률상 불가능한 것을 요구하는 것이라는 점,

② 불법적으로 형질변경이 된 농지에 대하여 농지취득자격증명의 발급을 거부한다면, 농지의 소유자가 농지를 금융기관에 담보로 제공한 후 농지를 불법으로 형질변경을 하거나 지상에 무허가건물을 짓는 경우에는 스스로 원상복구하지 않는 한 제3자가 이를 경락받지 못하므로, 담보물권자는 농지를 환가할 수 없게 되는 불측의 손해를 입는 다는 점,

③ 불법으로 형질 변경된 위 토지에 대하여는, 농작물의 재배가 가능한 토지로 원상 복구된 후에 농지취득자격증명의 발급이 가능하다는 행정관청의 처분 사유는 적법한 것이라고 할 수 없다. (원고들이 위 토지를 취득한 다음 관할 관청에서 그 원상회복을 위한 행정조치를 취하는 것은 별개의 문제이다.)

이 판결은 어떤 이유에서라도 농지취득자격증명서는 발급이 되어야 한다는 것이다. 이를 응용하여 대처한다면 농지에 대한 경매에 입찰할 때 반려증에 대한 우려를 날려버릴 수 있을 것이다.

법원경매에서 농지는 특이 사항란에 '농지취득자격증명 제출 필요(농지취득자격증명 미제출로 매각불허가 결정된 때에는 매수신청보증금을 몰수함)'라고 기재되어 있으므로 입찰 전에 현장을 사전 방문하여 불허가 될 만한 사유를 확인하고 해당 관청에 문의하여 불측의 피해를 입지 않도록 대비하여야 한다.

그리고 발품을 팔기 싫으면 해당 읍 · 면 · 동사무소에 전화 민원으로 확인하든지, 해당 경매법원 앞 법무사에 지번을 알려주고 수임 조건을 걸고 문의해 보도록 한다.

토지경매 시 농지취득자격증명원 처리기간에서 주의할 점

경매와 공매는 농지취득자격증명원의 발급기한이 다르다. 따라서 경매로 낙찰을 받으려면 사전에 문의하고 관할 지자체에 미리 신청하는 것이 필수다.

농지취득자격증명 제출기한 : 경매와 공매의 차이점

농지법 제8조 6항 농지취득자격증명을 발급받아 농지를 취득하는 자가 그 소유권에 관한 등기를 신청할 때에는 농지취득자격증명을 첨부하여야 한다.
→ 즉 일반적으로는 소유권이전 등기 시 필요하다.

수 원 지 방 법 원

2017타경512367

매각물건명세서

사 건	부동산임의경매	매각 물건번호	1	작성 일자	2018.10.05		담임법관 (사법보좌관)	
부동산 및 감정평가액 최저매각가격의 표시	별지기재와 같음		최선순위 설정	2015.05.20.근저당권		배당요구종기	2018.01.10	

부동산의 점유자와 점유의 권원, 점유할 수 있는 기간, 차임 또는 보증금에 관한 관계인의 진술 및 임차인이 있는 경우 배당요구 여부와 그 일자, 전입신고일자 또는 사업자등록신청일자와 확정일자의 유무와 그 일자

점유자의 성 명	점유부분	정보출처 구 분	점유의 권 원	임대차기간 (점유기간)	보증금	차임	전입신고일자,사업 자등록 신청일자	확정일자	배당요구여부 (배당요구일자)
				조사된 임차내역없음					

※ 최선순위 설정일자보다 대항요건을 먼저 갖춘 주택·상가건물 임차인의 임차보증금은 매수인에게 인수되는 경우가 발생 할 수 있고, 대항력과 우선변제권이 있는 주택·상가건물 임차인이 배당요구를 하였으나 보증금 전액에 관하여 배당을 받지 아니한 경우에는 배당받지 못한 잔액이 매수인에게 인수되게 됨을 주의하시기 바랍니다.

등기된 부동산에 관한 권리 또는 가처분으로 매각으로 그 효력이 소멸되지 아니하는 것

매각에 따라 설정된 것으로 보는 지상권의 개요

비고란

농지취득자격증명원 제출요함(미제출시 보증금을 몰수함).

주1 : 매각목적물에서 제외되는 미등기건물 등이 있을 경우에는 그 취지를 명확히 기재한다.
 2 : 매각으로 소멸되는 가등기담보권, 가압류, 전세권의 등기일자가 최선순위 저당권등기일자보다 빠른 경우에는 그 등기일자를 기재한다.

경매의 경우

경매는 '특별 매각조건'이라는 것이 있다. 이것은 법원이 경매 진행 시 필요하다고 인정할 때에 직권으로 각 개의 경매 절차에서 특별히 정한 매각조건인데 법정매각조건보다 항상 우선시 하는 조건이다.

그중 하나가 바로 '농지취득자격증명원(농지취득자격증명)'이다. 농지취득자격증명의 특별 매각조건은 매각허가 결정기일 전에(보통 7일) 농지취득자격증명을 법원에 제출하여야 한다. 만약 제출하지 못할 시에는 보증금이 몰수가 되어, 매각불허가 판정이 나므로 반드시 주의하여야 한다.

공매의 경우

공매는 농지법(제8조6항)이 적용된다. 즉 공매는 잔금 납부 후 소유권에 관한 등기 신청할 때 제출하면 된다. 만약, 농지취득자격증명을 발급받지 못했다면 소유권 이전이 안 된다. 그래서 잔금을 납부하고 농지취득자격증명 발급을 받지 못해 소유권 이전을 하지 못해 낙찰을 포기하는 경우가 있다.

그래도 공매는 잔금만 납부하면 소유권 이전 등기 마감기한은 없기 때문에 어떻게 해서든 잘 해결하면 포기해야 하는 사고는 막을 수 있을 것으로 생각된다. (일반매매는 매도자와 조율이 되기 때문에 크게 문제될 것은 없다.)

2021년 7월 LH사태로 인해 농지법이 개정되었는데, 개정된 농지법은 2022년 8월 17일부로 시행되었다. 농지법이 개정된 원인은 크게 두 가지다.

① 비농업인의 농지소유 및 농지임대차가 증가하고 있다.
② 농지투기 행위를 근절하기 위하여 개정된 안을 보면 신청을 받은 날부터 7일, 4일, 14일로 나누어져 있다.
   이에 대해 농지법을 살펴보자.

농지취득자격증명 발급이 4일 걸리는 경우

농지법 8조 2항에 보면 농업경영계획서를 작성하지 아니하고 발급신청을 할 수 있는 경우가 있다. (제6조 2항 제2호,7호, 9호의2, 제10호 바목)

① 학교 · 공공단체 · 농업연구기관 · 농업생산자단체 등이 농지를 취득한 경우

② 농지전용허가를 받거나 신고한 자

③ 개발사업지구에 있는 농지취득

④ 주말체험 영농(농업진흥지역 외 농지 소유 시) → 1,000㎡ 미만 토지만 가능

⑤ 공공토지의 비축

일반인은 2, 4번에 해당될 것이다.

농지취득자격증명 발급이 7일 걸리는 경우

8조 1항에 기반하여 일반적인 경우에 해당한다. 즉 대부분 최소 7일은 잡아야 된다는 말이다.

농지취득자격증명 발급이 14일 걸리는 경우

제3항에 의해 농지위원회의 심의를 거쳐야 하는 경우다.

14일이 소요되기 때문에 경락으로 농지를 취득할 때 가장 주의해야 되는 부분이다.

그럼 농림축산식품부령으로 정하는 자는 누구인지 알아보자.

농지위원회 심의 대상인 경우

① 허가구역에 있는 농지를 취득하려는 자

허가구역이란 '토지거래허가구역'을 말한다. 이것 또한 투기를 막기 위한

법이다. 대부분 수도권이나 택지개발예정지구에 많이 지정이 되어 있는데, 주택 같은 경우는 실제 거주를 하지 않으면 안 되고, 2년간 매도나 임대도 불가능하다.

토지는 최초 취득 목적으로 사용하여야 하며 허용되지 않는 경우도 몇 가지가 있다. 단, 경락으로 취득할 때는 가능하다는 장점이 있다.

② 취득 대상 농지 소재지에 거주하지 않고, 연접한 시·군·자치구에 거주하지 않으면서 그 관할 시·군·자치구에 소재한 농지를 2022년 8월 18일 이후 처음으로 취득하려는 자.

아마 대다수가 시골 토지를 매입하고자 할 때 이 부분이 가장 많이 해당될 것이다. 이 부분은 조금 복잡한 부분이 있어서 가장 빠른 방법은 농지 소재지의 담당자에게 문의하는 것이 가장 빠르다.

농지취득자격증명 미발급 사유 및 등기 여부

반려사유 3	신청대상 농지는 취득원인이 농지취득자격증명을 발급받지 아니하고 취득할 수 있는 농지다. 이 같이 반려되는 경우는 상속등의 원인으로 농지취득자격증명을 신청하는 경우다. → 등기 가능
반려사유 4	신청대상 농지는 취득 시 농지취득자격증명을 발급받아야 하는 농지이나 불법으로 형질이 변경되거나 불법 건축물이 있는 부분에 대한 복구가 필요하여 현 상태에서는 농지취득자격증명을 발급할 수 없다. 이같이 반려되는 경우는 농지의 현 상태가 불법농지인 상태면 이렇게 반려증을 준다. → 등기 불가

※ 농지(전, 답, 과수원)을 매수한 경우만 해당된다.(농지 외 물건은 해당 없음)
※ 매수한 농지가 도시계획구역 안의 주거지역, 상업지역, 공업지역 또는 도시계혁시설예정지로 지정, 또는 결정된 농지에 해당될 경우 농지취득자격증원명이 아닌 토지이용계획확인서를 발급받아 제출한다.

물건소재지 관할 읍, 면, 동사무소 사무소에 방문하여 농지취득자격증명신청서와 농업경영계획서를 작성하여 제출하고, 발급 요건에 이상이 없는 경우 통상 신청일로부터 4일 이내 농지취득자격증명서가 발급된다.

• 현황 농지로 사용되지 않을 경우, 농지취득자격증명 반려 공문 교부(농지취득자격증명 대체)
- 단, 반려 사유가 농지법 위반일 경우 소유권이전이 불가(예 - 불법 건축물 소재, 불법 형질변경 등의 사유로 반려 시 원상회복 전까지 소유권이전 불가)

③ 1필지의 농지를 3인 이상 공유로 취득하려는 자

신규로 공유자 3인 이상이 농지를 취득할 때의 경우다. 즉 기존 공유 관계가 있는 상태에서의 지분 매각(이전)은 해당하지 않는다. 지분 토지를 공매나 경매로 취득 시에도 해당하지 않는다.

산지를 주목하라

산지(임야)투자에 나서는 것에 어려움을 느끼는가? 토지투자를 위해 땅을 취득할 때 가장 어려운 지목은 '임'으로 되어 있는 산지이다.

산지관리법상 임야는 무엇일까. 입목·죽이 집단적으로 생육하고 있는 토지, 입목·죽의 집단적 생육에 사용하게 된 토지 등이다. 그리고 전국의 산지는 보전산지(임업용 산지와 공익용 산지)와 준보전산지로 나누어진다.

말 그대로 보전산지는 보전해야 하는 산지, 준보전산지는 개발이 가능한 산지로 생각하면 큰 무리가 없다. 해당하는 용도지역은 별도의 법 적용을 받기 때문에 용도지역도 중요하다.

임야(주로 준보전산지)를 원래 목적 이외의 용도(건축, 개발 등)로 개발하는 절차를 알아보자.

우선 산지전용허가를 받아야 한다. 산지전용허가는 산지를 조림·육림 및 토석의 굴취·채취 그 밖에 대통령령이 정하는 임산물 생산의 용도 이외로 사용하거나 이를 위해 산지의 형질을 변경하는 것을 말한다.

사업계획서, 토지등기부등본, 지형도, 산지전용예정지 실측도, 입목축척조

사서 등을 첨부해 산림청장에게 산지전용신청서를 제출하면 된다. 보통 측량
설계사무실에서 대행해 주고 있으므로 복잡하다고 겁을 먹을 필요는 없다.

다음은 비용을 알아보자. 전문 용어로 대체산림자원조성비라고 한다. 이
대체산림자원조성비를 납부해야 산지전용을 위한 공사를 착수할 수 있다. 준
보전산지는 3.3㎡ 당 6,790원, 보전산지는 8,820원, 산지전용제한지역 13,580
원이다. 농지보전부담금은 개별 공시지가의 30%이므로 타 용도로의 전환에
드는 비용이 상대적으로 저렴하다고 볼 수 있다. 또한 산지전용허가를 받지
못한 경우나 기간 만료가 되거나 취소가 된 경우에는 전부 또는 일부를 환급
받을 수 있다.

산지에 투자하고자 할 때는 무엇을 체크해야 할까?

이제 어렵기는 하지만 상대적으로 투자 대비 큰 기쁨을 주는 임야를 취득
하는 데 있어 주의사항 몇 가지를 알아보자.

임야 현장답사는 이렇게 하라

토지투자를 위한 현장확인은 필수적이다.

과거의 사례를 보면 어디에 있는 임야인지도 모르는 채 임야도만 보고 투
자하는 경우가 많다. 그러나 산중의 산은 투자가치가 전혀 없는 경우가 허다
하니, 현장답사는 필수적인 사항이다.

현장답사 시는 지형도 등을 임야도와 병행하여 지참하고 정확한 위치를
지적할 수 있는 전문가의 도움을 받는 것이 좋다.

지적도 등본

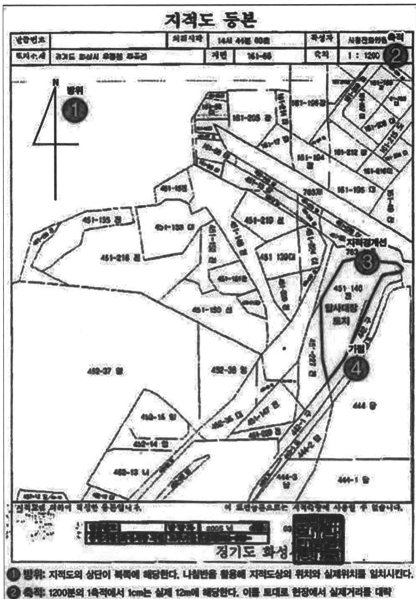

남량번호		최화시각 14시 44분 00초	작성자	사용관화하용 축척
토지소재 경기도 화성시 우정읍 주곡리	지번 161-86	축척	1 : 1200 ②

① 방위: 지적도의 상단이 북쪽에 해당한다. 나침반을 활용해 지적도상의 위치와 실제위치를 일치시킨다.

② 축척: 1200분의 1축척에서 1cm는 실제 12m에 해당한다. 이를 토대로 현장에서 실제거리를 대략 계산해볼 수 있다.

③ 지적경계선: 이 경우 발둑이 지적경계선이 된다. 현장의 땅 경계와 지적도상의 경계를 일치시켜 최종적으로 땅의 위치를 파악해본다.

④ 기점: 기점이란 답사대상 토지를 찾아내는데 기준이 되는 자연물을 말한다. 대개 도로와 하천 등이 기점이 된다. 이 지적도에서는 구거(하천)를 기점으로 삼아 지적도와 현장을 맞춰보면 된다.

임야도 발급 시 동서남북 4방향을 한 장씩 더 붙여 발급해 달라고 하고, 물건지와 가장 가까운 전, 답의 지번을 알아 그 지적도를 같이 발급받는다.

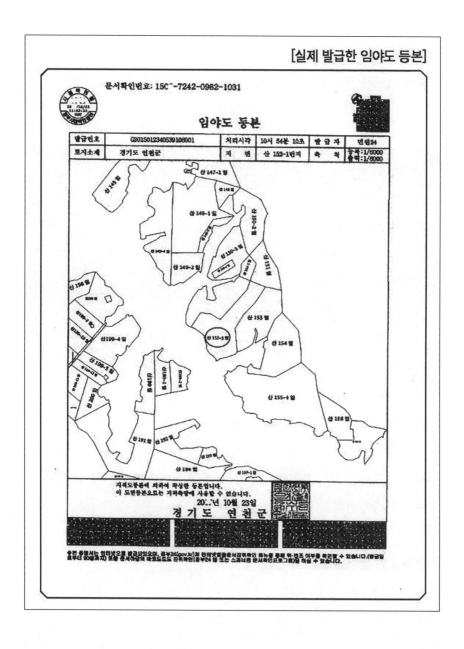

[실제 발급한 임야도 등본]

이리하면 축적 다른 임야도와 지적도 두 장이 생기는데, 이 두 장을 가지고 현장 답사하면 좀 더 확실하게 경계파악을 할 수 있다.(전문가는 무슨 뜻인지 금방 알 수 있음). 임야지형은 비슷한 경우가 많으므로, 현지인에게 위치와 경계 확인을 필히 해야 한다.

나와 동행한 전문가가 진짜 임야고수인지 금방 판단할 수 있으니 꼭 시험해보기 바란다. 고수들은 임야도만 보고 현장의 지형상태를 거의 알아 맞추니, 이런 고수 있으면 물건 답사는 그냥 맡겨도 된다.

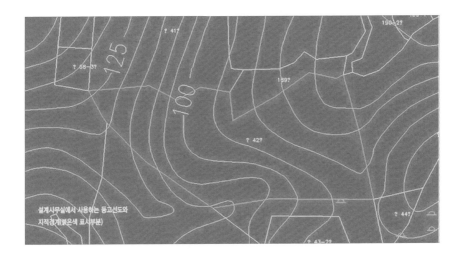

임야는 무조건 현장답사가 우선이다.

잘 몰라도 임야도와 토지이용계획확인서를 가지고 직접 현장에 나가 직접 설명을 들으며 눈으로 확인해야 한다. 내가 직접 확인할 수 있는 부분은 반드시 확인해야 한다.

경사도와 토질을 살펴야 한다.

아무리 값이 싸더라도 경사도가 너무 높으면 거의 개발을 하지 못하는 보전산지를 매입한 것과 다를 바 없다. 보통 지자체마다 경사도에 대한 규정은 다르므로 이 또한 직접 확인을 해야 한다.

경기도 산지개발허용 경사도는 15도를 기준으로 하며, 파주와 양주, 연천, 이천 18도, 포천, 양평, 동두천, 가평은 20도를 기준으로 하고 있으므로 반드시 확인을 해봐야 한다.

육안으로 보는 경사도와 허가상 경사도는 차이가 있을 수 있다. 반드시 측량 전문가와 상담한다.

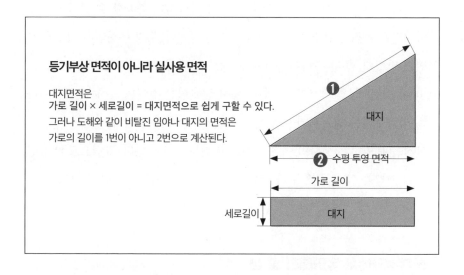

용도지역 또는 산지 상의 여러 제한적 요건들을 체크한다.

먼저 용도지역 상 농림지역이나 자연환경보전지역은 개발이 일단 힘들다. 참고해야 한다. 또 분묘가 커다란 문제로 다가올 수 있다. 전부 다 확인하는 것은 힘들겠지만 항공사진 등을 이용하면 어느 정도는 체크가 가능하다. 분묘 처리 문제는 반드시 확인해야 한다. 가능하면 등산화라도 신고 본인이 직접 꼼꼼히 밟아보는 것이 좋다.

관심 있는 임야는 전문가와 같이 체크하는 것이 좋다.

임야는 위치, 형태, 기타 공법상 규제 등이 일반인이 아는 것보다 훨씬 더 높은 수준의 체크 리스트가 필요하다. 또 한 가지 보통 임야도는 축척이 6,000분의 1이다. 즉 일반 자로 1cm가 임야도상 60m이다. 지적도는 축척이 1,200분의 1(자로 1cm 지적도상 12m)이니 축척이 달라 한 도면으로 볼 수가 없다.

그래서 해당 지번의 산지를 볼 때는 먼저 해당 지번의 임야도를 발급받고 그 다음에 주변에 '산' 번지가 아닌 일반 번지가 있다면 주변 지적도까지 같이 발급받아야 토지의 모양, 현황 등을 비교적 정확하게 파악할 수 있다.

마지막은 목적을 분명하게 정해야 한다는 점이다. 투자 목적인지 실수요 목적인지 말이다. 투자 목적이라면 어느 정도의 위험을 감수하면서 '하이 리스크 하이 리턴high risk high return'의 투자 목적을 실현할 것이며, 실수요 목적이라면 수익률보다는 인·허가 여부에 신경을 더 많이 써야 한다.

목적을 분명히 정했다면 여유를 가지고 취득하도록 한다. 그럼으로써 상상이상의 기쁨을 안겨 주는 투자 목표가 지적법상 지목 '임'인 산지이다.

산지투자에서 유의해야 할 점

임야를 매입하고자 할 때 고려해야 할 사항은 보전산지(공익임지, 생산임지)인지 준보전산지인지를 따져보는 것이다. 보전산지는 말 그대로 자연환경을 보전하기 위해 산림청이 산지관리법에 근거해 개발을 제한하는 임야다.

임야의 난개발을 막기 위한 것으로 보전산지로 정해진 지역에서는 임업과 농업 부문의 공익적 시설물을 제외한 모든 개발 목적으로의 이용을 금지한다.

보전산지는 공익임지와 생산임지로 나뉜다. 공익임지란 자연을 그대로 보전하기 위해 지정한 순수 임야를 말하고 생산임지는 수목 연구, 채종 등 을 위한 생산성에 중심을 둔 지역이다. 반면 준보전산지는 이러한 제약이 별반 크지 않아 비교적 자유롭게 개발할 수 있는 산지를 말한다. 임야는 농지에 비해 땅값은 저렴한 반면 개발 여하에 따라 가치가 달라지기 때문에 투자자들에게는 항상 관심의 대상이 된다. 준보전산지는 개발이 자유로워 산지전용허가를 받아 전원주택단지나 기타 관광자원 등으로의 개발이 가능하다.

우선 임야를 매입하기 전에 보전산지임을 확인했다면 한 번 더 생각해 본다. 준보전산지일 경우에는 투자의 가치를 따질 수 있다. 물론 준보전산지라 해도 마음대로 개발할 수 있다는 말은 아니다. 일단 산지전용허가를 받아야만 개발 작업에 착수할 수 있는데, 이때 농민과 비농민의 허가 절차가 다르다. 농민이 직접 농업이나 임업을 위해 관련 시설물 등을 지으려 한다면 산지전용신고서만 작성하면 된다.

그러나 농민이 아닌 사람이 산지를 개발하고자 할 때는 산지전용허가신청서를 작성해 해당 관청에 의해 개발에 대한 검토를 받아야 한다. 산지의 개발허가기준은 대체로 자연환경 보존과 깊은 영향이 있다. 지역 조건 및 해당 임야의 자연환경 훼손이 심하지 않은지, 적정 시설물인지 등을 따지는 것이다. 임야를 개발하는 건설업체 등에 매입가에 차익을 붙여 되팔 수 있어 일반 투자자들도 많이 찾는다.

이용가치가 높은 준보전산지

준보전산지는 개발을 목적으로 하지 않더라도 지역과의 연계 개발을 염두에 두어 시세 차익을 노릴 수도 있다. 그렇지 않은 보전산지를 소유하게 될 경우라면 공익 임지보다는 생산 임지가 활용할 수 있는 측면이 많다.

간혹 언론 보도에서 임야소유주들이 일부러 나무를 말라 죽게 해 못쓰게 만든다는 식의 내용을 접하게 되는데, 이것은 보전산지를 준보전산지로 전환하기 위한 편법이다.

산림청은 10년마다 보전산지와 준보전산지의 타당성 조사를 하고 있다. 보전 가치가 떨어지면 자연히 보전산지가 준보전산지로 전환된다는 점을 악용한 예들이다. 그러나 임야에 대한 규제는 갈수록 강도를 더해간다. 자연환경 보전의 척도를 따졌을 때 임야의 비중이 높은 까닭이다. 그래서 단순히 산지관리법의 규제만 받는 것이 아니라 여타 다른 부문에서의 개발제한 장치들이 하나둘 늘어가고 있는 추세다.

준보전산지에서 확인해야 할 것들

임야를 매입해 개발을 시도했던 사람들 중에는 개발 허가까지 받아놓고 공사를 시작할 시도조차 못하는 이들이 종종 있다. 임야 개발 중에는 이런 예기치 못한 상황이 발생하곤 한다.

예를 들어 산속에 묘지가 있으면 묘지 주인으로부터 이장 허가를 받아야 한다. 접근할 수 있는 도로가 없는 경우도 있고 흙을 파보니 온통 바위산이라 개발의 걸림돌이 되기도 한다. 입목본수도와 경사도도 따져봐야 한다. 입목본수도란 나무의 밀생 정도를 이르는 말이다.

나무가 산에 얼마나 빽빽하게 차 있느냐를 따지는 것인데, 이 수치가 50%를 넘으면 산지전용허가가 잘 나지 않고 수치가 그 이상일 때는 수림 상태가 좋은 것으로 판단해 개발보다 보호를 우선하게 된다.

경사도는 실제 개발에 착수했을 때 문제 발생의 소지를 가지고 있다. 경사가 심하면 개발을 하기가 어려울 뿐더러 사실상 임야의 보존 상태가 잘 이루어져 있기 때문에 산지전용허가를 받기가 어렵다. 일반적으로는 25도 미만의 경사도가 가장 적당한 수준이며 그 이상의 심한 경사라면 좀 더 신중한 판단이 요구된다.

정부 정책이 농지는 규제를 풀되 산지는 보호하는 쪽으로 가닥을 잡고 있다. 산지관리법이 시행되면서 경사도, 연접개발, 준공 등이 더욱 까다로워졌다.

그러나 산지는 땅값과 전용 비용이 낮은 데다 자연풍광이 그대로 보존된 곳이 많기 때문에 전원주택지로 여전히 인기가 높다. 요즘은 단지형 개발처럼 뜻이 맞는 사람들이 모여 산지를 공동 구입, 분배해서 길을 내는 비용과 토목 비용까지 줄이고자 하는 사람들이 많아졌다.

도시 이외 지역 대지나 잡종지 이외의 지목에서 주택을 지을 경우에는 반드시 개발행위허가 및 산지전용허가를 얻어야 한다.

기존에 산림의 대지 전용을 위한 산림형질변경허가는 산지의 종합적이고 체계적인 관리, 산지의 난개발 방지, 친환경적인 산지이용체계 구축을 위해 산지관리법(2002.12.30) 동법 시행령(2003.9.29)에 따라 산지전용허가를 받아야 한다.

일반적으로 도시지역 이외의 산지 중 대지로 전용이 가능한 산지는 용도지역이 '관리지역'으로 되어 있어야 하며, 용도지역이 농림지역인 산지는 원칙적으로 대지로 전용이 불가능하다.(단 농업인이나 임업인의 농가주택은 가능)

산지는 농지에 비하여 구입 비용에 대한 부담이 적고, 대체조림비 역시 농지조성비에 비해 월등히 적다. 이 때문에 개발 사업에 대한 부담이 덜하여 인기가 많은 것이 사실이다. 그러나 산지를 구매할 때는 글로는 설명하기 어려울 정도로 농지에 비해 상당한 주의가 필요하다는 것을 명심해야 한다. 산지 구매에 있어 확인해볼 사항은 아래와 같다.

산지 구매에 있어 주의할 점

1. 반드시 토지이용계획확인서를 열람해 관리지역과 농림지역 여부를 확인한다.

2. 현황도로 저촉 여부를 따져야 한다.

도로가 없을 경우엔 개설이 가능한지 여부도 같이 알아본다.

산지는 농지에 비하여 현황도로 구분이 상당히 까다롭다. 반드시 인·허가 관련 측량사무실이나 해당 시·군의 담당직원에게 문의하는 것이 필요하다.

3. 부대적인 허가사항이 있는지 확인해야 한다.

예를 들어, 산지의 골짜기에서 지적도와 상관없이 실제로 물이 흐르는 경우가 있다. 이에 따른 인·허가 사항 및 법률적 문제에 대한 조언이 필수적이다.

4. 경사도가 완만한지 직접 확인한다.

산지법상 산지의 경사가 25도 이상일 경우는 전용이 불가능하므로 반드시 부지 전체에 대한 답사가 선행되어야 한다.

경사도(법면) 비율에 따른 가치는?

임야의 통상적인 활용률은 50%~60% 정도 보면 된다.
나머지 40%~50%는 법면으로 빠진다
경사도는 산지전용허가의 아주 중요한 키 포인트이며 가격 결정에 많은 비중을 차지한다.
10도 미만의 계획관리지역 : 임야라도 가격이 농지(전)과 비슷하다.
15도 미만의 경우 : 농지(전)의 70% 정도 라고 보면 되고,
20도 미만의 경우 : 농지(전)의 50% 정도 라고 보면 된다.
20도 이상이라면 : 진짜 임야와 가격을 비교해라.

---

5. 임목을 확인해야 한다.

임목, 즉 산림이 산지면적당 100% 이상일 경우 허가가 불가능하다. 산림전용이 가능한 지역일지라도 임상(산림의 하층에서 생육하고 있는 관목·초본·이끼 등의 하층식생의 총칭)이 너무 좋거나 입목본수도가 50% 이상이거나 경사도가 심한 경우에는 산림전용허가를 받기가 매우 까다롭다. 이는 지역별로 법률을 적용하는 것이 다르기 때문에 반드시 확인해야 한다.

6. 산지관리법 시행규칙에 따라 기존 3만 ㎡ 이상 개발허가를 받은 곳이 옆에 있으면 개발행위가 금지된다.

허가 예정지 경계와 기존 산지전용허가지역의 경계가 직선거리 500m 이내에 있을 때 기존 허가지역과 해당지역 면적을 합해 3만 ㎡를 초과하면 개발이 안 되므로 주변 여건도 알아보아야 한다.

위에서 이야기한 경우가 모두 적합할지라도 대지로서 전용이 반드시 이루어지는 것은 아니다. 따라서 산지를 매입할 경우에는 반드시 토지전문가로부터 조언을 듣거나 시·군 해당 부서의 확인 절차가 필요하다.

전용허가를 얻는 데 드는 비용

산지전용허가를 득하여 대지로 전용하고자 하면 측량설계사무소에 용역을 맡겨야 한다. 용역 비용은 대략 300평 기준에 400만 원에서 500만 원, 그 이상의 개발이 필요할 경우는 약 평당 14,000원 정도로 산정하여 계산하면 거의 정확하다. 대행업체에 따라 약간의 비용차가 발생하므로 표준 용역계약서를 반드시 작성해 두는 것이 좋다.

까다로운 준공 절차

주택건립을 위한 산지전용허가기간은 보통 1년이며 1회에 한하여 1년 연장할 수 있다. 혹 기간 내에 준공절차를 밟지 않으면 허가가 취소되며 이때 대체조림비는 환불을 받을 수 있다.

　토목이나 건축 공사를 착공하려면 사업주는 반드시 기본적인 산림 준공 및 주택 준공 절차에 대한 이해와 지식이 있어야 한다. 산림 준공 및 건축 준공 모두를 득하였을 경우에만 토지분할 및 대지로의 지목변경이 이루어지기 때문이다. 또한 산림준공신청 전에는 토목공사에 앞서 적지복구설계승인 절차가 있어 까다롭다. 적지복구설계란 개발을 위해 파헤친 산림을 어떤 식으로 복구해 놓을 것인지 미리 밝혀 승인을 받아야 하는 것이다. 농지를 전용할 때는 해당되지 않는 절차다.

산지전용허가〈체크리스트〉

구분	협의기준	대상지역	저촉여부
임토시설 유무	임토가 단절되지 아니한 것		
집단 조림성공지 및 평균 입목축척 등	관광휴양시설, 30ha 이상 산지전용 시 평균입목축척 150% 이상인 산지가 차지하는 비율이 20% 이하		
경사도	평균경사도 25° 미만 (국가 및 지자체 시행 공용 공공용 시설 제외)		
절·성토 경사면적	산지전용 면적 중 절·성토 경사면이 50% 이하(도로· 철도·스키장·채광 예외 인정)		
절개면의 수직높이	절개면의 수직높이는 15m 이하		
표고제한	당해 산지의 표고 50/100 미만에 위치		
건축물의 높이	건축물의 높이는 16m 이하		
연접 제한 면적	산지전용허가지역의 경계 500m 이내 면적과 합산 3ha 이하(산지전용허가 면적을 기준으로 함)		
보전산지비율	관광휴양시설, 30ha 이상 산지전용 시 전체 사업부지의 50% 초과 금지(대중골프장 예외)		
불요존국유림+공유림	관광휴양시설, 30ha 이상 산지전용 시 사업부지의 20% 미만으로 20㏊ 이하		
채광	산지전용면적이 3ha 이상 예외 인정		
공장	산지전용면적이 1ha 이상 예외 인정		

귀농을 위해 산지를 구입하고자 한다면?

농업인이나 임업에 종사하는 사람이 농막이나 축사, 버섯재배사, 잠사, 저장시설 등을 지을 경우에는 신고만으로 산림을 훼손해 사용할 수 있다. 가능한 규모는 주택만 짓고자 할 때 600㎡(181.5평) 미만, 창고 등 부대시설까지 설치할 경우에는 1,500㎡(453.7평) 이내의 범위에서 전용이 허용된다. 또 농임업 기계를 보관하기 위한 시설이나 농막, 농로도 신고로만 가능하다.

그 외에 1만 ㎡ 미만의 경사도 30도 미만인 임지를 입목의 벌채 없이 산지전용을 해 산채, 약초, 특용작물, 야생화, 관상수를 재배하고자 하는 경우, 조림 후 15년이 경과한 조림지에서 가축을 방목하는 경우 등도 신고로 가능하다. 신고를 할 때 구비서류는 훼손실측구역도(6,000분의 1 또는 3,000분의 1), 임도시설의 경우 설계도서 1부, 임야소유권·사용수익권을 증명할 수 있는 서류 등이다. 현지 농민이 아닌 경우 버섯재배사 등을 먼저 지어 농장을 만든 후 관리사를 짓는 경우도 있다.

일부에서는 편법으로 현지인의 토지사용승낙서를 이용해 농가주택을 짓는 경우도 종종 있지만 보전임지에 대한 규제가 점점 강화되고 있으므로 앞으로 위장전입이나 토지사용승낙서를 이용한 보전임지에서의 농가주택 건축은 어려워지고 있다.

산지관리법상 임업용 산지에서 가능한 행위(사업)

산지관리법 및 동법 시행령 등에 규정된 개발가능행위는 다음과 같다.(편의상 법규상 3.3㎡를 1평으로 환산함)

① 삼림욕장, 산책로, 자연탐방로, 등산로 등의 산림공익시설(국가, 지자체가 설치하는 경우)

② 기업 부설연구소, 특정 연구기관(관련법에 의함)

③ 10,000평 미만의 가축 방목 행위(15년 이상 산지, 울타리 조건)

④ 10,000평 미만의 관상수 재배

⑤ 5,000평 미만의 사찰, 교회, 성당 등 종교시설(문광부 허가 종교단체에 한함)

⑥ 3,000평 미만의 산채, 약초, 야생화 등 농작물 재배

⑦ 3,000평 미만의 종합병원, 치과, 한방, 요양병원,

⑧ 3,000평 미만의 사회복지시설

⑨ 3,000평 미만의 청소년수련시설

⑩ 3,000평 미만의 근로자주택과 근로자를 위한 기숙사, 복지회관, 보육 시설

⑪ 3,000평 미만의 직업능력개발 훈련시설(국가, 지자체, 공공단체에 한함)

⑫ 3,000평 미만의 양어장, 양식장, 낚시터, 버섯재배사, 온실, 임산물창고 집하장, 유기질비료 제조시설, 야생조수 사육

⑬ 3,000평 미만의 농어촌 관광휴양단지 및 관광농원

⑭ 1,000평 미만의 누에사육시설, 농기계 수리 및 창고, 농축산물 창고 · 집하가공시설

⑮ 200평 미만의 농림어업인의 주택(자기 소유 산지에 한함)

⑯ 60평 미만의 농막, 농축산용 관리사

산지투자에서 반드시 확인해야 할 관련 법규

산지관리법
제14조 (산지전용허가)

① 산지전용을 하고자 하는 자는 대통령령이 정하는 바에 따라 그 용도를 정하여 산림청장의 허가를 받아야 한다. 허가받은 사항 중 농림부령이 정하는 사항을 변경하고자 하는 경우에도 또한 같다.

② 관계 행정기관의 장이 다른 법률에 의하여 산지전용허가가 의제되는 행정처분을 하기 위하여 산림청장에게 협의를 요청하는 경우에는 대통령령이 정하는 바에 따라 제18조의 규정에 의한 산지전용허가기준에 적합한지의 여부를 검토하는 데 필요한 서류를 산림청장에게 제출하여야 한다.

③ 관계 행정기관의 장이 제2항의 규정에 의한 협의를 한 후 산지전용허가가 의제되는 행정처분을 한 때에는 지체 없이 이를 산림청장에게 통보하여야 한다.

제15조 (산지전용신고)

① 다음 각호의 1에 해당하는 용도로 산지전용을 하고자 하는 자는 제14조 제1항의 규정에 불구하고 대통령령이 정하는 바에 따라 산림청장에게 신고하여야 한다. 신고한 사항 중 농림부령이 정하는 사항을 변경하고자 하는 경우에도 또한 같다.

1. 임도·산림경영관리사 등 산림경영과 관련된 시설의 설치
2. 산불의 예방 및 진화와 관련된 시설의 설치
3. 수목원·자연휴양림 그 밖에 대통령령이 정하는 산림공익시설의 설치
4. 임업시험연구를 위한 시설의 설치
5. 농림어업인의 주택시설 및 그 부대시설의 설치
6. 건축법에 의한 건축허가 또는 건축신고의 대상이 아닌 간이 농림어업용 시설과 농림수산물의 간이처리시설의 설치
7. 지하자원의 탐사 또는 시추시설의 설치(농림부령이 정하는 기간 동안 임시로 설치하는 경우에 한한다.)

8. 제1호부터 제7호까지의 시설의 설치를 위한 진입로, 현장사무소 등 농림부령이 정하는 부대시설의 설치(농림부령이 정하는 기간 동안 임시로 설치하는 경우에 한한다.)

9. 가축의 방목

10. 문화재보호법에 의한 문화재 지표조사

11. 산채 · 야생화 및 관상수의 재배

12. 물건의 적치

13. 그 밖에 농림어업용의 경미한 시설의 설치

② 제1항의 규정에 의한 신고대상 시설 및 행위의 범위, 설치지역, 설치조건 등에 관하여 필요한 사항은 대통령령으로 정한다.

③ 산림청장은 제1항의 규정에 의하여 산지전용신고를 받은 때에는 그 신고내용이 제2항의 규정에 의한 신고대상 시설 및 행위의 범위, 설치지역, 설치조건 등에 적합한 경우에 농림부령이 정하는 바에 따라 신고를 수리하여야 한다.

④ 관계 행정기관의 장이 다른 법률에 의하여 산지전용신고가 의제되는 행정처분을 하기 위하여 행하는 산림청장과의 협의 및 그 처분의 통보에 관하여는 제14조 제2항 및 제3항의 규정을 준용한다.

산지관리법 시행령

① 제15조 (산지전용허가의 절차 및 심사)

법 제14조 제1항의 규정에 따라 산지전용허가 또는 변경허가를 받고자 하는 자는 신청서에 농림부령이 정하는 서류를 첨부하여 산림청장에게 제출하여야 한다.

② 산림청장은 제1항의 규정에 따라 산지전용허가 또는 변경허가의 신청

을 받은 때에는 허가대상 산지에 대하여 현지조사를 실시하고, 그 신청내용이 법 제18조의 허가기준에 적합한지 여부를 심사하여야 한다.

③ 산림청장은 제2항의 규정에 따라 심사한 결과 산지전용을 허가함이 타당하다고 인정되는 때에는 농림부령이 정하는 바에 따라 허가구역의 경계를 표시하게 하고 농림부령이 정하는 산지전용허가증을 신청인에게 교부하여야 한다. 다만, 신청인이 법 제19조 제1항의 규정에 따라 대체 산림자원조성비를 미리 납부하여야 하거나 법 제38조 제1항 본문의 규정에 따라 복구비를 미리 예치하여야 하는 때에는 그 납부·예치 사실을 확인한 후 이를 교부하여야 한다. 〈개정 2005.8.5〉

산지관리법 시행규칙

제10조 (산지전용허가의 신청 등)

① 영 제15조 제1항의 규정에 의한 산지전용허가신청서는 별지 제3호 서식에 의하고, 산지전용변경허가신청서는 별지 제4호 서식에 의한다.

② 영 제15조 제1항에서 "농림부령이 정하는 서류"라 함은 다음 각호의 서류를 말한다. 다만, 변경 허가를 신청하는 경우에는 그 변경사실을 증명할 수 있는 서류에 한한다. 〈개정 2005.8.24〉

1. 사업계획서(산지전용의 목적, 사업기간, 산지전용을 하고자 하는 산지의 이용계획, 토사처리 계획 및 피해방지계획 등이 포함되어야 한다) 1부

2. 삭제〈2005.8.24〉

3. 산지전용을 하고자 하는 산지의 소유권 또는 사용·수익권을 증명할 수 있는 서류 1부(토지등기부등본의 경우 행정정보 공동이용 가능 시 제출 생략)

4. 산지전용예정지가 표시된 축척 25,000분의 1 이상의 지형도(10만 ㎡ 이상의 산지전용인 경우에는 국토지리정보원이 작성한 수치지형도이어야 한다) 1부

5. 지적법 제41조의 2의 규정에 의하여 지적측량업의 등록을 한 지적측량 업자나 동법 제41조의 9의 규정에 의하여 설립된 대한지적공사(이하 '지 적측량대행법인'이라 한다) 또는 측량법 제2조 제10호의 규정에 의한 측량업 자(이하 '측량업자'라 한다)가 측량한 축척 6,000분의 1 내지 1,200분의 1의 산지전용 예정지 실측도 1부

6. 산림법 시행령 세15조 제1힝의 규정에 의한 영림기술자(이하 '영림기술자' 라 한다)가 조사 · 작성한 입목축적조사서(허가신청일 전 1년 이내에 작성된 것 에 한한다) 1부

7. 복구 대상 산지의 종단도 및 횡단도와 복구 공종 · 공법 및 견취도(견취도) 가 포함된 복구계획서 1부(복구하여야 할 산지가 있는 경우에 한한다)

8. 산림법 시행령 제15조의 2의 규정에 의한 산림토목 기술자 또는 국가기 술자격법 시행령 제2조의 규정에 의한 산림공학기사 · 토목기사 · 측량 및 지형공간정보기사 이상의 자격증 소지자가 조사 · 작성한 평균 경사 도 조사서 1부

9. 농지법 제51조의 규정에 의한 농지원부 사본 1부(제7조 제1호의 규정에 의한 농업인임을 증명하여야 하는 경우에 한하며, 축산업에 종사하는 농업인의 경우에는 축산 법 제20조의 규정에 의한 축산업등록증명 또는 읍 · 면 · 동장이 발급하는 '가축자가사육 사실확인서'으로 농지원부를 대신할 수 있다.)

③ 법 제14조 제1항 후단에서 '농림부령이 정하는 사항'이라 함은 다음 각 호의 1에 해당하는 사항을 말한다. 〈개정 2005.8.24〉

1. 산지전용허가를 받은 자의 명의변경

2. 산지전용의 목적, 산지전용을 하고자 하는 산지의 이용계획 및 토사처 리계획 등 사업계획의 변경. 다만, 건축물의 경우에는 변경하고자 하는 바닥면적의 합계가 50㎡ 이하이거나 전체 건축연면적의 10분의 1 이하

인 경우를 제외한다.

3. 산지전용면적의 축소 또는 당초 산지전용면적의 100분의 10의 범위 안에서의 확대

4. 당초의 산지전용허가를 1회에 한하여 연차별 사업계획 등에 따라 2 이상의 산지전용허가로 변경하는 사항

④ 산림청장, 지방산림청장 또는 시 · 도지사는 영 제15조 제2항의 규정에 따라 산지전용허가 또는 변경허가의 신청내용을 심사함에 있어서 필요한 경우에는 당해 산지를 관할하는 국유림관리소장 또는 시장 · 군수 · 구청장의 의견을 들을 수 있다. 〈개정 2006.1.26〉

⑤ 영 제15조 제3항의 규정에 의한 경계의 표시는 허가구역의 경우에는 백색 페인트로 하며, 발파 · 정지작업 등으로 경계표시가 훼손될 우려가 있을 때에는 그 경계선으로부터 3m 외측에 보조 표시를 적색 페인트로 하여야 한다. 이 경우 표시의 폭은 5cm 이상으로 한다.

산지관리법상 관상수 재배지로 허가를 받을 경우의 근거 관련 법령
산지관리법 제12조 (보전산지 안에서의 행위제한)

① 임업용 산지 안에서는 다음 각호의 어느 하나에 해당하는 행위를 하기 위하여 전용을 하는 경우를 제외하고는 산지전용을 할 수 없다. 〈개정 2007.1.26, 2007.7.13〉

14. 그밖에 가축의 방목, 산채 · 야생화 · 관상수의 재배, 물건의 적치, 농로의 설치 등 임업용 산지의 목적 달성에 지장을 주지 아니 하는 범위 안에서 대통령령이 정하는 행위

산지전용신고서				처리기간
				10일

신고인	성명		생년월일	
	주소	전화, 휴대폰	전자메일	

당해 산지에 대한 권리관계				

소재지			지적	m^2

전용면적	계	임업용 산지	공익용 산지	준보전산지
	m^2	m^2	m^2	m^2

부산물 생산현황	벌채 수량			굴취 수량			토적		
	수종	본수	재적	수종	본수	재적	계	적재	토사
		본	m^2		본	m^2	m^2	m^2	m^2

전용기간	
전용목적	

「산지관리법」제 15 조제 1 항 및 같은 법 시행규칙 제 13 조제 1 항에 따라 위와 같이 산지전용신고를 합니다.

년   월   일

신고인 (서명 또는 인) 지방산림청국유림 관리소장, 시장 · 군수 · 구청장 귀하

구비서류	신고인(대표자) 제출서류	담당 공무원 확인사항(부동의하는 경우 신고인이 직접 제출하여야 하는 서류)	수수료
	1. 사업계획서(산지전용목적, 사업기간, 산지전용을 하려는 산지의 이용계획, 토사처리계획 및 피해방지계획 등이 포함) 1 부 2. 산지전용을 하려는 산지의 소유권 또는 사용 · 수익권을 증명할 수 있는 1부 3. 표시된 축척 2만 5천분의 1 이상의 지형도 1부(10만 ㎡ 이상의 산지전용인 경우에는 국토지리정보원이 작성한 수치지형도이어야 합니다.) 4. 지적법 제 41조의2에 따라 지적측량업의 등록을 한 지적측량업자나 같은 법 제 41조의9에 따라 설립된 대한지적공사 또는 측량법」제2조 제10호에 따른 측량업자가 측량한 축척 6천분의 1 내지 1천 200분의 1의 산지전용예정지실측도(산지관리법 시행령 별표3 제1호 가목에 따라 임도를 시설하는 경우에는 임도설계도서로, 동호 바목에 따라 조림 · 육림 및 임산물생산을 위하여 운재로 또는 작업로를 설치하는 경우에는 산지전용예정지 노선이 표시된 임야도 사본으로 갈음할 수 있습니다.) 5. 복구대상산지의 종단도 및 횡단도와 복구공종 · 공법 및 견취도가 포함된 복구계획서 1부(복구하여야 할 산지가 있는 경우에 한정하고, 산지관리법 시행령 별표 3 제1호 바목에 따른 운재로 또는 작업로를 조림 · 육림 및 임산물생산을 위하여 설치하는 경우에는 구대상산지의 종단도 및 횡단도 제출을 생략)	토지등기부본	산지관리법 시행령제 51 조제 1 항에서 정하는수수료

본인은 이 건 업무처리와 관련하여 전자정부법 제 21 조제 1 항에 따른 행정정보의 공동이용을 통하여 담당 공무원이 위의 담당 공무원 확인사항을 확인하는 것에 동의합니다.

신고인(대표자)   (서명 또는 인)

시행령 제12조 (임업용 산지 안에서의 행위제한)

⑪ 법 제12조 제1항 제14호에서 "대통령령이 정하는 행위"라 함은 다음 각호의 어느 하나에 해당하는 행위를 말한다. 〈개정 2005.8.5, 2006.8.4, 2007.7.27〉

7. 농림어업인 또는 관상수 생산자가 3만 ㎡ 미만의 산지에서 관상수를 재배하는 행위

시행령 제12조 (임업용 산지 안에서의 행위제한)

⑪ 법 제12조 제1항 제14호에서 "대통령령이 정하는 행위"라 함은 다음 각호의 어느 하나에 해당하는 행위를 말한다. 〈개정 2005.8.5, 2006.8.4, 2007.7.27〉

7. 농림어업인 또는 관상수 생산자가 3만 ㎡ 미만의 산지에서 관상수를 재배하는 행위

산지관리법 시행령 별표 3항 11조 다항

관상수의 재배

농림어업인이 평균경사도 30도 미만인 산지에서 재배하는 경우로서 부지 면적이 3만 ㎡ 미만일 것. 이 경우 당해 산지 안에 생육하고 있는 입목 중 50년생 이상인 수목의 비율은 50퍼센트를 초과하여서는 아니 된다.

임야의 비사업용 토지 여부에 대한 질의응답

Q : 공장의 뒤편에 약 2,644㎡ 정도(부메랑 모양)의 임야를 매입하여 달라고 하는 임야 소유자의 요청이 있습니다. 부메랑 모양의 임야를 매입 후 건축물을 신축하지 않고 미사용 시 비업무용 토지로 되는 건지요? 만약 업무용 토지

라면 임야를 구입 후 별도 업무용 관련하여 건축물을 신축해야 되는 건지요?

A : 소득세법 제104조의 3 제1항 규정의 비사업용 토지는 당해 토지를 소유하는 기간 중 같은 법 시행령 제168조의 6에서 정하는 기간 동안 소득세법 제104조의 3 제1항 각호의 어느 하나에 해당하는 토지를 말하는 것이며, 소득세법 제104조의 3 제1항 제2호 나목 및 같은 법 시행령 제168조의 9 제2항 규정에 의하여 임야의 소재지와 동일한 시·군·구(자치구인 구를 말하며, 이하 같음), 그와 연접된 시·군·구 또는 임야로부터 직선거리 30㎞(2008.02.22. 이후 양도하는 토지분부터 적용함) 이내에 있는 지역에 주민등록이 되어 있고 사실상 거주하는 자가 소유하는 임야로서 아래 요건 중 어느 하나에 해당되는 경우 사업용 토지로 보는 것이나, 어느 하나에도 해당되지 아니 하는 경우에는 비사업용 토지에 해당한다.

① 양도일 직전 3년 중 2년 이상을 재촌
② 양도일 직전 5년 중 3년 이상을 재촌
③ 보유기간 중 100분의 80 이상을 재촌

상기의 규정을 적용함에 있어 당해 임야의 소재지와 동일한 시·군·구(자치구인 구를 말하며, 이하 같음)와 연접한 시·군·구라 함은 행정구역상 동일한 경계선을 사이에 두고 서로 붙어 있는 시·군·구를 말한다.

비사업용 토지의 판정과 관련하여 지상에 건축물이 정착되어 있지 아니한 토지를 취득하여 사업용으로 사용하기 위하여 건설에 착공(착공일이 불분명한 경우에는 착공신고서 제출일을 기준으로 함)한 토지의 경우 당해 토지의 취득일부터 2년 및 착공일 이후 건설이 진행 중인 기간(천재지변, 민원의 발생 그 밖의 정당한 사유로 인하여 건설을 중단한 경우에는 중단한 기간을 포함)은 사업에 사용한 기간으로 보는 것(소득세법 시행규칙 제83조의 5 제1항 제5호)이나, 거주자가 지상에 건축물이 정착되어 있지 아니한 토지를 취득한 이후 '타인'이 당해 토지를 사업용으로 사용하기 위하여 건설에 착공한 경우에는 상기 소득세법 시행규칙 제83조의 5 제1항 제5호 규정이 적용되지 않는다.

따라서 개인이 취득했다면 개인의 실제 거주지 등을 따져 비업무용인지를 따져보고 비업무용에 해당하는 경우 형질변경, 지목변경 등을 하거나 정지작업 등을 해 사실상 공장부지 등의 용도로 사용하다가 위의 요건이 완성된 후 양도한다면 비사업용 토지에 해당되지 않을 것이다.

농지 투자와 산지 투자의 비교

구분	농지	산지
지목	전, 답, 과수원(사실상 경작 하는 땅)	임야와 나무가 자라는 땅
개발가능지역	농업진흥지역 밖	준보전산지
개발행위 제한	농업진흥지역(농업보호구역, 농업진흥구역)	보전산지(임업용, 공익용)
취득규제	농지취득자격 필요(토지거래허가구역은 현지거주)	취득자격 없음(토지거래허가구역은 현지거주)
전용규제	용도별 최대면적규제, 전용부담금 비쌈	최소면적규제, 전용부담금은 농지의 1/6 수준
세금	자경과 대토시 양도소득세 감면 부재지주는 양도소득세 중과	양도소득세 감면 없음, 부재지주는 양도소득세 중과
경영인	농업인 300평 이상 90일 경작의무 경작농산물 연매출 100만원 이상, 농지대장	임업인(9,000평 이상, 90일 이상 영림의무)
관련법	농지법	산지관리법, 산림법

일반적으로, 토지투자를 처음 시작하는 투자자들이 가장 흔하게 하는 질문 중 하나는 농지와 임야의 비교다.

처음에는 이러한 질문에 대해 아무런 준비가 없었기에 당혹감으로 우회적으로 한참이나 설명한 기억이 있다. 토지투자는 목적과 기간에 따라 다른 것이고, 성향에 따라 다르며, 주변 상관관계에 따라 달라질 수 있기 때문이다.

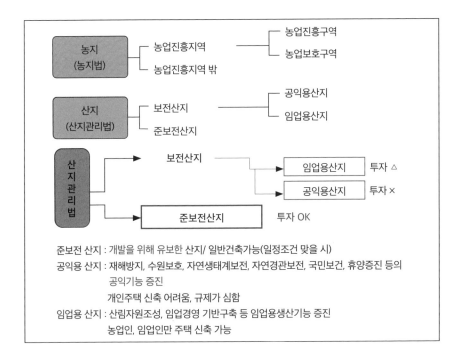

먼저, 농지에 대해 알아보자.

농지는 농사를 지을 수 있는 땅이다. 지적법에 의한 지목이 전·답·과수원인 토지를 말한다. 목장용지는 예외다. 지적법에 의한 지목이 전·답·과수원이 아니라도 실제 현황이 농작물의 경작이나 다년생식물 재배지로 3년 이상 사용되고 있는 토지 역시 농지로 본다는 점에 유의하여야 할 것이다.

실무적으로 지목상 임야인데 현황상 농지인 경우가 왕왕 있다. 산지관리법에 따라 임야를 농지를 사용하기 위해서는 산지전용허가를 받아야 하지만 삶의 터전으로 임야를 무단으로 개간하여 사용하는 경우다. 하지만 형질변경을 받지 않은 임야를 현황상 농지로 활용하고 있어도 농지를 보지 않는다는 판례도 있기 때문에 사전에 산림과에서 확인하여야 할 것이다.

　국토 총면적의 65%를 차지하는 임야는 그림의 떡으로 알고 있고, 소위 전문가들의 몫이라고 여겨 접근하기를 꺼린다. 하지만 개발된 토지보다는 가격이 저렴하고 개발 이후에는 투자 대비 수익률이 높아 토지투자의 블루오션으로 여기지기도 한다.

　농지는 농지법과 농업기반시설이나 농촌관광 등을 지원하는 농어촌정비법이 있고, 임야는 산림자원의 조성 및 경영에 관한 법률과 산지관리법이 있다.

　농지는 농지법에 따른 농업진흥지역 내 농지와 그 밖의 농지로 구분된다. 농업진흥지역은 다시 농업진흥구역과 농업보호구역으로 구별된다.

　임야는 보전산지와 준보전산지로 분류되며, 보전산지는 다시 공익용 산지와 임업용 산지로 구분된다.

　용도지역과 연계시키면, 농업진흥지역 내 농지와 보전산지는 국토계획법상의 농림지역에 포함시키고, 반면에 농업진흥지역 밖의 농지와 준보전산지는 관리지역으로 포함시키는 것이 일반적이다.

　이렇듯, 토지투자의 8할 이상이 농지와 임야로 국한되는 것을 보면, 농지와 임야에 대한 정확한 이해가 필요한 부분이다.

사전준비 단계

　일반적으로 농지는 마을생활권에 있고 토목공사가 필요하지 않아 개발이용이한 측면이 있다. 농사를 지을 수도 있고, 주말농장을 하거나 유실수를 재배하거나 전원주택 단지를 조성할 수도 있다. 초보 투자자라도 쉽게 밑그림이 그려지는 부분이라 할 수 있다.

이와 반면에 임야는 수목이 울창한 산지로 형성되어 있기 때문에 버섯 및 약초재배, 조림사업 등 임업생산을 위주로 개발하고 있다. 사람의 손길이 닿지 않는 규모가 매우 큰 땅이라서 어디서부터 손을 보아야 하는지 막연한 부분이라 할 수 있겠다.

하지만 공장, 창고, 물류부지, 골프장, 연수원 등 대형 프로젝트는 대규모 임야에서만 가능하다는 특징이 있다. 결국 소액투자나 개인 투자자로 본다면 규모가 작고 개발이 용이한 농지가 적합하다고 볼 수 있고, 기업체나 시행사의 대규모 개발을 위한 프로젝트에는 임야가 어울린다고 볼 수 있다.

개인 투자자 역시 농지에 비해 저렴한 평단가로 인해 공동투자의 분할 · 기법을 활용한 투자 수익을 올리거나 상속용 투자로 임야를 선호하기도 한다.

취득 및 양도 단계

농지는 헌법상 경자유전耕者有田의 원칙에 따라 취득 시에는 국가나 지자체의 경우를 제외하고는 반드시 농지취득자격증명을 받아야 한다. 경매로 농지를 취득하는 경우에도 농지취득자격증명을 받아야 한다. 토지거래허가구역 내의 농지나 임야 취득 시에는 외지인의 경우 전 세대원이 주민등록을 이전하여 6개월 이상 실제로 거주하여야 한다.

아울러 실수요자 요건(농업경영 목적, 산림경영 목적)으로 취득하여야 하고 자금출처를 밝혀야 하는 대상이 된다. 농지는 농업인 및 농업법인만이 농지를 보유할 수 있는 반면에 임야는 소유 제한이 없다.

양도 시 농지는 비과세 및 감면 규정이 있으나, 임야의 경우는 비과세를 받는 규정이 없다. 농지원부는 농지만의 혜택이다.

보유 및 개발 단계

농지취득 후에는 엄격한 농업경영의 사후관리의무가 따른다. 자경의무 위반 시 이행강제금과 강제매수절차가 있다. 임야에도 임업경영 의무가 있으나 크게 문제될 것은 없다.

농지와 임야를 개발하고자 할 때는 통상 개발행위허가 외에도 각기 농지전용과 산지전용이라는 지목변경의 절차를 거친다. 농지는 해당 농지의 보전 필요성 여부와 주변 농지에 대한 영향을 최우선적으로 고려하는데, 농지관리위원회의 검토를 거쳐 전용이 이루어진다.

임야는 산지관리법이 시행되면서 경사도, 고도제한, 입목본수도 등 산지전용심사기준이 까다롭고 산지관리법상의 연접개발제한도 있어서 개발 자체가 무산될 수도 있다는 것에 유의하여야 한다. 임야의 산지전용에는 산지 복구비 예치, 개발부담금 부과, 환경영향평가 시행 등의 부담과 함께 막대한 토목공사비가 있어 농지와 임야의 비용 측면에서의 비교는 무의미하다고 볼 수 있다.

농지와 임야 투자 접근법

앞에서 설명하면서 보면 소액투자는 농지, 대규모 투자는 임야 투자가 좋다는 이분법적으로 분류하였지만 투자 가치로 접근한다면 어느 것이 좋다고 결론을 내릴 수가 없다.

개인 투자자가 개발 용도로 투자하기에는 어려움이 커서 투자 기피 대상 이라고 할 수 있는 공익용 산지도 5년마다 있는 산지이용규제 타당성 검토와 개발호재에 따른 지역 개발 및 도시관리계획 변경 등으로 전부 또는 일부가 임업용 산지나 관리지역 혹은 도시지역 등으로 변경된다는 점을 안다면 투자가치는 언제든지 달라질 수 있다는 점을 염두에 두어야 한다. 도시지역에 가까운 자연 및 생산녹지지역이나 계획 및 생산관리지역은 인구증가에 따른 주거·상업·공업지역으로 규제가 완화되기 때문에 농지와 임야의 구분보다는 용도지역 및 미래가치로 보는 것이 더욱 설득력이 있기 때문이다.

국토계획법이 시행되면서 '선계획 후이용' 체제로 바뀐 토지투자의 패러다임을 기억하자.

성공 투자자로 거듭나기 위해서는 단순한 묻어두기 투자로 농지나 임야에 투자하기보다는 용도지역에 맞게 토지투자의 목적과 기간 등을 고려하여 판단하여야 할 것이다. 토지는 꿈이 담겨 있는 미래이기 때문이다.

농지전용부담금 계산법

농지전용부담금 계산방식
면적[㎡] x (공시지가 30%)
● 상한선 5만원

ex) 토지면적 10,000㎡ 지목 : 전
공시지가 : ㎡ → 5만원일 경우

10,000 x (50,000 x 0.3) = 150,000,000원

ex) 토지면적 10,000㎡ 지목 : 답
공시지가 : ㎡ → 10만원일 경우

10,000x(100,000x0.3)50,000 = 500,000,000원
※ 상한선이 5만원이므로, ㎡당 5만원으로 계산, 농지 1평에 대한 최대 전용부담금은 얼마?
1평 = 3.3㎡, 1평에 대한 최대 부담금은 약 165,000원입니다.

제 3 장

경매의 필수,
토지 공부서류와
권리분석

토지투자의 기본, 6가지 토지 공부서류 읽기

반드시 확인하고 챙겨야 할 공부서류

부동산투자에 처음 관심을 갖기 시작할 때 가장 먼저 알아둬야 할 지식은 무엇일까? 부동산투자 이론일까 아니면 실전투자 전략일까? 투자자들은 늘 고민에 빠지기 쉽다. 필자가 부동산 거래 현장에 있으면서 느끼는 점은 바로 '기본'에 충실해야 한다는 것이다.

부동산투자에서 기본을 지키는 것 중 하나는 바로 부동산 서류를 잘 보고 투자에 활용해야 한다는 생각이다. 부동산 서류에 대해 익혀 실무에 응용, 접목한다면 성공투자를 이끄는 기초체력을 닦아두는 것이며 서류를 통해 미리 부동산의 가치를 찾아낼 수도 있다고 확신한다.

부동산의 6대 공적장부로는 '등기부등본, 건축물대장, 토지(임야)대장, 지적(임야)도, 토지이용계획확인서, 공시지가확인서'가 있으며, 부동산 공적장부(이하 공부公簿)는 부동산의 정보가 숨어 있는 보물창고라고 해도 과언이 아니다. 부동산 거래에서 늘 따라붙는 서류지만 투자자들은 소홀하게 취급하거나 서류를 보는 법을 모르고 대충 중개사에게 일임하는 경우가 많다. 하지만 본인이 정확히 서류 보는 법을 알고 거래를 한다면 부동산의 거래사고를 미연에 방지함은 물론 투자 가치와 미래 활용성을 예측하는 데 매우 중요한 자료다.

부동산 거래는 '서류에서 시작해 서류에서 끝난다'고 한다. 익숙하지 않은 용어가 많아 복잡한 듯 보이지만 서류마다 중요한 의미가 담겨 있다.

공부를 볼 때는 부동산의 용도와 규제부터 체크하는 게 가장 효과적인 방법이다.

개발업자나 중개업자가 투자를 하도록 유혹하는 백 마디 번지르르한 말보다 서류 하나를 믿고 투자를 결정하는 게 백 번 낫다. 부동산투자를 결정하는 과정에서 우리가 흔히 발급받는 공적장부를 통해 투자성을 가늠하는 법과 공부 열람 시 유의할 점을 알아보자.

등기부등본

부동산의 권리관계를 모든 사람에게 알려 주기 위한 방법으로 국가에서 등기부라는 장부를 만들어 부동산의 표시와 권리관계를 기재하도록 한 것이 부동산등기제도이다. 토지와 건물등기부로 구별되어 있는데, 각각 발급받아 가장 먼저 소유자가 동일한지 확인한다.

소유자의 인적사항, 공유지분 여부, 소유권 변동의 원인과 이전 시점, 압류 · 가압류 · 가처분 · 가등기 사항, 지상권 · 지역권 · 전세권 · 임차권 · 저당권 여부를 점검한다. 표제부는 부동산 소재지와 그 내용이 기재돼 있다. 계약하고자 하는 부동산의 지번과 표제부에 표시된 지번의 일치 여부를 확인하고 아파트 등 집합건물은 동과 호수를 확인한다.

갑구는 소유권에 관한 사항이 접수된 일자 순으로 기재돼 있다.

소유권자의 이름을 확인한 후 계약 시에 소유권자와 직접 계약을 체결해야 한다. 단독주택의 경우 토지와 건물 등기부를 모두 확인하여 소유주가 동일한가를 확인하고 압류, 가압류, 가등기, 예고등기 등이 없는지 확인한다.

을구에는 소유권 이외의 권리인 저당권 · 전세권 · 지역권 · 지상권 등이 기재된다. 저당권, 전세권이 먼저 설정된 경우 매수인은 그 권리를 안아야 하며 임차인은 전세권자 등이 배당받고 남은 금액만 배당 받을 수 있다.

전 소유자 관련 소송이나 세금, 상속문제, 조상 땅 찾기 등으로 예전의 권리관계를 따져야 할 때는 폐쇄등기부를 발급받아야 한다. 폐쇄등기부는 현재의 등기로서 효력이 없으나 이기사항의 불명이나 과거의 권리관계에 대한 다툼을 해결하는 데 중요한 의미를 가진다. 신등기부에는 작성 당시 효력이 없는 과거의 권리관계를 기재하지 않으므로 오래된 권리관계까지 알아보고자 할 때 교부받는다. 이 등기부에도 없다면 전산화 이후 폐쇄등기를 발급받으면 된다.

등기부를 볼 때 유의해야 할 점은 등기부에 대출 등이 한 건도 없는데도 불구하고 매도자가 서둘러 싸게 팔려고 할 때다. 어떤 이유로 매매하게 됐는지를 확인해야 한다. 이런 매물 중에는 간혹 사기매물, 이중매매, 위조서류, 가짜 매도자가 매수자를 현혹해 값싸게 파는 매물로 둔갑하는 경우가 많다. 신도시나 중소도시에 이런 매물들이 출현해 가짜 매도자가 계약금을 챙기고 도주하는 사례가 드물지 않게 일어나므로 주의가 필요하다.

건축물관리대장

건축물관리대장은 건축물의 신축, 증축, 용도변경, 멸실 등 기타 변동사항을 정리해 놓은 공적장부이다. 명칭, 구조, 용도, 각 층별 면적, 용적률, 사용승인일자, 주차장 등을 확인할 수 있다.

재산세 부과를 위해 행정관청에 비치된 공부인데 건축물의 허가사항 및 가치평가의 기준이 된다. 외관상 멀쩡해 보이는 건물이라도 준공한 지 20년이 넘었다면 안전진단 후에 투자를 결정하는 게 바람직하다.

이 장부를 볼 때는 등기부등본과 일치 여부를 먼저 확인한다. 소재지와 소유주, 주용도, 면적을 확인한다. 무허가건물로 등재된 경우 철거될 위험이 있다. 지하주차장을 창고로 사용하고 있거나 당국의 허가 없이 건물 용도변경, 불법 사용 시에는 벌금 및 고발 조치된다. 공동주택의 경우 건축물관리대장, 등기부등본에 기재된 면적과 분양 시 평수는 차이가 있다. 대체로 전용면적만 건축물관리대장에 등재되나 면적 기재가 실제 현황과 달리 잘못된 것이 있는지 꼼꼼하게 따져봐야 한다.

건물의 용도는 건축법이 정하는 용도 구분에 따라 주차장 확보 기준과 정화조 용량, 부과되는 세금, 교통유발부담금이 정해진다. 용도변경을 하려면 설계변경 도면을 작성하여 관청의 허가를 득한 후 공사를 하여야 한다.

건축물관리대장에서는 소재지와 면적, 구조, 건축년도 일치 여부와 지자체로부터 준공검사를 마쳤는지를 확인한다. 무허가, 불법 및 위법 건축물 여부와 건물주가 건물에 대해서 설명한 사항이 건축물관리대장에 기재된 내용과 일치하는지를 검토해야 한다.

단독 · 전원주택의 경우 건축물 현황도를 추가로 발급받으면 축척 1/300의 배치도와 1/200 평면도를 확인할 수 있다. 인접 대지 경계선과 정확한 평면도를 통해 주택의 구조와 함께 활용성을 따질 수 있다. 설계업체와 담당자 이름이 기록돼 추후 리모델링이나 개 · 보수 시에 유용하다.

토지(임야)대장

토지소유주와 토지의 표시에 관한 사항을 등록한 공적서류이다. 주로 땅의 면적과 지목, 소유자, 토지의 분할 · 합병의 역사, 토지등급 등을 알 수 있는 서류이다.

가장 중요한 것이 토지 표시 항목 등 토지의 구조를 보는 공적서류이다. 즉 토지대장을 통해서 정확한 토지의 면적과 소유자의 인적 사항을 확인할 수 있다.

여기서 지목이란 24개 종류인데 지역·지구와는 별개로 그 토지의 사용용도를 표시한 것이다. 대지는 '대', 논은 '답', 밭은 '전' 등으로 표시되는데, 도시계획상 지역이 주거지역이라 하더라도 그 사용 용도가 농지인 경우 '전'으로 표시가 될 수 있다.

면적을 따질 때는 토지대장이 우선 적용된다. 면적, 지목 등 토지 내용에 관한 사항은 토지대장이 우선하여 적용되고 소유권에 관한 사항은 등기부가 우선 적용된다는 점이다.

임야대장의 양식은 토지대장과 비슷하다. 다른 점이라면 지목이 임야이고, 지번에 '산'이라는 명사가 붙는다. 임야대장에 등록한 토지인데 지번 앞에 '산' 자가 없는 토지라면 평평한 토지 위에 있는 산, 즉 토임이다. 이런 땅은 다른 임야와 달리 완만한 경사지에 위치해 나중에 주택을 짓거나 개발하기 쉽다.

지적(임야)도

지적법에 의해 땅의 경계선 등 사실관계를 공시하는 공적서류를 말한다. 우리나라 약 3,000만 필지의 토지는 각각의 지적도를 가지고 있다. 이때 지목이 임야인 경우에는 '임야도'라 부른다. 지자체에서 발급하는 지적도에는 기본적으로 지번, 축적, 경계선 등이 표기된다. 기본적으로 지적도를 이해하고, 지적도를 통해 현장을 분석하는 안목을 가지는 것이 중요하다.

해당 토지의 실제 경계와 지적도상에 나와 있는 경계선과 일치되는지 여부와 현황도로가 지적도상 도로와 정확히 일치하는지에 대한 확인도 필수다. 만약 일치하지 않는다면 지적공사 등에 측량을 의뢰해 이를 바로 잡아야 한다. 지적도를 볼 때는 땅의 모양과 도로와 접해 있는지와 맹지 또는 합병ㆍ분할해야 하는 땅인지를 확인하고 주변에는 어떤 용도의 부동산이 있는지 확인해야 한다.

개발지나 택지지구 주변 토지를 볼 때는 관공서 인근에 위치한 지도 판매점을 방문해 도시계획도면, 지적ㆍ임야 약도나 개발지 위치도를 구입해 예정개발계획을 직접 확인해 봐야 한다. 사기업체나 기획부동산업체가 지적도를 임의대로 변조하는 사례가 종종 발생하므로 예정지 표시가 그려진 지도는 관공서에서 제작 발급한 지도와 대조하여 확인해야 거래 사기를 피해나갈 수 있다. 미래 개발정보의 보고인 지도만 꼼꼼하게 살펴도 투자의 감을 잡을 수 있다.

토지이용계획확인서

해당 토지의 공법상 제한에 따라 현재 활용도를 지정한 서류로서 부동산의 현재 가치를 나타내는 중요한 서류이다. 부동산을 구입하거나 건축할 때 반드시 사전에 이에 관한 사항을 확인해야 한다.

내용에는 토지에 건축할 수 있는 건물의 용도 및 규모를 결정해 놓은 지역, 지구, 구역 등 도시계획 사항이 표시되어 있어 토지에 대한 허용 및 제한사항을 알 수가 있다.

부동산 매입 시 해당 토지상에 적용되는 있는 도시계획 사항이나 국토이용계획 사항 등을 확인하고 해당 토지가 군사시설인지, 농림인지, 산림인지, 토지거래허가구역 내의 토지인지 확인 후 투자 목적과 용도에 맞는지 검토한다. 주의할 점은 이 서류가 해당 토지에 영향을 주는 여러 법령상 제한 사항을 망라한 것이지만 세세한 제한 사항이 기재돼 있지 않고 기입 내용만으로는 지상에 어떤 건물을 건축할 수 있는지 알 수 없다.

따라서 발급받은 서류에 한 가지라도 해당 내용이 기재되어 있다면 관련 공무원에게 문의해야 한다. 건축을 목적으로 하는 경우, 해당 지자체 건축과를 찾아 제한 내용에 대해 문의를 해야 한다.

필자가 경험한 바로는 거래계약 직후에 토지의 용도가 갑자기 바뀐 경우도 있었다. 계약 시에는 관리지역 임야로 준보전산지였으나, 잔금 지불 전에 발급을 받아보니 용도지역에 일부 관리 · 농림 · 산림 조항에 일부 보전산지, 준보전산지로 바뀌어 기재돼 있었던 것이다.

지자체가 도시계획, 비도시 관리지역 세분화 등의 작업으로 수정하는 과정에 이런 일이 벌어지기도 한다. 수도권, 광역시와 인접 시 · 군에서 부동산 거래를 할 때는 항상 유의해야 한다.

개별공시지가 확인서

대상 토지의 가격 기준년도의 ㎡ 당 가격이 기재된 서류로서 토지거래 시 땅값의 기준이 된다. 시가의 통상 70~80% 수준이나 지역이나 종목에 따라 시세에 근접하거나 들쭉날쭉해 변동이 심하다. 공시지가를 100% 신뢰하는 것은 금물이며, 주변 시세와 비교 검토하고 특히, 지방일 경우 더욱 조심해야 한다.

부동산 서류는 투자자 본인이 직접 서류를 발급 받아 확인해 보는 것이 좋다. 매도자나 중개업자가 건네는 묵은(?) 서류 속에는 감추고 싶은 하자나 비밀이 숨어 있을 수 있다. 서류의 행간을 잘 살피다 보면 투자의 위험관리뿐만 아니라 미래 개발가치와 투자성을 읽어낼 수 있는 안목이 생기게 된다.

주인이 자주 바뀌거나 분할 · 합병이 자주 있었던 토지, 미확정된 개발예정 지역 내 부동산을 구입할 때는 반드시 관할 지자체를 찾아가 개발계획을 확인한 후 투자를 결정하는 것이 필요하다.

서류 내용이 애매하거나 모르는 내용은 매도자의 말에 기대기보다는 담당 공무원에게 직접 확인하는 것이 최선이다. 부동산투자를 할 때는 투자성과 발전성을 따지기 전에 미리 공적장부를 통해 부동산의 가치를 파악하는 기본 지식부터 쌓는 것이 필요하다.

토지 관련 서류의 등록사항

토지를 거래하게 되는 경우, 매입자로서는 매입계약 이전에 해당 토지에 관한 공적서류를 발급받아 해당 토지에 관한 일반적인 사항과 법적인 규제 사항 등을 확인해야 한다.

이때 중요하게 확인을 해야 할 서류는 해당 토지에 대한 등기부등본(만일 해당 토지 위에 건물이 있다면 건물에 대한 등기부등본과 건축물관리대장을 포함), 지적공부(토지대장, 임야대장, 지적도, 임야도 등), 토지이용계획확인서, 환지예정지(확정)증명원 등이다. 이중 등기부등본에 대해서는 익히 알고 있을 것이기 때문에 설명을 생략하기로 하고, 지적공부와 환지예정지증명원 등에 대해 간단히 살펴보기로 한다.

지적공부

'지적공부'란 지적대장과 지적도면으로 구분하여 생각할 수 있다. 지적대장은 토지대장, 임야대장, 공유지연명부, 대지권등록부 등을 말하고, 지적도면은 지적도, 임야도를 말한다. 이 외에도 경계점좌표등록부가 지적공부에 포함된다.

토지대장과 지적도에는 토지조사사업에서 조사 대상으로 한 토지가 임야대장과 임야도에는 임야조사사업의 조사 대상으로 한 토지가 등록되어 있다. 또한 한 필지의 토지를 2인 이상이 공동으로 소유하고 있는 공유 토지는 공유지연명부에, 집합건물을 구분 소유 단위로 대지권 표시의 등기를 한 공유 토지는 대지권등록부에, 도시개발사업 등이 완료됨에 따라 지적확정 측량(지적공부에 토지의 표시를 새로이 등록하기 위한 측량)을 수치 측량 방법으로 하여 등록한 토지는 경계점좌표등록부에 각각 등록되어 있다.

토지(임야)대장

토지, 임야대장의 등록 사항은 다음과 같다.

① 토지의 소재

② 지번(토지에 붙이는 번호)

③ 지목

④ 면적

⑤ 소유자의 성명 또는 명칭, 주소, 주민등록번호

⑥ 토지의 고유번호

⑦ 도면번호, 필지별 대장의 장 번호와 축척

⑧ 토지의 이동 사유

⑨ 토지소유주가 변경된 날과 그 원인

⑩ 토지 등급 또는 기준 수확량 등급과 그 설정, 수정 연월일

⑪ 개별 공시지가와 그 기준일

⑫ 용도지역 등

지적도(임야도), 지적도면

토지의 경계를 그림으로 관리하는 도면을 말하고 지적도와 임야도로 구분된다. 지적도에는 임야 이외의 토지를 등록하고, 임야도에는 지목 중 임야만을 등록한다.

지적도면의 등록 사항은 다음과 같다.

① 토지의 소재

② 지번

③ 지목

④ 경계

⑤ 도면의 색인도

⑥ 도면의 제명과 축척

⑦ 경계점 간 거리

⑧ 지적 측량 기준점

⑨ 수치 측량 지역 등

지적도의 축척은 1/500, 1/600, 1/1000, 1/1200, 1/2400 등 다섯 가지가 있는데, 1/1200축척 지적도가 가장 일반적이다. 임야도의 축척은 1/3000, 1/6000 두 가지가 있는데, 일반적으로 1/6000 축척 임야도가 가장 많이 활용된다.

문서확인번호: 1477-5470-7856-

지적도 등본

발급번호	G20150123405.		처리시각	14시 40분 37초	작성자	민원24
토지소재	경기도 화성시 읍 리		지 번		축 척	등록:1/1200 출력:1/1200

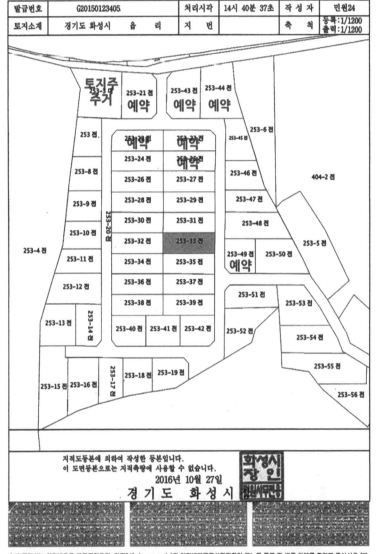

권리분석과 유의해야 할 물건

말소기준권리

경매의 이론은 처음엔 아주 간단하다.

낙찰자의 입장에서 보면 말소기준권리를 기준으로 그보다 후에 설정된 권리는 말소된다. 말소기준권리의 대표적인 예는 근저당권이다. 어떤 경매물건이 나오면 그 물건의 최초 근저당권을 기준으로 그 후에 설정된 권리는 낙찰로써 말소된다는 것이다. 이 기본 이론은 너무나도 쉬워서 그런지 경매초보자들을 의아하게 만든다. 그냥 쉽게 생각하면 된다. 최초 근저당권보다 나중에 설정된 권리는 낙찰로써 말소된다.

다시 말해 아래와 같은 등기부등본이라면 낙찰 시 모두 소멸된다.

	건물등기부	권리종류	권리자	채권최고액 (계: 130,000,000)	비고	소멸여부
1	2007. 06. 25	소유권 이전 (매매)	김○국		물번 1~9번 거래가액 금 77,500,000원	
2	2007. 06. 25	근저당	서강신협	130,000,000	말소기준 등기	소멸
3	2009. 07. 28	임의경매	서강신협	청구금액: 107,876,642원	2009타경 18342	소멸
4	2009. 08. 14	압류	서울특별시 도봉구			소멸

2007년 6월 25일 근저당이 말소기준권리이므로 후에 설정된 권리는 모두 말소이므로 임의경매와 압류는 말소된다.

근저당보다 먼저 설정된 소유권이전이란, 본 부동산의 주인, 즉 소유자란 뜻으로 먼저 설정된 등기라 볼 수 없다. 하지만 기본적인 권리이므로 위 물건 같은 경우 근저당, 즉 말소기준권리가 순위상 1등으로 하자가 없는 물건이라 할 수 있겠다.

	건물등기부	권리 종류	권리자	채권최고액 (계: 130,000,000)	비고	소멸 여부
1	2007. 01. 19 (8725)	소유권 이전(매매)	○○○, ○○○		각 지분 1/2	
2	2007. 01. 19 (8726)	근저당	수협중앙회	2,405,000,000원	말소기준등기	소멸
3	2007. 1. 19 (8727)	지상권(전부)	수협중앙회		존속기간: 2007. 01. 19~ 2037. 01. 19	소멸
4	2007. 02. 06 (15773)	공유자전원 지분전부 이전 청구권 가등기	변산건설(주)		매매예약, 지분 1/2	소멸
5	2007. 02. 06 (15774)	공유자전원지분전부 이전 청구권 가등기	○○○		매매예약, 지분 1/2	소멸
6	2007. 03. 13	○○○ 지분 압류	남양주시		세무과-5484	소멸
7	2007. 06. 01 (64002)	○○○ 지분 압류	남양주시			소멸
8	2007. 06. 01 (64008)	○○○ 지분 압류	남양주시			소멸
9	2007. 09. 07	○○○ 지분 가압류	○○○	600,000,000원		소멸
10	2009. 10. 12	임의경매	수협중앙회	청구금액 1,850,000,000원	2009타경 35999	소멸
11	2009. 11. 26	○○○ 지분 압류	남양주시			소멸

근저당이 1등이면 뒤에 들어온 권리는 말소되므로 하자가 없다고 보면 된다.

그럼 위 물건은 어떨까? 하자가 있을까, 없을까?

등기부등본 내용이 많아지고 처음 보는 권리가 나오면 헷갈리기 시작한다. 하지만 근저당이 몇 등으로 나오는지만 생각하면 된다. 그리고 그 뒤의 권리들은 말소된다.

위 물건은 근저당이 2007년 1월 9일로 어떠한 권리보다 일찍 설정되어 근저당이 1등이다.

그 후에는 '지상권', '소유권이전청구권가등기', '압류', '가압류' 등 처음 보는 권리가 나와 있으나 근저당보다 후에 설정되어 낙찰 시 모두 말소되는 권리다. 근저당권이 1등이면 그 이후의 권리들은 낙찰로써 말소된다.

그럼 근저당권이 1등이 아니고 2등 또는 3등이라면 어떨까?

근저당권 설정 이전에 근저당권이 아닌 다른 권리가 설정되어 있다면?

그 권리는 일반적으로 낙찰자가 인수하여야 하는 권리가 된다. 결론적으로 근저당권이라는 말소기준권리를 기준으로 먼저 설정된 권리는 낙찰자가 인수한다! 말소기준권리보다 나중에 설정된 권리는 낙찰로써 말소된다.

가장 기본적인 이론이자 가장 중요한 이론이므로 꼭! 기억해 두도록 하자.

소멸주의

경매는 자기 스스로의 책임 아래 판단하고 입찰하는 것이다. 따라서 스스로가 충분히 알지 못하고 뛰어들게 되면 낭패를 보기 쉽다. 경매물건은 저당권, 지상권, 가압류, 가등기 등 각종 제한권리들이 걸려 있어 권리관계가 복잡하다. 또한 대항력 있는 임차인 등의 존재로 인수해야 될 권리도 있을 수 있다.

권리분석은 일반적인 법 상식과 권리 간의 다툼이 발생했을 때 누가 우선하는지를 설명하는 것이다. 즉 판관의 입장에서 분석을 한 것이고 임대차보호법은 임차인 입장에서 설명한 것이다.

이제는 경락자의 입장, 즉 법원에서 경매로 부동산을 구입하려는 입장에서 설명해 보기로 한다. 경매로 부동산을 사려는 사람 입장, 즉 경락자 입장에서 중요한 것은 무엇인가?

부동산을 경매로 샀을 경우, 그 부동산에 설정 및 종속되어 있는 각종 권리가 경락자와 어떤 관련이 있는가 하는 것이 가장 중요할 것이다. 즉 다시 말해 경락자가 부담, 인수해야 될 권리가 무엇이고 소멸, 말소될 권리가 무엇인가 하는 점이다

인수주의

인수주의란 경매로 인하여 부동산 상의 권리가 인수되어 인수주의에 해당되는 권리는 경락인이 해결하게 된다. 즉 인수주의에 해당되는 권리는 경매로 인하여 부동산을 낙찰 받았을 때 그 부동산에 걸려 있는 각종 제한권리-저당권, 전세권 등 및 임차인 관계가 경매로 인하여 소멸, 말소되지 않고 남게 되어 경락인이 부담해야 되는 것을 말한다. 따라서 인수주의에 해당되는 각종 권리는 경매로 부동산을 낙찰 받은 후 경락인이 해결해야 한다. 즉 그 권리금액을 부담해야 하는 것이다.

소멸주의란 경매로 인하여 권리가 소멸하는 것이고 이러한 권리는 법원의 배당금에서 배당으로 해결하게 된다. 즉 경매 부동산에 걸려 있는 모든 권리, 저당권 및 임차인 관계가 경매로 인하여 소멸, 말소되어 경락인과 관계가 없어지는 것을 말한다.

따라서 소멸주의에 해당되는 제반 권리들은 경락인이 법원에 낸 경락대금에서 배당으로 해결되며 배당을 일부 또는 전부 받지 못했다고 하더라도 관계없이 모두 소멸, 말소되는 것이다.

채권자와 잉여주의

경매와 잉여주의

경매시장은 일반 거래시장과 대칭적인 시장이므로 일반 시장이 침체 국면에 접어들면 당연히 살아날 수밖에 없는 구조를 갖고 있다. 일반 거래시장이 활성화 되면 향후 경기 전망도 희망적으로 볼 수 있지만, 경매시장이 호황이라 하여 무턱대고 좋아할 것만도 아님은 물론이다.

경매시장으로 급격히 밀려드는 수많은 물건들은 그 나름의 특색을 가지고 있는데, 일반적으로 보면 마음에 드는 물건도 드문 것이 사실이다. 그리고 괜찮은 물건이라고 판단될 경우라도 화중지병畵中之餠인 경우가 많아 단순히 감상하는 것으로 만족할 수밖에 없는 경우도 있다. 이러한 사정을 잘 모르는 입찰자들은 마치 그 물건을 취득한 것처럼 흥분하면서 현장답사를 비롯해 섬세하게 물건분석을 하는 경우도 볼 수 있다.

대법원에서 매년 발표하는 낙찰률('매각률'이라고도 함)을 보면 약 40% 수준을 넘지 않는 것으로 나타나고 있다. 이는 경매공고가 된 물건 중에서 약 70%에 달하는 물건들이 경매 절차 진행 중에 어떤 사정으로 인해 매각 절차가 중단되고 있음을 의미하는 것이다.

이러한 사정은 보통 채무자가 채권자에게 변제를 하든가 상호합의로 취하되는 경우가 보통이긴 하지만 특수한 사정으로 절차가 중단되는 경우도 상당하다는 점에서 관심을 가질 필요가 있다.

경매시장에 현출된 물건 중 상당수가 매각 절차가 진행되는 중에 사라지는 것이라면, 응찰자로서는 이러한 사정을 미리 예단해 볼 줄 아는 지혜가 필요하다. 즉 채권자와 채무자 간의 변제, 합의, 기타 사정으로 절차가 중단될 것을 미리 예견해 볼 수만 있다면 불필요한 수고를 할 필요도 없고, 현실성 있는 물건에 대하여 임장조사나 권리분석에 더 집중함으로써 효과적인 활동이 가능할 것이라는 점이다.

이러한 사정을 추측함에는 여러 기법이 동원될 수 있지만 여기서는 잉여주의를 활용한 응용에 대해서만 약술하는 것으로 한다. 잉여주의剩餘主意란 매각을 통하여 경매 실행 채권자에게 배당할 몫이 있어야만 절차를 계속 진행할수 있는 입법주의를 말한다. 입법주의는 비록 채권자라도 채무자의 재산을 강제매각하기 위해서는 자기의 권리 순위를 기준으로 배당될 가능성이 있어야만 절차를 속행할 수 있다는 것인데, 이는 집행채권자에게 경제적 실익이 없다면 매각 절차를 계속할 필요가 없기 때문이다.

동同 제도는 잉여 여부가 매각기일과 매각결정기일을 지정하게 되는 요건임을 밝히는 민사집행법 제104조와 경매절차 속행 요건 및 집행법원의 경매절차직권취소 사유의 하나로서 규정하고 있는 동법 제102조 등에서 근거를 볼 수 있다.

잉여주의는 경매개시결정으로부터 매각결정기일까지 강제매각절차의 전과정을 통관하는 대원칙이라 할 수 있는데, 경매절차에 참여하는 당사자의 입장에서 보면 사전에 그 법적 가치 내지 효과를 충분히 이해하고 매각물건을 분석할 수 있다면 물건 선정 도구로서 효과적으로 활용할 수 있음을 발견하게 된다.

전술한 바와 같이 낙찰률이 매우 낮은 점에서 볼 때 잉여주의에 위반되는 사정으로 매각결정기일에서 매각이 불허가 되는 사정도 상당할 것임을 짐작할 수 있다. 최고가 매수신고인이 되었음에도 매수인으로 결정되지 못하게 되면 아쉬움이 클 것이다. 그런데 이러한 사정을 살펴보면 응찰자가 잉여주의를 이해하지 못해 불허가 된 사정도 상당수 있을 것이라는 점이다. 즉 동 제도의 효과를 감안하여 약간의 금액만 더 제시하였더라면 매각불허가가 되지 않았을 것이라는 아쉬움이 남는 사건도 제법 보인다는 점이다.

이상의 점에서 보더라도 잉여주의는 매각물건 선정 및 매각대금을 결정함에 있어서 상당히 가치 있는 기법으로 활용할 수 있음을 이해할 수 있는 셈이다.

토지에 대한 유치권과 경매

경매의 핵폭탄 유치권, 분해하면 물폭탄

유치권이란 타인의 물건이나 유가증권을 점유한 자가 그 물건이나 유가증권에 관하여 생긴 채권이 변제기에 있는 경우에는 변제를 받을 때까지 그 물건 또는 유가증권을 유치할 권리를 말한다.

이는 경매에 있어서 상당히 난해한 부분 중 하나로서 초보자들이 상당히 무서워하고 기피하는 물건이다. 부동산경매에 있어서 유치권은 경매부동산에 대한 미지급 공사채권이 있거나 경매부동산의 보존이나 개량에 필요한 비용을 지출한 경우 발생할 수 있다.

낙찰자는 유치권자가 있다고 하더라도 경매부동산의 등기를 하는 데는 지장이 없으나 경매 목적물을 점유하고 있는 유치권자가 명도를 거부하는 경우 명도소송을 제기하여야 한다. 이 소송 중에 유치권자가 반소反訴로서 유치권을 주장하면 법원에서 판단하게 된다. 즉 유치권이 신고 되어 있어도 정당한 권리가 아니라면 명도소송을 해서 승소하면 유치권 채무를 부담하지 않아도 된다. 또 유치권에 대한 채무를 부담해야 하는 최악의 경우일지라도 이를 포함한 낙찰가가 시세보다 저렴하다면 과감하게 경매에 참여하는 것이 유리하다.

부동산에 있어서 유치권의 종류로는 공사대금과 필요비 · 유익비 등 지출 비용이 있다.

공사대금

건축주(소유자)와 도급계약을 체결하고 건물을 신축, 증축, 개축하거나 대수선을 하고 그 공사대금을 변제받지 못한 경우에 공사를 한 자는 대금의 변제를 받을 때까지 그 건물을 점유하여 낙찰인을 상대로 유치권을 행사할 수 있다.

그런데 토지 위에 토지소유주가 건물을 짓다가 자금 부족 등으로 공사가 중단되고 해당 토지가 경매에 넘어가는 경우, 건축업자는 공사대금을 받기 위해 토지경매에서 유치권을 신고할 수 있는데, 이런 경우는 유치권이 성립하지 않는다. 유치권은 채권이 유치권의 목적물에 관하여 생긴 것이어야 하기 때문이다.

필요비와 유익비 등의 지출 비용

부동산 관리 · 보존 등 현상유지를 위하여 임차인, 점유자, 제3취득자가 목적 부동산의 현상유지 또는 가치 증가를 위하여 지출한 비용을 변제받지 못했을 때, 즉 경매 절차 중 필요비, 유익비 등 비용상환청구권에 대한 배당 요구를 실기한 경우에 낙찰인을 상대로 유치권을 행사할 수 있다.

필요비

부동산의 보존·관리 등 현상유지를 위하여 임차인, 제3취득자, 점유자 등이 지출한 비용을 말한다.

임차인이 자기의 비용으로서 수리를 하였다든가 기타 물건의 보존·유지에 통상 필요한 비용을 점유자가 지출했을 경우 또는 공조공과금公租公課金을 냈을 경우에는 그 지출한 비용의 상환을 청구할 수 있다.

필요비는 임차인, 점유자 등이 목적 부동산을 점유함에 정당한 근원이 있어야 하며, 소유자의 사전동의 또는 사후동의를 받아야 한다.(소유자, 임대인에게 계약 시 원상회복의무 등의 약정이나 비용상환청구권의 발생을 배제하는 특약 등이 없어야 한다.)

유익비

부동산의 개량, 이용을 위하여 임차인, 제3취득자, 점유자 등이 지출한 비용으로서 목적 부동산의 객관적 가치를 증가시킨 비용을 말한다.

임차인이 자기의 비용으로 화장실을 수세식으로 개량했다든가 고장이 난 기름보일러를 수리하는 대신 가스보일러로 시설을 교체하여 지출한 비용 등을 말한다.

유익비는 필요비의 요건을 충족시켜야 하며 유익비의 지출로 목적 부동산의 객관적 가치가 증가하여야 한다. 또한 객관적 가치의 증가 부분이 비용 상환청구 시점에도 현존하여야 한다.

객관적 가치의 증가와 비용상환청구 시 현존하는 가치 증가 부분에 대한 입증 책임은 비용의 상환을 청구하는 자에게 있다.

필요비와 유익비의 상환청구권은 점유자가 회복자로부터 점유물의 반환을 청구받거나 회복자에게 점유물을 반환한 때에 비로소 회복자에 대하여 행사할 수 있다.

필요비 또는 유치권을 지출한 때에는 저당물의 경매 매가에서 우선 상환을 받을 수 있다. 즉 0순위인 경매 실제 비용을 제외하고는 모든 권리에 우선하여 1순위로 배당한다. 점유의 근원과 비용발생 내역 등의 입증 자료를 첨부하여 첫 매각기일 이전까지 배당요구신청을 하여야 한다.

배딩 요구를 실기하여 우선변제를 받지 못하였을 때는 배당 받을 수 있는 채권액을 한도로 하여 후순위로 배당 받을 채권자에게 순차로 부당이득에 의한 상환청구를 하거나 매수인(낙찰인)으로부터 인도명령이나 명도소송의 상대방으로 된 때에는 유치권을 행사할 수 있다.

유치권자는 정당한 유치권이 있다면 권리신고를 하지 않아도 낙찰자에게 대항할 수 있다. 그러나 배당 요구의 종기까지 권리신고를 하여야 경매절차 상의 이해관계인으로서 항고 등을 할 수 있다. 보통 유치권이 신고된 물건은 유찰 횟수가 많아 싼값에 낙찰된다. 경매에서 찬밥 신세인 유치권신고물건들도 꼼꼼히 권리관계를 챙겨보면 의외로 수익이 숨어 있을 수 있다.

부동산의 소유자와는 무관하게 임차인이 본인의 영업이익을 위해 내부 수리를 한 경우에는 유치권이 성립되지 않는다. 다만 집 주인의 동의를 받아 내부 수리를 하면 유치권이 인정되는 경우가 있는데, 이때에 임대차계약서에 원상회복의무가 있다거나 비용상환청구권 행사를 배제하는 특약이 있을 때는 유치권을 행사하기 어렵다.

유치권 신고가 된 물건 중에는 유치권이 신고되면 입찰 예정자들이 응찰을 꺼려하는 점을 이용하여 채무자와 짜고 입찰 물건에 고액의 가짜 유치권을 신고하여 응찰자를 줄인 뒤 낮은 값에 낙찰을 받으려는 경우가 많다.

허위의 유치권임을 밝혀내면 사해행위에 의한 공무집행방해 혐의로 형사고발 조치할 수 있다. 그리고 허위 유치권자 및 그와 모의한 채무자까지 구속시킬 수 있다. 유치권으로 인정을 받으려면 경매개시결정 전에 발생한 유치권이어야 하며 그 채권에 대하여 공신력 있는 서류에 의해 입증해야 한다.

법원경매 기록에 보이지 않았는데 낙찰 후 유치권을 발견하였다면 아마 허위 유치권자일 수도 있다. 명도소송 시 허위 유치권임이 입증되면 강제 퇴거시킬 수 있다. 낙찰 후 진짜 유치권이 확인되었다면 낙찰인이 조치를 취해야 한다.

유치권 소멸 원인

물건의 멸실, 채권의 변제, 유치권자의 선량한 관리자로서의 의무위반, 상당한 담보의 제공, 점유의 상실 등으로 유치권은 소멸한다.

유치권의 주요 내용 및 특성

① 유치권자에게는 보존에 필요한 범위 내에서 이용권이 있으며, 담보물권자로서 경매신청이 가능하다.

② 유치권으로는 낙찰대금에서 배당이 되지 않으며, 성립 조건을 갖추면 당연히 성립하는 물권으로 부동산등기부에는 기재가 없고 유치권 신고 내용을 입찰 참가자는 직접 열람할 수 없다.

③ 임차인의 인테리어 공사비는 자신을 위한 비용으로 보아 유치권 성립의 원인 채권이 되지 않는다.

④ 신고 여부와 성립 여부는 무관하며 유치권은 소멸시효가 적용되지는 않지만 원인 채권이 소멸되면 유치권도 소멸한다.

⑤ 통상적으로 잔금대출에 지장을 초래하는 경우가 많아 사전에 자금 계획을 확실히 세우고 입찰하여야 한다.

⑥ 낙찰 후에 유치권이 신고 되는 경우에는 매각 불허가, 허가 사례가 있어 일률적으로 판단할 수 없다. 따라서 사전에 현장조사를 철저히 하여야 한다.

⑦ 토지만 낙찰 받은 경우 건물의 유치권자는 토지 낙찰자와 직접적 관련이 없다.

토지경매에서의 법정지상권

지상권은 건물, 기타 공작물이나 수목을 소유하기 위하여 타인의 토지를 사용하는 권리로 등기부 을구에 지상권으로 등재가 된다. 그런데 법에 의해 등기부 등재 및 당사자 사이에 설정계약이 없는 경우에도 건물의 철거를 방지하기 위하여 관련 법률의 규정이나 관습법상 인정되는 권리가 바로 법정지상권이다.

건물과 토지를 별개의 부동산으로 취급하는 현행법상 어떤 이유로 토지와 건물의 소유주가 다르게 된 경우 토지소유주에게 무조건 건물을 철거할 수 있는 권리를 인정한다면 사회적 경제적으로 큰 손실이 아닐 수 없다.

이런 연유로 당사자 사이에 어떤 계약이 없어도 일정한 요건이 되면 지상권이 성립된 것처럼 인정하게 되는데, 이것을 법정지상권이라 한다.

법정지상권 성립 요건

현행법상 어떤 조건이 구비되는 경우에 당연히 성립하는 지상권을 법정지상권^{法定地上權}이라 하는데 다음의 4가지 경우가 해당된다.

① 토지와 그 지상의 건물이 동일인의 소유였는데 건물에만 전세권을 설정한 후 토지소유주가 변경된 경우

➡ 민법 제305조의 법정지상권(전세권을 위한 법정지상권)

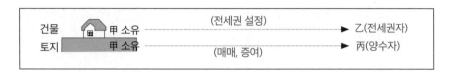

➡ 이때, 건물소유주 갑^甲은 법정지상권을 취득하며 병^丙에게 법정지상권을 주장할 수 있다.

② 토지와 그 지상의 건물이 동일인의 소유였는데, 어느 한쪽 또는 양쪽에 저당권이 설정된 후 저당권의 실행으로(경매) 토지와 건물의 소유주가 다르게 된 경우

➡ 민법 제366조의 법정지상권(경매 실행에 의한 법정지상권)

[사례 1]

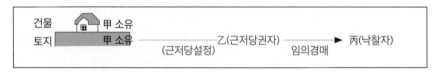

➡ 이때, 건물소유주 갑^甲은 법정지상권을 취득하며 병^丙에게 법정지상권을 주장할 수 있다. 단, 저당권 설정 당시 지상에 건물이 있어야 한다.

(대법원 판례 1995.12.11, 95마 1262)

[사례 2]

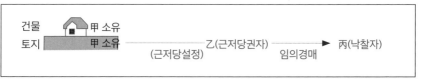

➡ 이때, 병丙이 건물을 소유하게 되면 토지소유주 갑甲에 대한 법정지상권이 성립한다.

③ 토지와 그 지상의 건물이 동일인의 소유였는데 그 토지 또는 건물에 대하여 담보권의 실행을 통해 소유권을 취득하거나, 담보가등기에 기한 본등기가 행하여진 경우 → 가등기담보등에 관한 법률에 의한 법정지상권

➡ 이때, 건물소유주 갑甲은 병丙에게 법정지상권을 주장할 수 있다.

④ 토지와 입목이 동일인의 소유였는데 경매 기타의 사유로 토지와 입목이 각각 다른 소유자에게 속하게 된 경우 → 입목에 관한 법률 제6조의 법정지상권

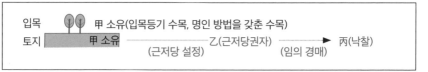

➡ 이때, 입목소유자 갑甲은 낙찰자 병丙에게 법정지상권을 주장할 수 있다.

관습법상 법정지상권

동일인에게 속했던 토지와 건물 중 어느 일방이 매매 또는 일정 요인에 의하여 각각 한편이 소유를 달리하게 된 때 그 건물을 철거한다는 특약이 없으면 건물 소유주가 당연히 취득하게 되는 법정지상권으로 현행법이 인정하는 법정지상권(민법 305① · 366, 입목에 관한 법률 6)과 달리 판례에 의하여 인정된다. 토지 또는 건물 중의 어느 한편에 제한물권(전세권 또는 저당권)의 존재를 전제하지 않는 점에서 통상의 법정지상권과는 다르다.

법정지상권의 범위

해당 건물의 대지에 한정되는 것은 아니고 건물을 이용하는 데 필요한 한도에서 해당 대지 이외의 부분에도 미친다.

법정지상권의 지료 청구

당사자의 합의가 성립하지 않을 때는 당사자의 청구에 의하여 법원이 결정한다.

주요 판례를 통해 보는 법정지상권

① 토지와 건물이 함께 근저당이 설정되어 있는 상태에서 토지만 먼저 경매 시에는 지상의 건물은 법정지상권을 취득한다.
② 토지만 근저당이 설정된 경우 법정지상권이 성립할 가능성이 있는 건물이 있었고 그 이후 구 건물을 철거 후 신축한 경우, 신축건물의 법정지상권의 성립 범위는 구 건물을 기준으로 한다.
③ 건물이 미등기일 때 토지와 건물이 같이 매각되고 그 이후 대지에 근저당이 설정된 경우, 지상건물의 소유권은 민법상 여전히 전 소유자의 것

으로 보므로 소유자 동일성이 없어 경매 시 법정지상권은 성립하지 않는다.

④ 건물이 공유이고 토지는 공유자 중 한명의 단독 소유일 경우 토지가 경매될 때는 일부의 소유자 동일성이 건물 전체에 미쳐 법정지상권이 성립한다.

⑤ 토지가 공유일 경우 공유자 동의 하에 건축된 공유자 중 1인의 단독소유 건물의 경매일 경우 법정지상권은 성립하지 않는다. 다만 공유의 토지는 소유자 과반의 동의 하에 사용, 수익되므로 타 지분권자가 토지 임대 등의 방법으로 건물의 철거를 막는다면 이에 응하여야 한다.

⑥ 토지는 공유 형태이지만 실제적으로 공유자 간에 분할하여 사용하고 있다면 구분 소유적 공유관계로 되고 이러한 물건을 낙찰 받은 사람은 전 소유자들의 사용 상태를 승인하여야 하고 이에 구속된다.

입찰 전 법정지상권 조사 방법과 대처

법정지상권이 성립하는 물건은 낙찰자의 권리가 제한되므로 현장 확인과 철저한 자료조사가 필요하다.

① 경매정보 확인 : 매각물건 중에 매각이 제외되는 건물이 있다면 매각 제외되는 물건이 건물에 해당되는지를 먼저 사진자료 등을 보아 판단하고 현장에서 다시 확인한다. 또 매각 제외된 원인도 같이 확인한다.

② 등기부, 건축물대장, 과세대장 등의 공적 자료로 건물의 소유주를 파악하고 자료가 없을 경우 탐문 활동으로 건물의 소유주를 확인한다. 주의할 점은 건물이 상속된 경우에는 등기부가 없거나 상속등기를 하지 않아도 소유자의 동일성을 갖추게 된다.

건물만 매각 시에는 입찰에 상당한 주의를 하여야 하는데, 지상권이 성립하는 조건이 확실한 경우에만 입찰하여야 하고, 종전에 토지가 경매된 사실이 있는 건물의 경우 특히, 지상권 해지 여부를 확인하여야 한다.

③ 건축 시기 확인도 중요하다. 건축허가일자, 착공신고일자와 시기, 건축물대장 상 사용승인일, 항공사진, 건물등기부, 폐쇄등기부의 공적 자료와 주변 거주 주민, 인근 중계업소 방문을 통해 건축 시기를 탐문한다. 또 채권자 특히, 경매신청채권자의 경우 금융권이면 대출 시 감정평가 여부를 확인하고 당시 건물 존재 여부를 문의한다.

법정지상권의 낙찰 후 조치

① 법정지상권이 성립하면 낙찰자는 지상 건물 사용에 필요한 범위에 한정하여 사용을 승낙하여야 하고 그 대가로 지료를 청구할 수 있는데, 지상물이 없다는 전제 하에 산정한 금액의 통상 연 5~6% 해당 금액을 받을 수 있으나 임대가 활발하지 않은 지역의 경우 더 낮아질 수도 있다.

② 지료는 당사자 간의 협의가 우선이지만 응하지 않거나 이견이 있는 경우 지료청구소송을 한다. 판결이 있는 경우 외에는 사후의 소멸청구 가능성과 분쟁을 피하기 위해 등기를 하는 것이 좋다.

③ 지료를 2년 치 연체한 경우 토지의 소유주는 지상권 해지를 통보하고 연체된 지료를 원인채권으로 하여 집행권원을 얻어 건물에 대해 강제경매신청이 가능하고 이때 건물철거, 토지반소송 등을 병행하기도 한다.

④ 법정지상권은 30년의 존속기간이 성립하는데, 존속기간 만료 시 당사자 간에는 갱신청구의 의무나 권리는 없고 지상물매수청구권이 발생한다.

⑤ 법정지상권이 불성립할 경우에는 낙찰자는 건물 매수 협의를 하거나 토지의 임대, 소송으로 건물철거, 토지반환, 철거 시까지의 부당이득반환청구를 할 수 있다. 이때 철거소송 전에 건물에 대한 가처분을 신청하여

두면 추후에 건물경매 시 유리하게 작용한다.

⑥ 참고로 건물만 매각 물건의 토지소유주의 건물에 대한 가처분은 인수.

※지상권자는 계약 갱신, 지상물매수청구를 할 수 있다.

※지상권이 설정된 후 건물이 건축되면 법정지상권이 성립하지 않는다.

선순위 지상권

말소되는 선순위 지상권

토지에 대해 근저당권을 설정하면서 지상권을 같이 설정하는 경우를 종종 볼 수 있다. 이는 지상권을 설정하지 않으면 토지소유주가 건축물을 신축할 수 있어 토지의 담보가치가 훼손될 수 있기 때문에 이러한 조치를 취하는 것이다. 지상권을 설정하게 되면 토지소유주가 건축물을 신축하려 할 때 지상권자의 동의가 필요해 함부로 건축행위를 할 수 없다.

본래의 지상권은 지상권자가 토지를 사용하려고 설정하지만 위의 경우와 같이 타인이 토지의 사용을 제한하기 위해서도 이용된다. 이 같은 지상권은 근저당권의 담보가치를 유지하기 위해 설정한 것이기 때문에 근저당권이 말소하게 되면 지상권도 자동으로 말소된다. 이러한 지상권을 담보지상권이라고 한다.

지상권이 설정되는 형태를 보면 크게 두 가지 경우가 있다. 첫 번째가 1순위 근저당권, 2순위 지상권이고, 두 번째가 1순위 지상권, 2순위 근저당권 등이다.

첫 번째 경우, 근저당권이 말소기준권리이기 때문에 2순위 지상권은 당연히 말소 대상이 되므로 별문제가 없다. 하지만 두 번째의 경우 매매나 경매로 소유권이 이전되었음에도 불구하고 간혹 지상권이 말소되지 않고 경매로 나오는 사례가 있다.

관련 판례 등을 보면 토지를 매수하여 그 명의로 소유권이전청구보전을 위한 가등기를 경료하고 그 토지에 타인이 건물 등을 축조하여 점유 사용하는 것을 방지하기 위해 지상권을 설정하였다면 이는 그 토지의 실질적인 이용 가치를 유지·확보할 목적의 지상권으로 보아야 한다고 판시하고 있다. 즉 가등기와 함께 설정된 지상권의 경우 가등기가 말소되면 그 지상권도 소멸한다는 것이다.

➡ 상기와 같은 형식적 지상권은 담보물권이 말소되면 지상권도 말소된다.

선순위 지상권 관련 판례

대법원 2011.4.14. 선고 2011다 6342판결 【근저당권설정 등기말소등기 등】
[공2011상,921]

【판시사항】
근저당권 등 담보권 설정의 당사자들이 그 목적 토지 위에 차후 용익권 설정 등으로 담보가치가 저감하는 것을 막기 위해 채권자 앞으로 지상권을 설정한 경우, 피담보채권이 변제나 시효로 소멸하면 그 지상권도 부종하여 소멸하는지 여부. (적극)

【판결요지】
근저당권 등 담보권 설정의 당사자들이 그 목적이 된 토지 위에 차후 용익권이 설정되거나 건물 또는 공작물이 축조 · 설치되는 등으로써 그 목적물의 담보가치가 저감하는 것을 막는 것을 주요한 목적으로 하여 채권자 앞으로 아울러 지상권을 설정하였다면, 그 피담보채권이 변제 등으로 만족을 얻어 소멸한 경우는 물론이고 시효가 소멸한 경우에도 그 지상권은 피담보채권에 부종하여 소멸한다.

【주 문】

상고를 모두 기각한다. 상고비용은 피고들이 부담한다.

【이 유】

상고 이유를 판단한다.

1. 기록에 비추어 살펴보면, 원심이 이 사건 근저당권의 각 피담보채권이 시효소멸하였다고 판단한 것은 수긍할 수 있고, 거기에 상고 이유의 주장과 같이 차용금채무의 지급을 위하여 약속어음이 발행된 경우에 있어서 그 채무의 소멸시효 기산점에 관한 법리를 오해하여 판결 결과에 영향을 미친 위법이 있다고 할 수 없다.

한편 근저당권 등 담보권 설정의 당사자들이 그 목적이 된 토지 위에 차후 용익권이 설정되거나 건물 또는 공작물이 축조 · 설치되는 등으로써 그 목적물의 담보가치가 저감하는 것을 막는 것을 주요한 목적으로 하여 채권자 앞으로 아울러 지상권을 설정하였다면, 그 피담보채권이 변제 등으로 만족을 얻어 소멸한 경우는 물론이고 시효소멸한 경우에도 그 지상권은 피담보채권에 부종하여 소멸한다고 할 것이다. 같은 취지로 판단한 원심은 정당하다.

2. 한편 원고가 이 사건 소로써 소멸시효의 완성을 주장하는 것이 신의칙에 위배된다는 상고이유의 주장은 기록에 나타난 제반 사정에 비추어 이를 받아들일 수 없다.

3. 그러므로 상고를 모두 기각하고 상고 비용은 패소자들의 부담으로 하기로 하여, 관여 대법관의 일치된 의견으로 주문과 같이 판결한다.

서울고등법원 2010.12.22. 선고 2010나74692판결
【근저당권설정등기말소등기등】

【제1심 판결】서울서부지방법원 2010. 6. 17. 선고 2009가단71841 판결

【주문】
1. 피고들의 항소를 기각한다.
2. 항소비용은 피고들이 부담한다.

【청구취지 및 항소취지】
[청구취지]
원고에게, 피고 1은 양주시 장흥면 울대리(지번 생략) 임야 84,198㎡에 관하여 의정부지방법원 1997. 6. 18. 접수 제40933호로 경료된 근저당권설정등기의 말소등기절차를 이행하고, 피고 2는 양주시 장흥면 울대리(지번 생략) 임야 84,198㎡에 관하여 의정부지방법원 1997. 6. 18. 접수 제40933호로 각 경료된 채권최고액 1억 원인 근저당권설정등기 및 채권최고액 5천만 원인 근저당권설정등기의 각 말소등기절차를 이행하고, 피고들은 양주시 장흥면 울

대리(지번 생략) 임야 84,198㎡에 관하여 의정부지방법원 1997. 6. 18. 접수 제 40934호로 경료된 지상권설정등기의 말소등기절차를 이행하라.

[항소취지]
제1심 판결을 취소한다. 원고의 청구를 기각한다.

【이유】

1. 제1심 판결의 인용
이 법원이 이 사건에 관하여 설시할 이유는 아래에서 추가하는 부분을 제외하고는 제1심 판결 이유 기재와 같으므로 민사소송법 제420조 본문에 의하여 이를 그대로 인용한다.

2. 고치거나 추가하는 부분
• 제1심 판결문 제3쪽 3째 줄의 다음 줄에 아래 내용을 추가한다.
(3) 또한 소외 1은 위 차용금에 관하여 차용금액, 이자, 변제기 등이 모두 백지로 된 차용지불약정서 2장(이하 '이 사건 차용지불약정서'라 한다)을 피고들로부터 받아 채무자란에 서명 · 날인하였고, 소외 2는 연대보증인란에 서명 · 날인하여 이를 피고들에게 교부하였다.
• 제1심 판결문 제4쪽 9째 줄부터 14째 줄을 다음과 같이 고친다.
기존채무의 지급과 관련하여 만기를 백지로 하여 약속어음이 발행된 경우에는 어음이 수수된 당사자 사이의 의사해석으로서는 특별한 사정이 없는 한 기존채무의 변제기는 그보다 뒤의 날짜로 보충된 백지어음의 만기로 유예한 것으로 풀이함이 상당하다. (대법원 1990. 6. 26. 선고 89다카32606판결 등)

이 사건에 관하여 보건대, 위 인정 사실에 의하면 이 사건 1번 근저당권설정등기는 피고 1에 대한 소외 1의 위 차용금채무를 담보하기 위한 것이고, 위 차용금채무의 지급과 관련하여 지급기일 등이 백지로 되어 있는 약속어음이 발행되었으므로, 위 차용금채무는 소외 1및 소외 2가 그 지급을 위하여 공동 발행한 위 백지 약속어음에 대하여 피고 1이 지급기일로 보충한 1997. 12. 19. 그 변제기가 도래하였다고 할 것이다.

따라서 그때부터 10년이 지난 2007. 12. 19. 위 차용금채무는 시효의 완성으로 소멸하였으므로, 이 사건 1번 근저당권설정등기는 피담보채무의 소멸로 말소되어야 할 것이다.

3. 피고들의 추가 주장에 대한 판단

(1) 피고들은, 약속어음이 단기의 소멸시효로 완성되어 청구할 수 없는 경우에 대비하여 피고들은 원고로부터 이 사건 차용지불약정서를 작성 · 교부받은 다음 이 사건 차용지불약정서상의 변제기를 사후에 보충하였고 이러한 변제기부터 10년이 경과하기 전에 권리를 행사하였으므로 그 소멸시효가 완성되지 않았다는 취지로 주장한다. 피고들이 원고로부터 변제기 등이 백지로 되어 있는 이 사건 차용지불약정서를 작성 · 교부받은 사실은 위에서 인정한 바와 같으나, 앞서 본 바와 같이 피고들이 이 사건 차용금채무를 담보하기 위하여 받은 백지 약속어음의 만기를 보충함으로써 그 변제기가 도래한 것으로 보는 이상 그 채무의 변제기는 확정되었다고 할 것이므로 이와 별도로 피고들이 백지 차용증에 변제기를 사후에 기입하였다고 하여 변제기가 변경되었다고 볼 수는 없다고 할 것이다.

따라서 이 사건 차용지불약정서에 변제기를 보충한 시점부터 소멸시효가 진행한다는 취지의 피고들의 위 주장은 받아들일 수 없다.

(2) 피고들은 또한 원고가 이 사건 차용금채무를 변제하지 않기 위해 고의로 상속등기를 마치지 않고 피고들의 연락도 받지 않은 채 시일만 보내다가 그 소유 부동산에 대한 경매가 진행되자 이 사건 소를 제기하면서 소멸시효의 주장을 하는 것은 권리남용에 해당한다는 취지로 주장한다.

채무자의 소멸시효에 기한 항변권의 행사도 우리 민법의 대원칙인 신의성실의 원칙과 권리남용금지의 원칙의 지배를 받으므로, 채무자가 시효완성 전에 채권자의 권리행사나 시효중단을 불가능 또는 현저히 곤란하게 하거나 그러한 조치가 불필요하다고 믿게 하는 행동을 하였거나, 객관적으로 채권자가 권리를 행사할 수 없는 장애사유가 있었거나, 일단 시효완성 후에 채무자가 시효를 원용하지 아니할 것 같은 태도를 보여 채권자로 하여금 그와 같이 신뢰하게 하였거나, 또는 채권자를 보호할 필요성이 크고 같은 조건의 그 채권자들 중 일부가 이미 채무의 변제를 수령하는 등 채무이행의 거절을 인정함이 현저히 부당하거나 불공평하게 되는 등의 특별한 사정이 있는 경우에는, 채무자가 소멸시효의 완성을 주장하는 것이 신의성실의 원칙에 반하여 권리남용으로서 허용될 수 없는 것이기는 하나(대법원 2010. 6. 10. 선고 2010다8266판결 등), 피고들이 주장하는 위와 같은 사실만으로는 원고의 소멸시효 주장이 권리남용에 해당한다고 보기 어렵고, 달리 이를 인정할 만한 증거가 없다. 따라서 피고들의 이 부분 주장도 역시 받아들이지 아니한다.

4. 결론

그렇다면, 제1심 판결은 정당하므로 피고들의 항소는 이유 없어 이를 기각하기로 하여 주문과 같이 판결한다.

선순위 지역권

지역권의 효력

지역권의 내용

민법의 '지역권'(민법 291조)은 "일정한 목적을 위하여 타인의 토지를 자기 토지의 편익에 이용하는 권리"를 말하며, 요역지要役地라는 말은 역할이 필요한(요구되는) 땅이고, 승역지承役地는 그러한 역할을 하도록 승낙을 하는 땅이라는 뜻이다.

지역권은 도로로 이용하는 것만이 아니고, 승역지(타인의 토지)에 조망시설을 설치한다든지, 초목 야생물 및 토사의 채취, 방목 기타 수익을 위해서도 승역지를 사용할 수 있다. 물론 지역권은 땅 주인들끼리 협의를 해야지, 남의 땅을 마음대로 길을 내거나 관정을 파는 등의 행위를 할 수는 없다.

지역권의 내용은 설정행위 또는 취득시효의 요건이 되는 점유의 내용에 의하여 정하여진다. 지역권은 토지의 이용을 조절하는 것을 그 기능으로 한다. 따라서 지역권은 그 목적을 달성하는 데 필요하고 또 승역지 이용자에게 가장 부담이 적은 범위에서 인정되어야 한다.

용수지역권

① 용수지역권에 있어서는 용수승역지의 수량이 요역지 및 승역지의 수요에 부족한 때에는 그 수요 정도에 의하여 먼저 가용에 공급하고 그 나머지를 다른 용도에 공급하여야 한다. 그러나 설정 행위에 다른 약정이 있는 때에는 그 약정에 의한다. (제297조 제1항)

이 다른 약정은 등기하여야 제3자에게 대항할 수 있다.

② 지역권은 물권이므로 먼저 성립한 지역권이 후에 성립하는 지역권에 우선한다. 따라서 승역지에 수 개의 용수지역권이 설정된 때에는 후순위 지역권자는 선순위 지역권자의 용수를 방해하지 못한다. (제297조 제2항)

승역지 소유자의 공작물 사용권

승역지의 소유자는 지역권의 행사를 방해하지 않는 범위 내에서 지역권자가 승역지에 설치한 공작물을 사용할 수 있다. 그러나 이 경우에 승역지 소유자는 수익하는 정도의 비율로 공작물의 설치·보존에 관한 비용을 분담하여야 한다. (제300조).

지역권에 기한 물권적 청구권

지역권은 일정한 목적에 따라 승역지로부터 편익을 얻는 권리이므로 편익을 얻는 것이 방해된 때에는 방해 배제 또는 방해 예방을 청구할 수 있는 물권적 청구권이 생긴다. 그러나 지역권은 점유를 수반하는 권리가 아니므로 반환청구권은 없다.

승역지 이용권자의 의무

① 기본적 의무

승역지 이용권자는 승역지가 요역지의 편익에 이용되는 범위에서 지역권자의 행위를 인용하고 일정한 이용을 하지 않을 부작위 또는 작위의무를 부담한다.

② 부수적 의무

계약에 의하여 승역지 소유자가 자기의 비용으로 지역권의 행사를 위한 공작물의 설치 또는 수선 의무를 부담하는 때에는 승역지의 양수인 등 특별승계인도 그 의무를 부담한다.(제298조) 그러나 승역지 소유자는 지역권에 필요한 부분의 토지소유권을 지역권자의 동의 없이 그에게 이전하여 그 의무를 면할 수 있다.(제299조) 이 경우 토지소유권이 지역권에게 이전하므로 지역권은 혼동으로 소멸한다.

특수지역권

특수지역권의 의의

어느 지역의 주민이 집합체의 관계로 각자가 타인의 토지에서 초목, 야생물 및 토사의 채취, 방목 기타의 수익을 하는 권리를 특수지역권이라고 한다.(제302조)

성질

① 특수지역권은 목적 토지를 점유함이 없이 타인의 토지에서 일정한 수익을 얻는 것을 내용으로 하는 제한물권으로서 그 성립이나 내용이 주로 관습에 의하여 정하여진다.

② 보통의 지역권과는 달리 편익을 받는 것은 토지가 아니라 일정한 지역의 주민, 즉 사람이다. 즉 일종의 인역권의 성질을 갖는다. 특수지역권은 지역 주민이 개인으로서가 아니라 집합체의 관계로 타인의 토지로부터 수익을 얻는 권리로서 토지수익권의 준 총유의 성질을 갖는다.

③ 특수지역권은 주민인 지위의 득실에 따라 그 권리를 취득하거나 상실하므로 양도성과 상속성은 인정되지 않는다.

적용 법규

특수지역권에 관한 관습이 있으면 먼저 관습을 적용하고 관습에 의하는 것 외에는 지역권에 관한 민법규정을 준용한다.

선순위 가처분과 선순위 소유권 가등기

선순위 가처분

선순위 가처분이란 1순위 저당 또는 압류등기보다 앞서 있는 가처분등기는 압류 또는 저당권에 대항할 수 있으므로 경매 후 촉탁에 의하여 말소되지 않는 것을 선순위 가처분이라고 한다.

가처분이란 당사자 간에 현재 다툼이 있는 금전 채권 외에 권리 또는 법률관계에 관하여 향후 받을 확정판결이 있기까지 현재 상태로 진행을 방치한다면 권리자가 현저한 피해를 입거나 목적을 달성하기 어려운 경우에 강제집행을 실효성 있게 보전하기 위한 수단이기도 하다.

선순위 가처분은 의외로 간단할 수도 있지만 큰 함정에 빠질 수도 있는 물권이다 그래서 초보자들은 잘 접근하지 못하는 경향이 많다. 처음부터 물권 검색조차 하지 않는 사람도 많다. 그렇다 보니 이런 부분을 알면 더 많은 수익이 보장된다. 경매의 키워드는 바로 물권 검색에서 시작된다.

경매에서 가처분은 주로 목적 부동산에 대해 채무자의 소유권 이전 · 저당권 · 전세권 · 임차권설정 기타 일체의 처분행위를 금지하는 보전처분행위다. 즉 소유권 다툼이 있을 때 부동산을 다른 사람에게 팔지 못하게 하는 처분금지가처분이다. 선순위 가등기처럼 경매 물건에 가처분이 설정되어 있으면 말소기준권리보다 뒤에 후순위 가처분은 매각되어 말소된다.

하지만 말소기준권리보다 앞선 선순위 처분금지가처분 등기가 되어 있는 물건은 낙찰 받아 소유권이전등기를 마쳤다 하더라도 가처분이 붙은 상태에서 소유권을 취득하게 된다. 이때 가처분 집행의 효력을 상실하지 않고 가처분 채권자가 채무자에 대한 본안 소송에서 승소하면 자신의 명의로 소유권이전등기와 낙찰인의 명의의 소유권이전등기 말소를 신청할 수가 있다.

만약 선순위 가처분이 있는 물권 중에 선순위 가처분이 말소된다면 어떨까? 이런 물건을 알아볼 수 있는 안목이 있다면 더 높은 수익을 향해 달려가지 않을까?

이제 사례를 한번 보도록 하자.

선순위 가처분 경매물건 사례

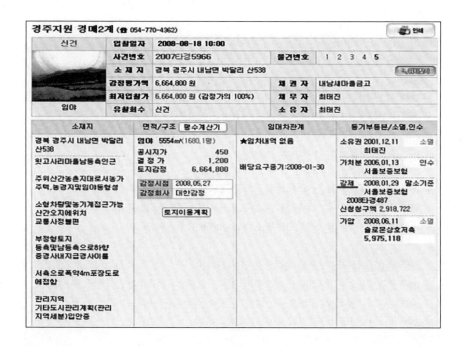

소유자가 점유하고 있으며 등기부상에는 최선순위로 가처분이 설정되어 있다. 물건의 등기부를 보면 채권자 서울보증보험에서 사해행위취소를 원인으로 소유권이전 등기말소청구권 가처분을 했다는 것을 알 수 있다.

등기부

번호	권리내용	등기일자	채권자
1	소유권 이전	2001-12-11	최○○
2	가처분	2006-01-13	서울보증보험
3	강제경매개시결정	2008-01-29	서울보증보험
4	가압류	2008-06-11	솔로몬상호저축

이런 상황이라면 선순위 가처분이 있으므로 경락에 참가하고자 하는 사람은 없을 것이다. 물론 금융기관으로부터 대출도 어려울 것이다.

소멸되는 선순위 가처분 3

선순위 가처분의 소멸시효 완성
가처분권자가 자기의 권리를 실행하지 않을 때, 자동으로 가처분권자의 권리를 소멸하게 된다. 기준시기에 따라 소멸시효가 다르기 때문에 기준 시기 파악을 잘해야 한다. 2005. 7. 27~현재까지 가처분은 3년이다.

선순위 가처분권자와 소유자가 동일인일 경우
가처분권자가 해당 물건 등을 등기함으로써 가처분의 목적을 다한 경우다. 이 경우에는 낙찰 받으면서 등기말소촉탁으로 말소가 가능하다.

근저당설정 청구권 보전을 목적으로 하는 가처분
소유권과 상관없는 근저당권이 목적이기 때문에 소멸된다. 건축주가 건물 완공 후 건물에 대한 추가 근저당을 설정해 주지 않을 때 근저당설정청구권을 보전하기 위해서 신청을 한다. 가처분권자와 근저당권자가 동일하고 배당신청까지 했다면 말소된다고 보면 된다. 근저당권자에게 연락하면 확인 가능하다.

이제 권리 순서가 어떻게 되는지 알아보자.

위 물권의 선순위 가처분은 매각 시 말소된다. 말소가 되는 이유는 선순위 가처분자인 서울보증보험이 사해행위취소를 원인으로 소유권이전 등기 말소청구권 가처분을 했기 때문이다. 그리고 가처분권자인 보증보험에서 강제경매를 신청했다.

가처분권자인 서울보증보험의 피보전권리가 본안 소송의 판결로 금전으로 환산된 경우, 사실상 가처분권자의 권리는 금전 채권으로 전환되었다고 보아야 한다. 이 금전 채권을 만족하기 위해 강제경매를 실행 시 이미 가처분의 권리가 없어지고 선순위 가처분이라도 매각으로 말소된다.

위 물건처럼 선순위 가처분이 있어도 가처분이 본안 소송의 결과 금전 채권으로 환산될 시, 채권을 만족하기 위해 선순위 가처분권자가 강제경매를 실행 시 선순위 가처분이 말소된다.

이런 물권을 보는 이유에 대해서는 독자들도 잘 알고 있을 것으로 생각한다. 아무도 도전하지 않는 물권을 볼 수 있는 능력이 있다면 더 높은 수익을 기대할 수 있기 때문이다.

인수될 수 있는 후순위 가처분

건물 철거 및 토지인도청구를 위한 가처분, 소유권 말소를 위한 가처분의 경우에는 후순위라도 인수될 수 있으며, 진행 중인 소송의 향방에 따라 가처분권자가 승소하게 되면 해당 부동산을 손 놓고 빼앗길 수 있다.

선순위 가등기

가등기의 정의

- 가등기는 소유권, 지상권, 지역권, 전세권, 저당권, 권리질권, 임차권의 설정, 이전, 변경 또는 소멸의 청구권을 보전하려 할 때에 한다. 그 청구권이 시기부 또는 정지 조건부인 때 기타 장래에 있어서 확정될 것인 때에도 또한 같다.
- 가등기를 한 경우, 본등기의 순위는 가등기의 순위에 의한다.

권리관계

'A'의 가등기는 선순위 가등기로 매각 후 그 가등기가 '소유권이전 청구권 보전 가등기(이하 '소유권 가등기')'일 경우 인수되고, '담보가등기'일 경우 말소된다.

등기순서	권리자	권리내용
1	A	가등기
2	B	근저당
3	C	가압류
4	D	근저당
5	C	강제경매

권리관계 해설

① 선순위 소유권 가등기

1. 소유권 가등기는 '소유권이전등기의 이행청구권'을 보전하는 성격을 띤

다. 따라서 가처분등기와 마찬가지로 채권의 가액을 금전으로 산정할 수 없고 당연히 배당을 받을 수 없다. → 인수

2. 다만, 이러한 논리로 모든 소유권 가등기가 인수된다면 후에 소유권 가등기가 설정될 것을 예측할 수 없었던 선의의 선순위 권리자는 피해를 입게 된다. 이러한 불의 타의 피해를 방지하기 위하여 선순위가 아닌(후순위) 소유권 가등기는 말소된다. 이 경우라도 소유권 가등기는 앞서 말한 바와 같이 채권의 가액을 금전으로 산정할 수 없으므로 배당에 참여할 수 없음은 당연하다.

② 선순위 담보가등기

1. 정의 : '담보가등기'라 함은 채권담보의 목적으로 경료된 가등기를 말한다.

2. 우선변제청구권 : 담보가등기가 경료된 부동산에 대하여 경매 등이 개시된 경우에 담보가등기권리자는 다른 채권자보다 자기 채권의 우선변제를 받을 권리가 있다.(배당에 참여할 수 있다) 이 경우 그 순위에 관하여는 그 담보가등기권리를 저당권으로 보고, 그 담보가등기가 경료된 때에 그 저당권의 설정등기가 행하여진 것으로 본다.

3. 담보가등기권리의 소멸 : 담보가등기가 경료된 부동산에 대하여 경매 등이 행하여진 때에는 담보가등기권리는 그 부동산의 매각에 의하여 소멸한다.

③ 경매 등에 관한 특칙

1. 소유권의 이전에 관한 가등기가 되어 있는 부동산에 대한 경매 등의 개시결정이 있는 경우에는 법원은 가등기권리자에 대하여 그 가등기가 담보가등기인 때에는 그 내용 및 채권(이자 기타의 부수채권을 포함한다)의 존부·원인 및 삭액數額을, 담보가등기가 아닌 경우에는 그 내용을 법원에

신고할 것을 상당한 기간을 정하여 최고하여야 한다.

2. 압류등기 전에 경료된 담보가등기권리가 매각에 의하여 소멸되는 때에 는 제1항의 채권신고를 한 경우에 한하여 그 채권자는 매각대금의 배당 또는 변제금의 교부를 받을 수 있다.

3. 소유권의 이전에 관한 가등기권리자는 경매 등 절차의 이해관계인으 로 본다.

주의해야 할 사항

선순위의 가등기가 '소유권 가등기'일 경우와 '담보가등기'일 경우에 따라 낙찰자의 입장에서는 매수 후 인수하게 되는 부담에 엄청난 차이가 발생하 게 된다. 문제는 이러한 가등기가 등기부등본을 포함한 어떠한 공부로도 구 별이 불가능하다는 데 있다. 구별 방법은 가등기권자의 의지를 살펴보는 방 법밖에는 없다.

가등기권자가 법원에 채권신고 및 배당 요구를 했다면 '담보가등기'로, 하 지 않았다면 '소유권 가등기로' 인정하여 입찰에 참여하는 것이 가장 좋은 방 법이라 하겠다.

선순위 가등기가 말소되는 경우

1. 가등기권자가 본등기를 하였을 경우 혼동에 의해 가등기는 말소된다.

2. 가등기권자가 경매를 신청하였거나 배당을 요구하였다면 이는 담보가 등기이므로 낙찰 후 소멸한다.

3. 가등기가 시효의 완성으로 소멸되었다면 그 등기의 말소를 청구할 수 있다.

보충 설명

가등기에는 담보가등기와 소유권이전청구권 가등기 두 가지 종류가 있다.

담보가등기는 채무변제의 담보를 위한 가등기로 근저당권과 같은 효력이 발생되고, 소유권이전청구권 가등기는 사정상 본등기를 할 수 없거나 본등기 시일을 뒤로 미뤄야 할 때 순위 보전을 위한 예비등기의 성격을 가지고 있다. 소유권이전청구권 가등기는 순위 보존의 효력만 있을 뿐 가등기 자체만으로 어떠한 효력이 발생되지는 않는다. 나중에 본등기를 했을 경우 본등기 순위 는 가등기의 순위로 올라가게 된다.

가등기 경매물건에서는 이 가등기가 담보가등기인지 소유권이전청구권 가등기인지를 구별하는 것이 매우 중요하다. 등기부등본을 보게 되면 모두 소유권이전청구권 가등기로 표시되기 때문에 등기부등본을 통해 확인하기 가 어렵다.

구별 방법은 가등기권자가 임의경매를 신청했다든지 법원에 채권계산서 를 제출했다면 담보가등기, 그렇지 않았다면 소유권이전청구권 가등기다. 임 의경매를 신청하거나 법원에 채권계산서를 제출했다는 것은 배당을 받겠다 는 의지 표현이기 때문이다. 채권계산서 제출 여부는 법원의 문건송달 내역 을 통해 확인이 가능하다. 따라서 선순위 가등기권자가 채권계산서를 제출했 다든가 임의경매를 신청하게 되면 이것은 담보가등기로 보고 있고, 담보가등 기는 말소기준권리가 되기 때문에 매각으로서 소멸된다.

소유권이전청구 가등기가 말소되는 경우도 있다. 대표적으로 소멸시효 완 성으로 말소 청구를 한 경우와 가등기권자가 해당 목적을 달성하고도 말소하 지 않은 경우에는 가등기를 말소할 수 있다.

소유권이전청구권 가등기는 통상 매매계약이나 매매예약을 원인으로 이뤄진다. 계약금을 미리 지급하고, 1년 후에 잔금을 지급할 조건으로 계약을 하면서 가등기를 하는 것이 매매계약을 원인으로 하는 것이고, 매매예약은 아직 계약은 아직 하지 않았지만 장래에 체결될 것을 미리 예정하는 개념으로 가등기를 하는 것이다.

하지만 가등기가 이뤄지고 나서 본등기 행사기간을 약정한 때에는 그 기간 내에, 그러한 약정이 없는 때에는 그 가등기가 설정한 때로부터 10년이 지나면 소멸시효로 가등기는 효력을 잃게 된다. 이럴 경우 가등기가 직권으로 말소되는 것이 아니고 가등기의 효력이 없음을 주장해 소송으로 말소할 수 있다.

가등기권자가 해당 목적을 달성하고도 말소하지 않는 경우는 민법 507조에 나오는 혼동과 연관시켜 볼 수 있다. 민법 507조에서는 "채권과 채무가 동일한 주체에 귀속한 때에는 채권은 소멸한다. 그러나 그 채권이 제삼자의 권리의 목적인 때에는 그러하지 아니하다." 라고 명시하고 있다.

혼동이란 서로 양립할 수 없는 두 개의 법률 상 지위가 일방 당사자에게 귀속할 때 자동적으로 소멸되는 것을 말한다. 예를 들어 아버지의 아파트에 아들이 임대차계약을 맺고 살고 있을 경우 아버지가 사망함으로써 아들이 그 아파트를 상속하여 소유권을 취득하게 되면 아들은 소유권과 임차권을 동시에 갖게 된다. 이때 아들이 가지고 있는 임차권은 의미가 없기 때문에 소유권에 흡수되어 소멸하게 된다. 즉 가등기권자가 순위도 보존이 되면서 가등기에 의한 본등기가 아닌 매매로 소유권을 취득하게 되면 기존의 가등기 소유권에 흡수돼 소멸된다. 1순위로 가등기가 설정돼 있고, 2순위로 가등기권자에게 매매에 의해 소유권이 이전이 됐다면 1순위 가등기는 의미가 없게 되는 것이다.

하지만 여기서 주의할 점은 민법 507조에서도 명시하고 있듯이 그 채권이 제삼자의 권리의 목적인 때에는 혼동으로 소멸되지 않는 것이다. 예를 들어 1순위 가등기 이후 2순위로 근저당권이 설정됐고, 이후 3순위로 가등기권자가 가등기에 의한 본등기가 아닌 매매로 인해 소유권을 취득하게 됐을 때 그 가등기는 소멸되지 않는다. 만약 1순위 가등기가 혼동으로 소멸되게 되면 2순위 근저당권이 1순위로 올라가게 돼 소유권을 취득한 가등기권자의 권리가 2순위 근저당권을 이길 수 없게 되기 때문이다.

권리분석의 핵심 정리

권리분석의 핵심은 입찰자가 해당 부동산을 낙찰 받은 후에도 여전히 인수해야 하는 부동산의 권리가 무엇인지, 인수되는 권리에 수반하여 낙찰자가 부담해야 하는 추가적인 금액은 어느 정도인지를 파악하는 것이다

물권의 종류와 내용

물권의 종류		물권의 내용	비고
소유권		소유자가 그 소유물을 사용, 수익, 처분할 수 있는 권리	
점유권		소유권과 관계없이 물권을 사실상 지배하고 있는 경우의 지배권	
용익물권	지상권	타인의 토지에서 건물, 기타의 공작물이나 수목을 소유하기 위해 그 토지를 사용할 수 있는 권리	등기됨
	지역권	타인의 토지를 자기 토지의 편익에 이용하는 권리	
	전세권	전세금을 지급하고 타인의 부동산을 그 용도에 따라 사용,수익 하는 권리	등기됨

담보물권 (담보 제공을 위한 물권)	저당권	채무자 또는 보증인이 채무의 담보로 제공한 부동산은 기타의 목적물을 채권자가 질권에 있어서와 같이 제공자로부터 인도 받지 않고서 그 목적물을 다만 관념상으로만 지배해서 채무의 변제가 없는 경우에 그 목적물로부터 우선변제를 받는 권리	등기됨
	유치권	채권을 가지는 경우에 그 채권의 변제를 받을 때까지 그 물권을 유치할 수 있는 권리	등기되지 않음
	질권	돈은 빌려 주면서 물권을 인질로 잡고 갖지 않을 때는 그 목적물에서 우선 변제받는 권리	등기됨
관습법상 물권	관습법상 분묘 기지권	타인의 토지에 분묘를 설치한 자가 있는 경우, 그 자가 그 분묘를 소유하기 위해 기지 부분의 타인 소유 토지를 사용할 수 있는 권리로서 지상권에 비슷한 성질을 갖는 권리	등기되지 않음
	관습법상 법정 지상권	하나가 매매 기타의 일정 원인으로 각각 소유자를 달리하게 된 때에 그 건물을 철거한다는 특약이 없으면 건물 소유주가 관습상 당연히 취득하게 되는 권리	등기되지 않음

1. 권리분석과 관련하여 물권 중 특히, 관심을 가지고 살펴야 하는 것은 지상권, 전세권, 유치권, 저당권, 법정지상권 등 5가지다.

2. 유치권, 관습법상의 분묘기지권, 관습법상의 법정지상권 등 3가지는 등기부상에 등기되지 않는 권리이기 때문에 등기부등본 분석만으로 실체를 파악할 수 없어 특히, 주의해야 한다.

3. 부동산경매와 관련하여 반드시 알고 있어야 하는 채권의 유형은 환매권과 임차권이고, 경매 권리분석에서 알아야 하는 임차권은 민법상 등기된 임차권과 더불어 민법의 특별법인 주택임대차보호법상 세입자의 주택임차권과 상가임대차보호법의 상가임차권이다.

4. 전세권과 채권적 전세는 구별된다.

5. 물권 상호간의 순위는 시간 순서에 따른다.

6. 물권은 채권에 우선한다.

7. 물권과 물권적 채권의 순위는 시간 순서에 따른다.

8. 채권 상호간의 순위는 공평하다.

9. 권리분석의 대부분은 등기부등본 분석에 있으므로 등기부등본 분석은

매우 중요하다.

10. 등기접수일의 순위에 따라 물권의 순위 번호가 매겨지므로 등기접수일은 매우 중요하다.

11. 권리분석과 관련한 배당분석의 핵심은 배당 결과 낙찰자가 인수해야 하는 금액이 어느 정도인지를 파악하는 것이다.

12. 배당분석에 나타나는 권리들 중에서 가장 중요한 건 '선순위 임차인의 보증금 채권'이다.

13. 배당순위는 권리순위와 큰 차이가 없지만 무조건 배당에서 선순위를 가지는 것이 있다. 이것들을 '최선순위'라고 한다.

14. 말소기준권리란 경매 대상이 된 부동산의 등기부에 표시되는 모든 권리와 표시되지 않는 모든 권리를 통틀어서 낙찰자가 부담(인수) 여부를 결정하는 기준권리를 말하며, 그 기준은 '가장 앞선 선순위 (근)저당권'이다.

여러 권리들 간의 일반적인 배당 순위

변제 방법	순위	권리 종류
비용변제	0	• 경매에 따른 비용 • 경매 목적 부동산에 투입한 필요비, 유익비
최우선변제	1	• 임대차보호법에 의한 소액임차인의 보증금 중 일정액 • 근로기준법에 의한 최우선변제임금채권
	2	• 당해 재산에 대한 부과된 당해세 • 국세(상속세, 증여세, 재평가세) • 지방세(재산세, 자동차세, 종합토지세, 도시계획세, 공동시설세)
시간순 우선변제	3	• 확정일자부 임차인 보증금 • 당해세 이외의 조세(국세, 지방세) • 전세권, 저당권, 담보가등기 등 담보물권에 의한 담보된 채권
우선변제	4	• 일반임금채권
	5	• 담보물권보다 늦은 조세 채권
	6	• 의료보험료, 산업재해보상보험료, 국민연금보험료
보통변제	7	• 일반채권 없는 임차권 • 확정일자 없는 임차권

15. 말소기준권리기 될 수 있는 권리는 (근)저당권, (가)압류등기, 담보가등기, 경매개시결정 기입등기이다.

말소기준권리가 될 수 있는 권리

말소기준권리가 될 수 있는 권리	말소기준권리 인정 여부
(근)저당권	항상 말소기준권리임
경매개시결정 기입등기	항상 말소기준권리임 (단, 다른 말소기준권리가 없는 경우)
(가)압류	말소되는 경우만 말소기준권리로 인정됨
가등기	담보가등기일 경우만 말소기준권리로 인정됨

권리분석과 관련한 각종 권리

법률			권리 종류	등기부표시 여부
민법상의 권리	물권	용익 물권	지상권	표시
			법정지상권	미표시
			지역권	표시
		담보 물권	임차권	미표시
	채권		유치권	미표시
주택(상가)임대차보호법상의 권리			선순위 임차권, 임차권등기 명령이 된 임차권	미표시,표시
절차법상의 권리			가압류 등기, 가처분 등기, 가등기, 예고등기	표시
공법상의 권리			압류등기, 환지등기	표시

16. 낙찰에도 불구하고 낙찰자가 항상 인수하는 권리로는 예고등기, 유치권, 법정지상권 등 3가지이고, 이 중 예고등기는 등기부상에 나타나는 권리지만 유치권과 법정지상권은 등기부상에 나타나지 않는 권리이므로 특히 주의해야 한다.

17. 말소기준권리보다 앞선 일자로 설정된 권리임에도 불구하고 경우에 따라 낙찰로 말소되는 권리로는, '선순위 전세권'과 '확정일자부 선순위 임차인' 등 2가지이다.

낙찰자가 인수하는 권리

인수될 수 있는 권리	인수 여부
예고등기	항상 인수됨 (말소기준권리보다 선후를 불문하고)
유치권	
법정지상권	
용익물권(지상권, 지역권, 전세권)	말소기준권리보다 앞선 일자로 설정된 경우에만 인수됨 - 전세권의 경우에는 말소기준권리보다 앞서 설정되었더라도 전세권자가 경매 절차에서 배당 요구를 하면 낙찰로 소멸
환매권	
임차권	
가처분	
가등기	
(가)압류	전 소유자를 상대로 설정된 (가)압류는 매각물건명세서상 특별매각 조건에 표기, 배당제외 시 인수됨

18. 등기부상에 표시되지는 않지만 부동산경매와 관련해서 중요하게 작용하는 권리로는 법정지상권, 유치권, 임대차보호법상 세입자의 임차권이 있다.

19. 저당권이 가진 가장 기본적이고 강력한 효력은 경매신청권과 우선변제권이다.

20. 배당분석은 경매부동산 권리가 설정된 채권자들의 문제이며 해당 경매부동산을 낙찰 받으려는 입찰자의 문제는 아니므로 입찰자가 신경 쓸 필요가 거의 없다.

21. 전세권과 채권적 전세(임차권)를 구분하는 가장 쉬운 방법은 그 부동산의 등기부등본에 전세권등기가 되어 있으면 물권적 전세권이고 그렇지 않은 것은 채권인 전세(임차권)라고 보면 된다.

22. 주택의 경우에는 전세권을 설정하는 것보다 주택임대차보호법상의 대항력과 확정일자를 확보하는 것이 세입자 보호 측면에서는 더욱 유리하다.

말소 기준권리 요약 정리

등기부 표시 여부		종류		말소기준 여부	말소기준권리 전	말소기준권리 후	비고
등기부표시	갑구	경매기입등기		말소기준권리	말소	말소	
	갑구	(가)압류		말소기준권리	인수/말소	말소	등기 대상 소유자에 따라 말소 여부 결정
		가처분			인수	인수/말소	말소되지 않은 후순위 가처분 존재
		가등기	담보가등기 소유권이전청구권	말소기준권리	발소/인수	말소/말소	
		예고등기			인수	인수	
		환매등기			인수	말소	
	을구	(근)저당권		말소기준권리	말소	말소	배당 요구에 따라 말소 여부 결정
		전세권			인수/말소	말소	
		지역권			인수	말소	
		지상권			인수	말소	
		등기된 임차권			인수	말소	
		임차권등기명령 임차권			인수	말소	
등기부 미표시		법정지상권			인수	인수	
		유치권			인수	인수	
		주택임대차보호법상 임차인			인수/말소	말소	

23. 전세권의 기간이 만료되면 전세권은 당연히 소멸한다고 생각하기보다는 조금 더 꼼꼼하게 해석하여 '묵시의 갱신이 없는 경우에 한해서 기간이 만료된 건물 전세권은 소멸한다'고 이해하고 있어야 한다.

24. 선순위가압류가 있는 부동산경매에서, 현재 경매 진행 중인 부동산 소유자를 상대로 한 가압류가 아니라 그 이전 소유자를 상대로 한 가압류임이 확인되면 입찰을 자제해야 한다.

25. 경매에서 꼭 알아야 하는 가처분은 점유이전금지가처분과 처분금지가

처분 등의 2가지이며, 입찰자 단계에서 알아야 하는 것은 처분금지가 처분이다.

26. 선순위 가처분의 경우 낙찰로 소멸하지 않고 낙찰자가 인수하게 되는데, 나중에 가처분 채권자가 채무자를 상대로 한 본안 소송에서 승소하면 낙찰자는 소유권을 박탈당할 수 있기 때문에 매우 주의해야 한다.

27. 후순위 가처분은 원칙적으로 소멸하지만 소멸하지 않는 후순위 가처분도 있다. 소멸하지 않는 후순위 가처분은 '토지소유주가 그 지상 건물 소유주에 대해서 가처분을 한 경우'와 '선순위근저당이 강제경매 개시 당시 이미 소멸했음에도 형식상 등기만 남아 있을 뿐인 경우'이다.

28. 선순위 가등기 실체를 확인하기 위해서는 선순위 가등기권자와 접촉하거나 법원기록 중 '채권계산서'를 통해서 선순위 가등기권자가 배당 요구한 사실을 확인해야 한다. 선순위 가등기가 담보가등기라고 확인되면 해당 경매에서 큰 성공을 거둘 수 있다.

29. 경매에서 중요시 되는 법정지상권은 '저당권과 관련한 법정지상권'이다.

30. 지상권은 등기부상에 등기되기 때문에 쉽게 그 권리를 분석할 수 있지만 법정지상권은 등기부상에 등기하지 않아도 되는 권리이기 때문에 권리분석이 쉽지 않다.

31. 법정지상권이 성립하기 위해서는 토지와 건물 중 적어도 어느 하나에 저당권이 설정되어 있어야 하고, 저당권 설정 당시 건물이 존재해야 하고, 저당권 설정 당시 토지와 건물의 소유주가 동일해야 하고, 그리고 경매로 인해 토지와 건물이 각각 그 소유자가 달리 되어 있어야 한다.

32. 법정지상권은 낙찰자가 항상 인수해야 하는 권리이다. 다만 낙찰자는 법정지상권인 건물소유주를 상대로 해서 법정지상권 존속기간 동안 그

사용료(지료)를 청구할 수 있다.

33. 판례에 의해서 형성된 특수한 지상권에는 관습법상 지상권과 관습법상의 분묘기지권이 있다.

34. 관습법상의 법정지상권과 마찬가지로 관습법상의 분묘기지권이 인정된다면 낙찰자는 이 권리를 인수해야 한다. 따라서 경매초보자라면 분묘기지권이 성립될 여지가 있는 토지는 입찰을 피하는 것이 상책이다.

35. 토지소유주나 연고자의 승낙 없이 설치한 분묘는 토지소유주가 관할 시·군·구청장의 허가를 받아 분묘에 매장된 시체 또는 유골을 개장할 수 있고 연고자가 없는 무연분묘에 대해서는 관할 시·군·구청장의 허가를 받아 분묘에 매장된 시체 또는 유골을 화장해 납골할 수 있으므로 경매에 어느 정도 내공이 쌓였다면 꼼꼼히 살펴 기회를 포착하는 지혜가 필요하다.

대항력과 (최)우선변제권의 비교

구분	개념	요건	효과
대항력	집주인이 바뀌어도 임차기간 및 보증금을 반환받을 때까지 계속 살 수 있는 권리	① 주택의 입주 ② 주민등록 전입	보증금 전액에 대해 소유자, 양수인, 경락인에게 대항
우선변제권	후순위 권리자보다 우선해 보증금을 변제받을 수 있는 권리	① 주택의 입주 ② 주민등록 전입 ③ 계약서상 확정일자	보증금 전액을 순위에 의해 우선 변제
최우선 변제권	선순위 권리자보다 우선해 소액보증금을 변제받을 수 있는 권리	경매시 기입등기 전에 ① 주택의 입주 ② 주민등록 전입 (보증금 소액)	보증금 중 일정액을 최우선 변제

36. 유치권은 낙찰자가 항상 인수해야 하는 권리이므로 주의해야 한다.

37. 유치권이 성립할 수 있는 매물도 의외로 고수익을 낼 수 있는데 가짜 유치권을 가려내서 수익을 도모하거나 비록 법률적으로 유치권이 성

립하는 것일지라도 법원의 소송을 통해서 그 유치권자의 주장을 깰 수
있다고 판단되면 법률 싸움을 벌일 수도 있다.

38. 유치권에 관한 권리분석을 함에 있어서 유치권이 성립하는지의 여부와
유치권자가 주장하는 채권의 정확한 내용이 무엇인지를 파악하기 위해
서는 반드시 현장조사를 해야 한다.

39. 경매부동산에 존재하는 세입자를 대항력 있는 선순위 세입자, 대항력
없는 선순위 세입자, 대항력이 있는 후순위 세입자, 대항력이 없는 후순
위 세입자등 4가지로 구별해 분석하면 권리분석이 수월하다.

40. 권리분석에서 세입자와 관련해 주의해야 할 경우는 대항력과 우선변제
권을 취득한 선순위 세입자의 경우이다.

41. 대항력은 경매가 되더라도 집을 비워 주지 않아도 되는 강력한 권리
이다.

42. 우선변제권은 경매가 되더라도 보증금을 안전하게 되돌려 받는 권리이
다. 임차보증금에 대한 우선변제권을 취득하려면 대항 요건 외에도 임
대차계약서상에 확정일자를 갖춰야 한다.

4,500만 원 이하 소액임차인과 선순위 저당권 설정일과의 관계

시행일자	선순위근저당 설정일	지역구분	계약금액	최우선 변제액
1984. 1. 1	1984.1.1~1987.11.30	특별시·직할시	300만 원 이하	300만 원
		기타지역	200만 원 이하	200만 원
1987. 12. 1	1987.12.1`1989.12.29	특별시·직할시	500만 원 이하	500만 원
		기타지역	400만 원 이하	400만 원
1989. 12. 30	1989.12.30~1995.10.18	특별시·직할시	2,000만 원 이하	700만 원
		기타지역	1,500만 원 이하	500만 원

1995. 10. 19	1995.10.19~2001.9.14	특별시·직할시	3,000만 원 이하	1,200만 원
		기타지역	2,000만 원 이하	800만원
2001. 9. 15	2001.9.15~ 2008 8. 20	수도권, 과밀억제권	4,000만 원 이하	1,600만 원
		광역시	3,500만 원 이하	1,400만 원
		기타지역	3,000만 원 이하	1,200만 원
2008. 8. 21~2010. 7. 25		수도권, 과밀억제권	6,000만 원 이하	2,000만 원
		광역시(군 제외)	5,000만 원 이하	1,700만 원
2010. 7. 26~2013. 12. 31		기타지역	4,000만 원 이하	1,400만 원
		서울특별시, 수도권	7,500만 원 이하	2,500만 원
		과밀억제권	6,500만 원 이하	2,200만 원
		광역시(군 제외)	5,500만 원 이하	1.900만 원
2014. 1. 1~현재		기타 지역	4,000만 원 이하	1,400만 원
		서울특별시	9,500만 원 이하	3,200만 원
		수도권	8,000만 원 이하	2,700만 원
		광역시(군 제외)	6,000만 원 이하 4,500만 원 이하	2,000만 원
		기타 지역	4,500만 원 이하	1,500만 원

43. 가짜 소액임차인들의 경우는 명도 저항이 심하다.

44. 소액 임차인의 최우선변제권은 주택임대차보호법에서 규정하고 있다. 최우선변제권이란 소액임차인의 보증금 중 일정액을 다른 담보물권자보다 우선해서 변제받을 권리이다.

45. 소액 임차인 최우선변제의 혜택을 볼 수 있는 소액임차인의 범위와 배당액은 등기부상의 최초 (근)저당권 설정일자를 기준으로 해서 정해진다.

제 4 장

토지 경매 물건
분석하기

경매투자 시 유의해서 보아야 할 물건과 조건들

토지경매 입찰 전에 알아두어야 할 것들

토지경매 입찰 전에 필히 검토해야 할 토지는 경매물건의 약 1/3에 해당한다.

부동산 경매물건으로 나오는 것을 보면 크게 아파트 등 주택류와 상가류 그리고 토지 및 공장, 창고 등 특수물건으로 나누어 볼 수 있다. 토지로 볼 수 있는 것은 전 · 답 · 과수원 · 임야 · 대지 · 잡종지 · 축사(목장용지) 등 일반적인 지목을 가진 땅뿐 아니라 도로 · 유지 · 구거 · 주차장 · 공장용지 등도 간혹 나온다. 농가주택과 전원주택도 토지로 볼 수 있다.

공장 · 창고 · 콘도 · 목욕탕 · 종교시설 등 주택 · 상가 · 토지를 제외한 물건 등은 자주 나오지 않는 것으로 특별한 용도를 가진 특수물건이라고 볼 수 있다.

토지는 경매물건의 30% 가까이 되고, 많은 입찰자들이 관심을 가지는 일반적인 부동산 경매물건이다. 그러나 토지는 그러나 복잡한 토지공법 규제에다가 유치권, 법정지상권 등 어려운 토지 사법이 얽혀 있어 리스크가 크기 때문에 경매초보자들은 토지에 관한 기본을 익히지 않고서는 혼자서 섣사리 접근하기 어려운 측면이 있다. 아파트와 상가 입찰에 경험이 많은 경매 투자자들도 막상 전문가의 도움 없이는 정확한 토지에 대한 권리분석을 어려워 하기도 한다.

토지거래허가구역 투자는 경매를 이용

토지경매는 토지거래허가구역 내 물건을 취득하고자 하는 경우에는 매우 큰 장점이 있어서 수도권 등지의 허가구역 내에서는 많이 이용되고 있다. 허가구역 내 농지 임야의 경우에는 각기 500㎡와 1,000㎡ 이상 규모의 땅을 구입하려면, 세대주와 전 가족이 토지소재지 시 · 군 · 구로 주민등록을 전입하고, 실제로 거주를 해야 하며 영농 · 영림의 목적을 가진 실수요자만 구입허가를 받을 수 있다.

또 허가신청 시에는 구입 자금의 조달계획서를 제출하고, 취득 후에는 일정 기간 허가목적대로 이용하여야 할 의무가 있으며, 이 의무기간 중에는 전매도 금지된다. 예컨대 농지를 구입한 경우에는 허가일로부터 2년, 임야의 경우에는 3년간은 당초 허가받은 목적대로 이용해야 하는 의무가 있으며, 이 기간이 지나기 전에는 전매도 할 수 없는 것이다.

그런데 경매로 허가구역 내 농지, 임야를 낙찰 받아 취득한 경우에는 이러한 자금조달계획서 제출의무나 전매금지조치가 적용되지 않는 장점이 있다. 그래서 허가구역으로 지정된 서울, 인천의 구(區) 지역과 파주, 양주, 수원, 화성, 평택 등 경기도 대부분의 지역에서 농지나 임야를 경매로 구입하려 하는 경우에는 주소를 이전하지 않아도 바로 농지, 임야를 취득할 수 있고, 구입 후 보유기간에 구애받지 않고 단기간 내에 다시 처분할 수 있다는 것도 또 하나의 큰 장점이라고 할 수 있다.

토지경매에 자주 나오는 규제 사항

경매로 나온 토지들의 물건명세서와 토지이용규제확인서 등에 가장 많고 흔하게 나오는 것들로는 단연 지분경매, 맹지와 농지취득자격증명 제출 의무 등을 들 수 있다. 또한 유치권, 법정지상권과 분묘기지권 제시 외 물건 등 사법私法상 제약도 적지 않으며, 이들을 대표적인 경매의 함정이라고 부르기도 한다.

대상 물건의 토지이용규제확인서에 나오는 공법公法상 규제로는 지목, 면적, 지적도, 임야도 등의 지적 사항과 자연녹지, 농업진흥지역 및 보전산지 등의 농림지역, 계획·생산·보전관리지역 등 국토계획법상의 용도지역이 있다.

특별한 목적의 공법상 규제와 개별법상 용도지역으로 흔히 나오는 것은 토지거래허가구역, 군사시설보호구역 내의 통제보호구역과 제한보호구역, 개발제한구역(그린벨트), 상수원보호구역, 특별대책 1권역 및 2권역, 수변구역, 자연공원구역, 문화재보호구역, 완충녹지 등으로서 수도권지역에서 가장 많이 나온다.

이외에도 개별적으로 배출시설설치제한구역, 개발행위허가제한구역, 학교정화구역, 백두대간보호구역, 산지전용제한구역 등이 간혹 나온다. 이런 규제 지역인 경우 그 규제 목적이 무엇이고, 내가 땅을 사용하려는 목적에 지장을 주는 것은 아닌지를 반드시 알아보아야 할 것이다.

지목과 관련된 검토 사항

지목이 전(밭)으로 되어 있으나 현황은 마을 내 도로라든지, 지목은 임야지만 토임(토지임야)으로 되어 있는 등 법정지목과 현황지목이 다른 경우도 많이 나온다. 또 지적상 도로는 없으나 현황도로 혹은 관습상 도로가 있는 경우도 있고, 그 반대의 경우도 있다.

간혹 대상 토지가 예정도로 접도구역 혹은 정비하천 하천구역에 맞물리는 경우에는 도로 저촉 혹은 하천 저촉으로 표시되기도 한다. 이런 경우에는 후일 수용과 보상이 진행될 것이므로, 미리 공사 주체, 수용시기 및 수용예상면적을 확인해 두어야 할 것이다.

초지와 축사는 지목 상으로는 목장 용지로 표기된다. 초지는 초지법에 의하여 초지조성허가를 받아 만든 낙농업용 풀밭이므로, 조성한 지 25년이 지나지 않았으면 쉽사리 골프장이나 전원주택지 등 타용도로 전용되는 않는다는 것을 알아 두어야 할 것이다.

축사의 경우 종전에는 농지를 조성하여 축사로 지목변경을 하였으나, 현재는 농지전용절차 없이 바로 농지 위에 축사를 신축할 수 있다.

규제가 변동되는 경우를 유의

경매물건설명서에 나와 있는 공법상 규제는 때로 입찰 시의 현행 규제와 일치하지 않는 경우도 가끔 있어 주의를 요한다. 군사시설보호구역 중 통제보호구역으로 지정되어 있던 땅이 제한보호구역으로 좋게 바뀐 경우가 간혹 있다. 경기도 북부 연천이나 파주 지역의 경매토지물건에 이런 사례가 종종 나온다. 이유는 이렇다.

과거에는 군사분계선으로부터 15㎞까지가 통제보호구역, 15~25㎞까지가 제한보호구역이었으나, 2008년 9월 군사보호구역을 축소하여 10~25㎞ 사이가 제한보호구역으로 바뀌었다. 이에 따라 군사분계선으로부터 10~15㎞ 사이에 있는 전방 접경지역의 경우에는 경매감정서 상 통제보호구역으로 되어 있으나, 현행 토지이용규제확인서에 제한보호구역으로 되어 있을 수 있다. 토지감정평가 시점이 2008년 9월 이전인 까닭이다. 이런 물건은 그만큼 저평가되어 있을 가능성이 높다.

또 관리지역의 세분화와 농림지역 재조정으로 인하여, 종전 농림지역이 관리지역 혹은 도시지역으로 바뀌어 있는 경우도 간혹 나온다.

규제 완화의 시기에는 이런 상황이 반드시 있는 것이기 때문에 경매물건은 경매물건명세서만 볼 것이 아니라 현행 토지이용규제확인서를 반드시 참고하여야 할 것이다.

경매물건 분석은 현장답사로부터

경매에 올라온 아파트나 상가의 입찰을 하기 전에는 반드시 현장답사를 하게 된다. 땅의 경우에도 마찬가지다. 그러나 땅의 경우 현장답사는 검토해봐야 할 것들이 매우 많으며, 관련 사항을 주의깊게 관찰하고 조사하여야 한다.

토지 현장답사를 반드시 해야 하는 이유에 대해 대략적으로 살펴보면 유치권이나 분묘의 존재 여부 확인, 법정지상권이 있는 물건의 현황을 보려는 것보다는 더 근본적인 이유가 있다. 우선 대상 토지를 방문하고 돌아오는 길에서 도로현황과 교통 상황 및 접근성을 살펴봐야 하는 것이다.

현장 가까이에서는 현황도로의 유무와 구거, 주변 환경 등의 상태를 살펴본다. 현장에 도착해서는 땅의 모양과 방향, 이웃 토지와의 경계, 지질, 이용현황, 지상물과 수목이나 경작 현황을 살펴본다. 이상의 것을 종합하여 전체적으로는 땅의 장래성 파악을 위한 그 지역의 개발 가능성과 땅의 입지를 현장에서 검토하고자 함이다. 특히, 임야의 경우에는 경사도와 수목의 울창함 정도, 벼랑이나 바위산 등 악산인지 여부 등을 살펴보는 것이 매우 중요하다. 근처 개발 임야를 둘러보고 연접에 따른 도시계획심의에 걸릴 가능성이 있는지도 살펴볼 일이다.

입찰 대상 지역과 입지의 선정 노하우

입찰하기 전에 가장 고민하는 부분이 입찰대상물건의 선정이다. 입찰물건
이 아무리 좋다 해도 우선 내가 가진 돈의 예산에 적합하여야 하고 내 능력
에 맞아야 할 것이다. 다음으로는 입찰대상지역의 선정이다. 전국 곳곳의 법
원 관할 내 수많은 입찰대상물건 중에서 어떤 지역을 공략할 것인지가 최대
고민일 수밖에 없다.

토지경매로 땅을 취득할 경우 대상 지역의 선정 기준은 순수한 투자냐 아
니면 실수요자로서 이용 혹은 개발할 물건을 찾느냐에 따라 다를 것이다. 입
찰자의 개인적인 신념과 취향에 따라 다를 수도 있다.

그러나 어느 경우든지 땅의 장래성을 기대하며, 이후 땅값이 올라 높은 수
익을 올릴 수 있을 것으로 기대하는 것은 공통적인 희망이며, 따라서 장차 땅
값 상승을 기대할 수 있는 땅이 투자 유망 토지의 공통적인 기준이라고 볼 수
밖에 없다.

투자하기 좋은 땅을 고르는 조건

땅의 장래성을 보는 대체적인 기준이 있다. 우선 단기적으로는 현재 개발
중이거나 장차 개발될 가능성이 있는 지역이거나 그 인접지역일 것이다. 철
도나 도로, 지하철 등이 새로 개통되거나 확장되어 접근성이 좋아지고, 길을
따라 개발될 가능성이 있는 지역도 좋다.

장기적으로는 그 지역의 인구가 지속적으로 증가하는 곳이 유망하며, 투자
에 실패할 가능성이 적다. 또한 종전의 공법상 규제가 풀리거나 완화되는 지

역의 땅도 유리하다. 규제가 풀리면 거래 물량이 늘어나 장기적으로 좋은 물건들은 경쟁적으로 값이 오를 수 있기 때문이다.

그리고 이러한 조건은 중복되게 많을수록 좋을 것이다. 그리고 이 모든 조건에서 지역이란 현행 기초자치단체인 시·군·구라고 생각하면 된다. 정부 정책과 통계 및 규제등은 모두 이 지역을 기준으로 하고 있기 때문이다.

입찰 대상 지역이 정해졌다면 다음에는 그 지역 내에서의 개별적인 입지 선정 작업에 들어갈 것이다. 구체적인 입지 선정에서는 우선 지목과 용도지역 및 특별한 공법상 규제, 땅의 모양 및 향과 주변 환경, 그 일대의 발전 가능성, 진입도로의 유무, 적합한 개발용도, 지목 및 용도변경 등 토지 리모델링의 가능성 등을 종합적으로 검토할 것이다.

토지경매 전에 토지에 대한 기초를 익혀야 한다

위에서 토지경매 입찰 전에 꼭 검토하여야 할 사항들을 간략히 살펴보았다. 땅에 대한 입찰은 그리 간단하지 않을 수도 있다는 것을 각오해야 한다. 특히 토지 규제는 중첩적인 것으로, 한 필지의 토지에 여러 가지 규제가 있는 경우에는, 그 모든 제한 내용에 저촉되지 않아야 한다는 사실이다.

예컨대 경기도 광주시의 곤지암 임야와 같이 자연보전권역, 상수원보호구역, 토지거래허가구역, 그린벨트, 산지관리법 등이 모두 중복되어 규제되는 경우, 그 중 어느 하나의 관련 법규에 걸린다 해도 개발이 불가능하다는 것을 유의하여야 할 것이다.

그러므로 토지경매 입찰을 준비하는 입장이라면, 경매에 관한 절차나 초보적인 이론에 머무는 것이 아니라 토지에 관한 폭넓은 기초지식을 갖추어야 할 것이다. 그런 다음에 토지에 관한 입지분석과 권리분석을 하면서 대상물건을 고른다면, 한결 자신 있고 흥미로운 투자가 될 것으로 믿는다.

경매물건 분석에서의 '도시계획심의제도'에 대한 이해

과거 국토계획법에는 악법 중 악법으로 받아들여지던 연접제한이 군림하고 있었다. 그러다가 2011년 3월 9일, 8년 동안 군림하던 연접제한이 폐지되었는데, 그 기쁨도 잠시 혹 떼려다 혹 붙인 격이 된 것이 '도시계획심의제도'. 처음 이 제도가 도입되었을 때는 10평짜리 농업용 창고조차 심의를 받아야 했으나, 법이 개정되어 토지 200평까지는 농업용 창고나 축사 등도 주택이나 근린생활시설에 이어 심의를 면제받게 되었다.

그 외의 시설에 대하여는 도시계획심의를 통과해야 허가가 난다. 그런데 문제는 도시계획심의다. 이 도시계획심의라는 것이 개발과 보전 사이에서 중립적인 입장에 서서전문적인 식견을 갖춘 패널이 심의를 하는 것이 아니라 개발에 지나치게 보수적인 성향을 가지고 있는 사람들로 구성하고 있다는 것이다. 즉 심의의 결과에 일관성이 없고 코에 걸면 코걸이 귀에 걸면 귀걸이 식 심의 잣대를 들이대곤 한다.

물론 개발자가 대기업 같은 강자에게는 한없이 관대하고 서민이나 중소업체에는 한없이 보전을 강조하는 성향이 두드러지는 것 또한 사실이다. 그리고 국토계획법으로 통합 개정되기 전 도시계획법과 국토이용관리법으로 이원화되어 있을 때와 극명하게 다른 부당성 하나가 개발자에게 기반시설 설치를 과도하게 부담시킨다는 불만이 크다.

용도지역별로 정한 면적 이내 규모라도 개발행위를 하려면 도시계획심의를 받아야 하는데, 대체로 심의를 받게 되면 아무리 허가기준이나 용도지역에 적합한 개발이라도 부결되거나 과도한 기반시설 설치, 사업규모 축소 등을 요구해 결국 사업을 포기할 수밖에 없는 상황이 되므로 가능하면 도시계획심의를 면제받고 싶어 하기 마련이다.

그 면제 용도나 지역 중에 집단화유도지역이라는 것이 있다. 이 집단화유도지역은 과거 연접제한과 정 반대의 개념이다.

과거 연접제한이 내가 개발하려고 하는 토지 주변에 기개발지가 있으면 개발을 하고 싶어도 면적이 초과되어 개발을 못하는 악법이었다면 연접제한 폐지를 대안으로 도입한 도시계획심의제도에서는 반대로 주변에 기개발지가 많은 지역에 개발하면 도시계획심의까지 면제해 주도록 하고 있는데, 이것이 바로 집단화유도지역이다. 즉 자연녹지, 계획관리지역에서 30m 이내 거리를 두고 연접한 기개발지가 2만~5만 ㎡ 이상으로 집단화 되어 있는 지역에 개발지가 속해 있으면 그 개발행위는 도시계획심의가 면제된다. (평택시 경우)

결과적으로 현행 규모 이하 개발행위에 대한 도시계획심의제도는 허가기준이나 용도지역 내 허용 행위로는 다 적법한 개발이 되는 것처럼 만들어 규제조항을 없앤 것처럼 해 놓고 심의에서 과도한 기반시설 요구나 사업규모 축소, 개발부담금 징수 등 개발비용은 증가하고 수익성은 떨어짐으로써 개발을 포기하게 만들기 위해 만든 제도라는 생각을 지울 수 없다.

가급적 개발 시 도시계획심의가 면제되는 용도나 지역이 무엇인지를 따져보고 입찰에 응하거나 토지를 선정하는 것도 경매에서 낙찰을 받아 개발사업 계획을 실현하는 데 도움이 되리라 본다.

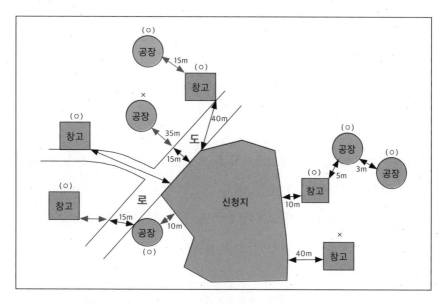

주) 검은색 치수선의 길이가 30m 이내이면 집단화(연접)된 것임. 파란색 치수선은 직선 너비 중 도로 폭으로 30m 길이 산정 시 제외함.

경매물건 분석에서의 완충녹지

완충녹지는 용인시가 난개발로 언론의 집중 포화를 맞게 되자 도시계획재정비에 들어가면서 도입했다.

완충녹지구역은 접도구역과 마찬가지로 기존의 건물은 상관없으나 새롭게 건물을 짓는 것은 허용되지 않는다. 접도구역은 나머지 땅에 건물을 지을 수 있는 반면 완충녹지는 이면도로가 없는 한 나머지 땅에 건물을 지을 수가 없다. 완충녹지에 나무와 잔디 등을 심게 되면 진입로가 없는 맹지가 되기 때문이다.

완충녹지지역은 지번으로는 알 수 없고 해당 시청 도시계획과에 준비된

'도시계획 도면'을 직접 확인해야 한다.

경매물건 분석에서의 접도구역

실전투자에 있어, 가장 고려하여야 할 요인 2가지를 꼽는다면 '도로' 여부와 '개발행위' 가능 여부라 할 수 있다.

초보자라 하여도 도로가 있어야 건축이 가능하다는 것은 알고 있지만 토지이용계획확인서에 빨간 줄로 도로를 표시한 것을 본다면 고개를 갸우뚱거리기 마련이다.

개발행위가능 여부는 지자체 혹은 설계사무소 등 전문기관에 문의하면 알수 있는 내용으로 반드시 확인하는 습관이 필요하다고 할 수 있다. 하지만 도로는 육안으로 언제든지 확인이 가능한 일이기에 도로에 관련하여 꼭 알아야하는 내용에 대하여 알아보기로 하자.

도로에 '접함'이란 해당 필지가 도로계획선을 침범하지 않고 도로와 경계를 이루고 있는 상태를 말하여 해당 부지의 개발행위에 아무런 제약이 따르지 않는다는 것을 의미한다. 일반 투자자들이 가장 좋아하는 유형이다.

완충녹지에 '저촉'이란 해당 토지의 일부 또는 전부가 완충녹지에 포함되어 있는 상태를 의미하고, 도로에 '저촉'이란 해당 토지의 일부 또는 전부가도로에 포함되어 있는 상태를 말하여 해당 토지를 100% 활용하지 못한다는것을 의미한다.

이런 이유로 인해, 도로에 '저촉'된다는 사실 하나만으로 투자 대상에서제외하는 것이 다반사다. 그러나 도로에 '저촉'되더라도 남은 토지의 면적이 개발할 수 있는 면적이 되는지 여부로 투자 가치를 판단하여야 할 것이다.

접도구역의 이해

접도구역은 도로 구조의 손괴를 방지하고, 도로의 미관을 보존하며, 교통에 대한 위험을 방지하기 위하여 도로관리청이 도로의 양 경계선으로부터 일정거리(20m 이내)를 지정하여 고시한 구역을 말한다.

접도구역지정의 기준은 2003년 1월 1일부터 20m와 5m 기준으로 축소되었고 고속국도, 일반국도, 지방도, 군도 등 4개 도로만이 접도구역 지정대상이 되며, 시도市道와 구도區道에는 접도구역이 지정되지 않는다. 도로경계선에서 고속도로의 지정폭은 20m, 기타 다른 도로는 지정폭이 5m다.

접도구역 안에서는 토지의 형질을 변경하는 행위 및 건축물, 기타의 공작물을 신축·개축 또는 증축하는 행위는 금지되고 있다.

접도구역의 투자 가치

접도구역에 저촉된 부분은 건축물이나 시설의 신축이나 증·개축이 불가능하다는 이유로 투자 가치가 낮다고 판단하고 포기하는 사례가 많다. 하지만 이것은 접도구역에 저촉된 부분이 도로에 접해 있다면 건축법상 진입로가 확보된 토지라는 것을 간과한 판단이다.

따라서 접도구역의 투자 가치는 도로에 접한 면이 넓고 접도구역에 포함되지 않는 면적이 건축행위를 할 수 있는 면적이 되는지 여부에 달려 있다고 할 수 있다. 접도구역을 주차장 등으로 활용할 수 있는 덤이 생기는 것이기 때문이다.

노련한 투자자라면, 도로에 접하지 않아 맹지 상태로 있지만 맹지와 현황상 도로 사이에 접도구역이 지정되어 있는 맹지를 눈여겨 본다. 맹지라서 매우 저평가 되어 있는 토지가 맹지가 가지고 있는 핸디캡으로부터 벗어나 제대로 평가받을 수도 있기 때문이다.

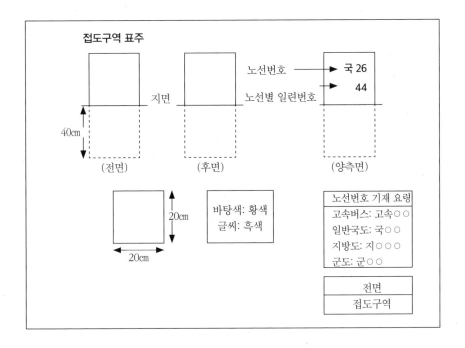

　접도구역저촉 여부 확인은 온나라서비스에서 제공하는 토지이용계획확인서 및 컬러 지적임야도로 확인할 수 있으며, 정확한 위치와 저촉 범위 등 상세한 확인은 '도시계획도면'을 통해서 확인 가능하기에 손쉽게 확인할 수 있다. 또한 시·군과 읍·면·동사무소에 접도구역 표주관리대장, 접도구역 안 기존 건축물(공작물)관리대장, 접도구역 안 불법건축물대장 등이 비치되어 있다.

　실전투자에서 자주 접하는 저촉과 접합, 그리고 접도구역을 제대로 이해한다면 현장답사는 훨씬 용이할 것임에 틀림없다. 현장답사의 8할은 도로에 달려 있기 때문이다.

접도구역은 표주로 안내하고 있다. 설치 간격으로 평지는 200m 내외, 곡선지역 및 취락지역은 50m 내외, 산지는 500m 내외, 주요 도로, 철도 등을 횡단하는 경우에는 그 시설의 양측변, 농경지 안인 경우에는 그 외곽(논두렁, 밭두둑 등)에 설치하고 있다.

현장에서 접도구역이 표시된 접도구역 표주를 찾아보면서 답사하는 것도 유익하리라 본다.

경매토지 권리분석에서의 '분묘기지권'

자료로만 볼 때 아주 좋은 물건이 있어서 답사를 가보면 해당 토지에 무덤이 있는 것을 가끔 볼 수 있다. 지상에 묘가 있는 토지는 거래가 잘 안 될 뿐더러 가치 자체가 많이 떨어진다. 더욱이 법원 자료상 묘가 있다는 게 공시된다면 낙찰가는 더욱 더 곤두박질치게 된다. 분묘기지권이 성립된다면 후손들이 그 묘를 관리하는 동안은 영원히 이장을 청구할 수 없는 괴로운 결과를 낳을 수 있기 때문이다.

여기서는 해당 토지에 분묘가 있을 경우 지상권(관습법상 법정지상권)의 인정 여부에 대해 알아보도록 하겠다.

성립 요건

1. 타인 소유의 토지 위에 그 소유자의 승낙을 얻어 분묘를 설치한 경우
- 분묘 안에 시신이 들어 있지 않은 예장은 포함되지 않는다.
- 외부에서 분묘의 존재를 인식 가능해야 한다. 평장이나 암장은 성립불

가하다.

2. 자신의 토지에 분묘를 설치한 후 별다른 약정 없이 타인에게 해당 토지를 양도한 경우

3. 타인 소유 토지에 소유자 승낙 없이 분묘를 설치한 후 20년간 분쟁 없이 분묘의 기지를 점유한 경우

분묘기지권의 성립이 부정되는 특수한 경우

1. 농지법에 의한 농지와 개발대상지역

2. 국방부장관이 군 작전상 인정하지 않는 경우

3. 국토계획법상 주거, 상업, 공업지역 및 녹지지역 안의 풍치지구

4. 산림법에 의한 요존국유림, 보안림, 채종림

5. 농지법에 의한 농지와 개발대상지역

6. 수도법에 의한 상수원보호구역

분묘기지권의 인정으로 인한 효력

1. 분묘기지권은 목적 달성에 필요한 범위에 미치며 존속기간은 관리하는 한 무한대이다.

2. 지료는 판례상 무상이다. (시효취득으로 인한 분묘기지권)

분묘기지권 불성립의 경우 낙찰자의 대응 방법

일정 기간 개장공고를 낸 후 매장자 기타 연고자에게 이장을 명할 수 있는데, 연고자가 불명일 경우 시·도지사의 허가를 받아 일정기간 공고 후 개장 가능하다.

역발상 투자, '하자나 함정을 투자 지렛대로 삼아라'

초보는 아무 흠도 없이 깨끗한 물건에만 매달린다. 하지만 고수들은 얼핏 보기에는 하자가 있어 초보자들이 엄두를 낼 생각조차 못하는 물건을 찾아낸다. 어떻게 손을 보면 보물로 탈바꿈시킬 수 있는지 귀신처럼 파악해 평균 이하의 가격으로 낙찰 받아 하자를 치유함으로써 훨씬 더 높은 수익을 올린다. 예를 들어 보자.

사과 상자 안에 3종류(A는 풋사과, B는 일부 썩은 사과, C는 몽땅 썩은 사과)의 사과가 들어 있다고 하자. 정상인 풋사과 A는 경쟁률만 높고 정작 수익률은 높지 않은 지극히 일반적인 물건이고, 일부 썩은 사과인 B는 썩은 부분만 잘 도려낼 수 있으면 나머지 남은 부분이 더 달고 맛있게 먹을 수 있고, 몽땅 썩은 사과인 C는 손 대면 절대 안 되는 물건이다.

여기서 주목해야 할 물건이 바로 일부는 상했지만, 상한 부분을 잘만 도려내면 나머지 부분을 훨씬 더 달고 맛있게 먹을 수 있다는 B 사과이다. 사과는 경매물건이고 상한 부분이라는 것은 경매물건에 붙어 있는 하자를 의미한다.

A의 풋사과는 정상인 물건이고, C라는 몽땅 썩은 사과는 선순위로 가처분, 선순위 소유권이전가등기 등 도저히 치유할 수 없는 하자가 있어 절대로 손 대면 안 되는 물건이다. 하지만 B 물건은 얼른 보기에는 하자가 설정되어 있어 초보 투자자들은 응찰하지 못하고 고수들만 관심을 갖는다. 썩은 부분을 잘 도려내야 하는 수고로움이 있지만 그 단맛은 풋사과에 비할 바가 아니기 때문이다.

A처럼 정상적인 물건의 평균 낙찰가격이 2회 유찰 후 이전 비용까지 합쳐 모두 70% 선이라고 한다면, 하자가 있어 초보투자자들이 달려들지 못하는 B와 같은 물건은 한두 차례 더 유찰되기 마련이다. 그리고 고수들은 소유권이

전비용까지 하여 반값인 50% 선에 낙찰 받아 초보투자자들을 놀라게 만든다.

소액으로 가능한 토지경매 투자, 지분경매

소액으로 토지 투자를 하기 위한 방법 중에 이제는 가장 많이 알려진 방법이 바로 '경매투자'가 아닐까 싶다. 그런데, 경매를 해본 사람을 알 것이다. 경매로 나오는 땅 치고서 썩 괜찮은 물건이 많지가 않다는 것을 말이다. 경매정보사이트 등에서는 초보투자자들이 보기에는 상당히 꺼림칙한 문구가 붉은 옷을 입고 눈앞에서 아른거린다. 대개 '분묘기지권', '지분매각', '유치권' 등의 내용이 대부분이다.

이런 것들을 배제하고서 토지를 보려 하니 이들의 반 이상은 투자가치가 없어 보이는 맹지라든가, 어떤 규제에 묶여 있는 지역일 가능성이 높다.

경매 땅투자는 수많은 정보의 바다를 헤엄쳐 그 중에서 진주를 발견해야 하는 것만큼 상당히 까다롭다. 더불어 지금처럼 포화 상태가 되었을 때는 말이다. 그러다 보니 내 마음에 드는 경매 땅은 늘 경쟁률이 치열하다는 것을 조회수만으로도 예상할 수 있다.

아니, 소액으로 하겠다고 경매 땅투자를 하는 것인데, 이래서야 일반 토지투자와 다를 게 뭐가 있단 말인가? 싶은 사람들은 결국 쓸쓸함을 감출 수 없다.

이럴수록 남들은 꺼려하는 토지에 과감히 도전해 보는 것도 좋은 방법이다. 그것이 바로 '지분경매'다.

일반적인 지분투자를 할 때도 고심에 또 고심을 하게 되는데, '강제로 나오는 경매물건에 투자하라니 이건 또 무슨 소리인가?' 싶을지도 모른다.

맞다. 지분투자를 권유하지는 않지만, 반드시 해야 할 경우에는 몇 가지 전제 조건을 달아 투자할 수 있는 방법을 소개하기도 했다. 지분경매도 마찬가지다. 이 주의사항을 고려하여 투자하면, 남들의 반값으로 땅 투자를 할 수 있는 노하우가 되기도 한다.

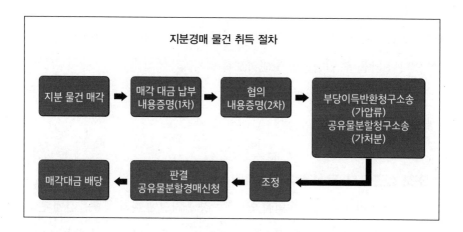

지분권자가 몇 명인가

지분경매로 나온 땅이라는 표시가 있다면 '등기부등본'을 확인해 보도록 하자. 보통 경매 토지는 등기부등본이 함께 첨부되어 나오기 때문에 몇 명의 지분권자가 있는지 확인할 수 있다.

그리고 소유지분 현황 해당 지분이 2/1 정도라면 투자를 고려해봄직 하다. 이 경우에는 상대도 지분이기 때문에 필지를 나누고 싶어 할 가능성이 많다. 따라서 지분으로 나오더라도 협상이 상대적으로 쉽다고 볼 수 있다.

물론 지분경매로 나온 경매 땅이 투자가치가 있을 때에 한하는 조건이다. 모든 요건들이 모두 만족스럽지만 소유 현황이 지분이라면 고민을 해봐야 한다는 것이다.

예를 들어 도로에 짧게 붙어 있는 땅이 있다. 그러면 누구든지 도로가 더 많이 붙은 땅을 갖고 싶어 할 것이다. 그럴 때는 과감하게 내가 도로가 좀 덜 붙은 땅을 갖고, 모양이 좀 더 예쁜 땅을 상대에게 권한다면 좀 더 합의가 잘 이루어진다. 단, 토지분할은 토지의 용도마다 다르므로 해당 지자체에 문의를 해볼 필요가 있다.

더불어 지분경매로 땅 투자를 하는 경우에는 낙찰 후 '합의'의 과정이 남아 있는 만큼 이를 상쇄시킬 좋은 개발호재가 있어 현재의 노력 대비 추후 차익이 얼마나 남을 수 있을지를 고민하도록 하자.

그렇다면 지금 불고 있는 광풍에 의해 보이지 않는 꽤 쓸 만한 진주들이 눈에 들어올 것이다.

초보 접근금지, 우선매수 지분경매

"특수한 권리에 특별한 수익이 있다"는 경매 격언에 따라 특수물건에 관심을 가진 분들이 경매물건을 찾다보면 여러 번 유찰이 되어 공시지가 이하로 떨어진 경매물건에 관심이 쏠리기 마련이다. 특히 지분경매물건 중 "공유자 우선매수신청"이 접수되어 있는 토지의 경우 입찰에 참여하기 위하여 권리분석이 선행되어야 하는데, 반드시 알아두어야 할 내용이 민사집행법 제140조의 "공유자 우선매수권"이다.

공유자 우선매수권은 임의경매와 강제경매에서 모두 인정되는 제도이다. 단 공유물 분할 판결에 기하여 공유물 전부를 경매에 붙여 그 매각대금을 분배하기 위한 현금화 공유 분할경매, 즉 '형식적 경매'에 있어서 공유자는 우선매수권이 인정되지 않는다.

공유자는 매각기일까지 매수신청의 보증을 제공하고 최고 매수신고 가격과 같은 가격으로 채무자의 지분을 우선매수하겠다는 신고를 할 수 있다. 여기서 '매각기일'의 법적 해석이 필요한데 대법원은 공유자의 우선매수권은 일단 최고가 매수신고인이 결정된 후에 공유자에게 그 가격으로 경락 내지 낙찰을 받을 수 있는 기회를 부여하는 제도이므로 입찰의 경우에도 공유자의 우선매수신고는 집행관이 "입찰의 종결을 선언하기 전"까지 가능한 것이지 "입찰마감 시각"까지 제한되는 것이 아니라는 입장이다. 즉 공유자는 집행관이 최고가매수신고인의 이름과 가격을 호창하고 매각의 종결을 고지하기 전까지 최고 매수신고 가격과 동일 가격으로 매수할 것을 신고하고 즉시 보증금을 제공하면 적법한 우선매수권의 행사가 된다. 또한 신청 방법에 있어서 매각기일 이전에는 서면으로 신청이 가능하고 매각기일 당일에는 입찰의 종결을 선언하기 전까지 집행관에게 구두로 직접 신청하는 것도 가능하다.

실무에서는 매각기일 전에 우선매수신고가 들어온 경우, 기록(문건접수) 표지에 공유자의 우선매수신청이 있다는 취지를 적어 둠으로써 집행관이 매각절차 시에 이를 간과하지 않도록 하고 있으며, 공고를 통하여 입찰자에게 고지하고 있다.

지분경매물건 중 공유자가 매각기일 이전에 우선매수신청을 접수한 내용이 공시되는 경우를 종종 볼 수 있다. 이러한 경우 대부분 보증금을 제공하지 않고 우선매수신청만 접수한 사건이 많은데 그 이유로 민사집행법 제140조 1항에서 "공유자는 매각기일까지 매수신청의 보증금을 제공하고"라는 규정만 있어 매각기일 전에 우선매수신청을 하는 경우에 법원에서 보증금 제공을 강제할 법적 근거가 없기 때문이다.

경매 실무에서 공유자가 의도적으로 보증금을 제공하지 않고 우선매수신청만을 접수시켜 일반 입찰자에게 입찰을 꺼려하도록 만들어 여러 번 유찰을 유도한 후 공유자 자신이 저가에 낙찰을 받아갈 목적으로 우선매수권을 신청하는 경우가 대부분이다. 이렇게 저가에 낙찰되면 채권자는 채권 회수금이 적어져 손해를 보게 된다.

공유자 우선매수신고서

사건번호 20○○타경 ○○○○○○부동산(임의)경매

채 권 자

채 무자(소유자)

매각기일 : 20○○. ○. ○. ○○:○○

부동산의 표시 : 별지와 같음

공유자는 민사집행법 제140조 제1항의 규정에 의하여 매각기일까지(집행관이 민사집행법 제115조 제1항에 따라 최고가매수신고인의 성명과 각격을 부르고 매각기일을 종결한다고 고지하기 전까지) 민사집행법 제113조에 따른 메수신청보증을 재공하고 최고매수신고각격과 같은 가격으로 채무자의지분을 우선매수하겠다는 신고를 합니다.

첨부서류

1. 공유자의 주민등록표 등본 뜬느 초본 1통

2. 기타(   )

20○○ .   .   .

우선매수신고인(공유자)   (인)

(연락처 :   )

이러한 문제점을 해소하기 위한 방안으로 법원에 따라 우선매수신청을 할 때 보증제공을 조건으로 하여 받아주는 법원이 있는가 하면 신청은 받아 주되 보증제공 사실이 없다는 내용을 공시해 주는 법원도 있다. 그러나 대다수 법원은 우선매수신청이 들어오면 무조건 받아주고 있는 실정이다.

공유자의 우선매수신청이 있는 경우에 법원은 최고가 매수신고가 있다 하더라도 우선매수를 신청한 공유자에게 매각을 허가하기 때문에 결국 입찰자는 닭 쫓던 개 지붕 쳐다보는 격이 될 공산이 높다. 따라서 우선매수신청이 접수되어 있는 물건은 되도록 피하는 게 좋다.

경락잔금 대출

대출이 안 되는 조건 또는 대출에 지장을 초래하는 내용들은 어떤 내용들이 있을까?

1. 유치권

- 점유하지 못 하면 온전한 소유권 권리 주장이 불가하다는 판단이다.
- 포기, 합의각서가 있어야만 대출이 가능하다.

2. 대지권 미등기, 토지별도등기

- 땅 없는 건물, 매매가 온전하지 못하여 제값을 받기 힘들다는 판단이다.
- 대지권 찾아와야 대출이 가능하나 여러 가지 어려운 부분이 있다.
- 토지별도등기는 건설사에 의해 통으로 별도등기가 되어 있는 경우는 괜찮으나 복잡한 권리 관계로 별도등기 시에는 토지 부분 권리행사가 완전하지 못하다는 판단 아래 대출 취급을 해 주지 않는 경우가 있다.

3. 선순위 가등기

- 매매예약에 한하며 매매예약가등기 자체가 소유권을 주장하는 내용이

라 권리취득이 힘들다는 판단이다.

4. 후순위가처분
- 건물 철거에 대한 가처분은 후순위일지라도 부동산 건물 자체가 소멸될 가능성이 있다는 판단이다.

5. 배당받는 권리자가 낙찰 받는 경우
- 배당받는 금액을 제외하고 대출이 발생되나 정확한 배당금액 확인이 어려울 땐 대출을 꺼리기도 한다. 채무자의 국세, 지방세의 당해세 부분의 확인이 어렵기 때문이다.

6. 차주의 신용등급
- 일반금융권에서는 7등급 이내의 조건을 제시하며 몇몇 은행에서 9등급까지도 대출을 해 주나 은행 입장에서는 그만큼 부실채권을 떠안을 확률이 크므로 금리가 높거나 취급 수수료 등을 받고 진행한다.

7. 차주 나이 제한
- 일반적으로 소득이 없는 30세 이하 미혼차주와 65세 초과인 차주는 은행에서 대출을 꺼린다.
- 예외적으로 대출 발생하는 은행이 있긴 하나 일부이며 대부분 보증인을 요구한다.

8. 지분경매
- 지분은 명확한 물리적 구분이 없고 몇 분의 몇 형식으로 표기되므로 대

출이 불가하다.

- 원칙적으로 공유지분자 모두의 동의가 있을 시 가능하다.

9. 배당신청을 하지 않은 선순위 세입자가 있을 시

- 낙찰자가 인수할 금액 자체가 확인하기 어려움으로 인해 대출이 힘들다.
- 권리상 허위 임차인 증명이 가능할 때 당연히 가능하다.

10. 주소와 등기상 주소(호수)가 상이할 시

- 전례에 따르면 은행에서 담보물을 특정할 수 있는 주소(호수)가 불분명할 경우 모든 은행에서 대출을 부결한 전례가 있음.
- 주소(호수)를 일치시켜야 하나 잔금일까지의 두 달의 기간이 무리가 있을 수 있다.

11. 국세, 지방세 연체했을 경우(저축은행 외)

- 모든 저축은행은 국세, 지방세완납증명 서류를 구비해야 하므로 연체를 할 경우엔 대출이 불가능하다.
- 연체 기록은 납부 후에도 며칠 동안 삭제가 안 되는 부분도 참고한다.

12. 외진 곳에 있는 담보물건

- 우리나라 어느 곳이든 은행은 존재하나 차주가 원하는 만큼의 조건을 제시하는 은행은 많지 않고 채권관리가 안 되는 지역은 대출을 꺼린다.

13. 예고등기

- 등기 자체의 무효나 취소로 인한 등기의 말소를 요구하기 때문에 대출

불가

14. 법정지상권

• 건물이 땅 위에 존재할 수 있는 권리로서 그 대지에 대한 대출 불가
• 건물 멸실 후 대출 가능

15. 도로

• 재산권을 행사하기 쉽지 않은 관계로 10억 이상의 큰 규모를 제외하고
는 도로가 포함된 대지도 대출에 제한을 받는다.

16. 공장

• 감정가에 공장 기계가 포함되어 있다 하더라도 대출을 할 경우 기계 감
정액을 제외하고 대출이 발생한다.
차주를 은행에서 면전에서 서류를 작성케 하는 이유는 본인 확인과 동
시에 기본 소양을 보기 위함이기도 하다.
• 전례를 보면 주위가 산만한 차주에 대해 은행이 대출을 거부한 적이
있다.

위 내용들은 모든 항목이 대출이 불가능한 것이 아니며 일반적으로 은행에
서 대출을 꺼리거나 대출이 발생하기 쉽지 않은 항목이다.

사소한 부분까지 나열해 놓은 이유는 자금 계획을 하는 동안 꼼꼼히 확인
해 모든 부분을 준비해 계획에 차질이 없도록 해야한다.

부실의 위험이 없으나 은행에서 부실채권이 될 가능성을 이유로 대출 발생
을 꺼리거나 망설일 때 담보물건에 대한 명확한 분석을 통하여 은행에 브리

핑함으로서 대출 발생케 하는 게 대출 중계사의 소명이라고 생각한다.

　은행의 대출취급불가 이유의 중심 내용은 온전히 소유권을 취득하고 점유하여 권리행사(매매나 임대에 의한 수익창출)하여 은행의 존재이유에 부합되는 이자수익을 충족해 주면서 차후 은행 입장에서 부실채권을 방지하겠다는 의도가 핵심이라 할 수 있다.

매각불허가 신청

매각허가에 대한 이의

경매물건을 잘 분석하고 입찰하여 성공적으로 낙찰을 받았다. 그런데 예기치 않은 일이 발생한 경우, 예컨대, 최고가매수인이 낙찰을 받고 나서 매각물건을 현장을 방문해 보니 신고 되지 않은 유치권자가 유치권을 주장하는 경우, 물건현황이 감정평가 내용과 다른 경우, 매각물건명세서에 나타나지 않은 선순위 임차인이 있는 경우(낙찰 후 선순위 근저당권이 말소되어 후순위 임대차가 대항력을 가지는 경우) 등 이대로 매각을 허가하여 진행하여서는 아니 될 필요성이 있을 때 매각불허가신청을 해볼 수 있다. 민사집행법에서는 매각불허가신청이라고 말하지 않고 매각허가에 대한 이의신청 사유라고 규정하여 다음과 같이 정하고 있다.

매각허가에 대한 이의 사유(매각 불허가 사유)

(1) 매각허가에 대한 이의는 민사집행법 제121조에서 규정하고 있으며, 이 외의 사유로는 이의신청을 할 수 없다.

매각불허가신청서

채권자　나갑부
채무자　노머니
소유자　노머니

위 당사자간 귀원 2016타경 1234567호 부동산 임의경매사건에 관하여 아래와 같은 사유로 인하여 불허가를 신청합니다.

신청취지

별지목록 기재 부동산에 대한 매각은 이를 불허한다는 재판을 구합니다.

신청이유

본건 임의경매사건외 제1회 유찰 이후 제2회째 입찰에 응찰하여 경락한 자로서 경매부동산에 대한 법률 지식이 부족하고 경험이 없었던 탓으로 인하여 2011년 9월 19일자로 전입한 차자바 선순위임차인이 살고 있는 사실을 알지 못하여, 이로 인해 매각하게 되어 매각 잔대금을 완납하다 하더라도 대항력이 존재하는 임차인으로 인해 막대한 손실이 예상되는 바 매각 불허가 결정을 내려주시길 간곡히 청합니다.

법원에서 현황조사 시 차자바 임차인에 대한 언급이 전혀 없었고 법원에서 조사한 사건내역, 현황조사내역, 전입세대열람 내역 등에도 차자바 임차인에 대한 언급이 전혀 없었으며 매각기일 당일에도 재확인 하였지만 전혀 없었습니다.

저로서는 주택임대차보호법 제3조에 의한 대항력을 주장하는 차자바 임차임(전입세대 열람내역, 서울시 서초구 중앙로4길 444, 사건과 동일함)에 대한 사실을 알았더라면, 입찰하지 않았음이 분명하기에 차후 대출에 대한 어려움과 명도소송 등으로 인한 금전적인 피해가 불가피합니다.

부동산경매 제도를 건전하고 유익하게 활용하려 했으나. 부족한 지식으로 인해 이런 어려움을 겪게 되었고 부동산 절차상에서도 중대한 하자로 인한 문제인만큼, 다시금 헤아려 부디 매각불허가 결정을 해 주시길 다시 한번 간곡히 청합니다.

첨부서류 : 전입세대 열람내역 1통

20○○년 ○월 ○○일

경락자　작은손 (인)

서울중부지방법원 경매1계 귀중

매각불허가신청 사유

일부 경매대상 물건이 감정평가에서 누락된 경우

일부 경매대상 물건이 감정평가에서 누락되었다 하더라도 감정인의 총 평가액과 누락 부분의 가액, 후순위 근저당권자의 배당 가능성 등을 고려하여 그 누락 부분이 낙찰을 허가하지 아니 하여야 할 정도로 중대한 것인 경우에만 최저경매가격의 결정에 중대한 하자가 있는 것으로 판단될 수 있다. (대결 2000.11.2. 2000마3530)

일괄매각의 결정에 중대한 흠이 있는 경우

경매 목적 부동산이 2개 이상 있는 경우 분할경매를 할 것인지 일괄경매를 할 것인지 여부는 집행법원의 자유 재량에 의하여 결정할 성질의 것이나 토지와 그 지상건물이 동시에 매각되는 경우, 토지와 건물이 하나의 기업시설을 구성하고 있는 경우, 2필지 이상의 토지를 매각하면서 분할경매에 의하여 일부 토지만 매각되면 나머지 토지가 맹지 등이 되어 값이 현저히 하락하게 될 경우 등 분할경매를 하는 것보다 일괄경매를 하는 것이 당해 물건 전체의 효용을 높이고 그 가액도 현저히 고가로 될 것이 명백히 예측되는 경우 등에는 일괄경매를 하는 것이 부당하다고 인정할 특별한 사유가 없는 한 일괄경매의 방법에 의하는 것이 타당하고, 이러한 경우에도 이를 분할경매하는 것은 그 부동산이 유기적 관계에서 갖는 가치를 무시하는 것으로써 집행법원의 재량권의 범위를 넘어 위법한 것이 된다. (대결2004.11.9. 2004마94).

매각물건명세서의 작성에 중대한 흠이 있는 경우

경매절차에서 매각물건명세서를 작성하도록 하는 취지는 경매절차에 있어서 매각물건명세서의 작성은 입찰대상 부동산의 현황을 되도록 정확히 파악하여 일반인에게 그 현황과 권리관계를 공시함으로써 매수 희망자가 입찰대상 물건에 필요한 정보를 쉽게 얻을 수 있게 하여 예측하지 못한 손해를 입는 것을 방지하고자 하는 데 그 취지가 있다. (대결2004.11.9. 2004마94)

그러므로 '매각물건명세서의 작성에 중대한 하자가 있는 때'에 해당하는지의 여부는 그 하자가 일반 매수희망자가 매수의사나 매수신고가격을 결정함에 있어 어떠한 영향을 받을 정도의 것이었는지를 중심으로 하여 부동산 경매와 경매물건명세서 제도의 취지에 비추어 구체적인 사안에 따라 합리적으로 판단하여야 한다. (대결1999.9.6. 99마2696)

6호. 천재지변, 그 밖에 자기가 책임을 질 수 없는 사유로 부동산이 현저하

게 훼손된 사실 또는 부동산에 관한 중대한 권리관계가 변동된 사실이 경매
절차의 진행 중에 밝혀진 때.

예컨대, 선순위 근저당권의 존재로 후순위 임차인의 대항력이 소멸하는 것
으로 알고 부동산을 낙찰 받았으나, 그 이후 선순위 근저당권이 매각허가결
정이전에 소멸하여 임차인의 대항력이 존속하게 된 경우 매각허가 이의를 제
기할 수 있고, 선순위 근저당권이 매각허가결정 이후에 소멸한 경우 매각허
가결정 취소를 할 수 있다. (대결1998.8.24. 98마1031). 낙찰 후 매각허가결정 전
유치권의 신고가 있는 경우. (대결2007.5.15. 2007마128)

7호. 경매절차에 그 밖의 중대한 잘못이 있는 때

예컨대, 매각기일의 공고를 법률상 규정한 방법에 의하지 않거나, 매각기
일에 집행법원이 정하는 금액과 방법에 맞는 보증을 제공하지 않았는데도 매
각을 허가한 경우 등이다.

매각불허가 신청 방법

낙찰 후 위에서 소개한 매각불허가 사유에 해당할 경우 이해관계인은 낙
찰허가결정 전(낙찰 후 7일 이내) 매각허가에 대한 이의 신청서(또는 매각불허가신
청서)를 관할법원에 제출하여야 한다. 이해관계인은 자신의 권리에 관한 이
유에 대하여만 신청할 수 있고 다른 이해관계인의 권리에 관한 이유로 신청
할 수 없다.

경매 낙찰토지의 건축허가 승계

2014년 10월 20일 국토교통부에서 건축주 명의변경 운용지침 시달 공문이 각 지자체 담당자들에게 발송되었었다.

하지만 해당 공문의 내용을 숙지하지 못하고 있는 공무원들이 개발행위 관련 법규에 나와 있는 문구에 맞춰 행정처리를 하다보니 여전히 전 소유주에게 개발행위 건축주명변경 관련 서류를 받아오라고 요구하는 경우가 종종 있다.

경매로 토지를 빼앗겼다고 생각하는 전 소유자는 개발행위허가 명의변경을 곱게 해 줄 리가 없다. 명의이전에 따른 무리한 합의금(?)을 요구할 수도 있다는 것이 현실이다.

개발행위허가를 가지고 있는 전 소유자와의 원만한 합의가 이루어지지 않는다면 어쩔 수 없이 허가 취소되도록 기다려야 한다. 그리고 합의금을 받아낼 목적으로 전 소유자가 개발행위 허가기간 연장을 시도할 수 있으므로 사전에 해당 공무원에게 토지소유주가 바뀌었으므로 낙찰 받은 현 소유자 본인의 토지사용승낙서 없이는 개발행위허가 연장해 주지 말고 전 소유자의 개발행위 및 건축허가 기간되면 취소해 달라고 고지해 두어야 한다.

정부3.0, 국민과의 약속

국 토 교 통 부

수신 수신자 참조
(경유)
제목 건축주 명의변경 운용지침 시달

　　1. 대법원 판례[2010.5.13. 선고, 2010두2296, 판결]에 따르면 토지와 그 토지에 건축 중인 건축물에 대한 경매절차상 확정된 매각허가 결정서 및 매각대금 완납서류 등은 관계자변경신고에 관한 건축법 시행규칙 제11조제1항에 따른 '권리관계의 변경사실을 증명할 수 있는 서류'에 해당한다고 하였습니다.

　　2. 그러나, 일부 지자체에서 건축주 변경을 위한 건축관계자변경 신고 시 상기 서류를 '권리관계의 변경사실을 증명할 수 있는 서류'로 인정하지 않아 민원이 발생하고 있다는 지적이 있는바, 아래와 같이 지침을 시달하오니 운영에 차질 없도록 하여 주시기 바랍니다.

　　　　○ '토지와 그 토지에 건축 중인 건축물에 대한 경매절차상 확정된 매각허가 결정서 및 매각대금 완납서류'를 첨부하여 건축주 명의변경 신청시 「건축법 시행규칙」 제11조제1항에 따른 '권리관계의 변경사실을 증명할 수 있는 서류'로 인정하여 건축주 명의변경 이행. 끝.

국토교통부장관 (인)

수신자　서울특별시장(건축기획과장), 부산광역시장(건축주택과장), 대구광역시장(건축주택과장), 인천광역시장(건축계획과장), 광주광역시장(건축주택과장), 대전광역시장(도시재생과장), 울산광역시장(건축주택과장), 경기도지사K(건축디자인과장), 강원도지사(건축주택과장), 세종특별자치시장(도시건축과장), 충청북도지사(건축문화과장), 충청남도지사(건축도시과장), 전라북도지사(토지주택과장), 전라남도지사(주택건축과장), 경상북도지사(건축디자인과장), 경상남도지사K(건축과장), 제주특별자치도지사K(디자인건축지적과장)

주무관	김민석	기술서기관	김현중	과장	전결 2014. 10. 20. 김상문
협조자					

시행 건축정책과-8992　　　(2014. 10. 20.)　　　접수 건축계획과-15071　　　(2014. 10. 21.)
우 339-012　세종특별자치시 도움6로 11 국토교통부　　　　　　　/ http://www.molit.go.kr
전화번호 044-201-3764　팩스번호 044-201-5574　/ k3ms@molit.go.kr　　　/ 대국민 공개

정보의 개방과 공유로 일자리는 늘고 생활은 편리해집니다

앞으로 농지/산지 개발행위허가 및 건축허가를 득한 토지를 경매로 낙찰받은 경우, 건축주 명의변경을 해야 하는데, 이 건축주 명의변경 운용지침을 참고하도록 하자. 단, 해당 필지의 진입로가 도로대장에 등록된 도로가 아니어서 도로 및 생활기반시설에 대한 토지사용승낙서가 추가로 필요한 경우는 별도의 토지사용승낙서가 필요하다.

기존 개발행위허가를 득할 때의 토지사용승낙서 사용자(선소유자)가 변경된 경우로서 해당 지자체 담당자가 진입도로 및 생활기반시설 매립에 필요한 토지소유주들로부터의 토지사용승낙서를 요구받을 수도 있다는 점은 경매 참여 전에 확인해야 한다는 것은 변함이 없다.

건축법 시행규칙 [국토교통부령 제1107호, 2022.2.11. 타법개정]

제11조(건축 관계자 변경신고) ① 법 제11조 및 제14조에 따라 건축 또는 대수선에 관한 허가를 받거나 신고를 한 자가 다음 각 호의 어느 하나에 해당하게 된 경우에는 그 양수인·상속인 또는 합병 후 존속하거나 합병에 의하여 설립되는 법인은 그 사실이 발생한 날부터 7일 이내에 별지 제4호 서식의 건축 관계자 변경신고서에 변경 전 건축주의 명의변경동의서 또는 권리관계의 변경 사실을 증명할 수 있는 서류를 첨부하여 허가권자에게 제출(전자문서로 제출하는 것을 포함한다)하여야 한다. <개정 2006.5.12, 2007.12.13., 2008.12.11, 2012.12.12.>

특수물건의 권리분석과 관련법 검토

경매에서의 담보책임에 대한 민법 규정

제578조(경매와 매도인의 담보책임)

① 경매의 경우에는 경락인은 전 8조의 규정에 의하여 채무자에게 계약의 해제 또는 대금감액의 청구를 할 수 있다.

② 전항의 경우에 채무자가 자력이 없는 때에는 경락인은 대금의 배당을 받은 채권자에 대하여 그 대금 전부나 일부의 반환을 청구할 수 있다.

③ 전 2항의 경우에 채무자가 물건 또는 권리의 흠결을 알고 고지하지 아니 하거나 채권자가 이를 알고 경매를 청구한 때에는 경락인은 그 흠결을 안 채무자나 채권자에 대하여 손해배상을 청구할 수 있다.

• 경락인이 채무자나 채권자에게 담보책임을 물어 대금감액이나 해제손해배상까지 할 수 있다. 권리의 하자로 인한 경매 절차에서 하자담보책임에 관한 특칙으로 보면 된다.

제580조(매도인의 하자담보책임)

① 매매의 목적물에 하자가 있는 때에는 제575조 제1항의 규정을 준용한

다. 그러나 매수인이 하자있는 것을 알았거나 과실로 인하여 이를 알지 못한 때에는 그러하지 아니 하다.

② 전항의 규정은 경매의 경우에 적용하지 아니한다.

제575조(제한물권 있는 경우와 매도인의 담보책임)

① 매매의 목적물이 지상권, 지역권, 전세권, 질권 또는 유치권의 목적이 된 경우에 매수인이 이를 알지 못한 때에는 이로 인하여 계약의 목적을 달성할 수 없는 경우에 한하여 매수인은 계약을 해제할 수 있다. 기타의 경우에는 손해배상만을 청구할 수 있다.

② 전항의 규정은 매매의 목적이 된 부동산을 위하여 존재할 지역권이 없거나 그 부동산에 등기된 임대차계약이 있는 경우에 준용한다.

③ 전 2항의 권리는 매수인이 그 사실을 안 날로부터 1년 내에 행사하여야 한다. 580조 2항에서는 매수인(경락인)에게 하자담보책임을 물을 수 없다.

매매에 있어서 목적물의 하자, 특히 권리가 아닌 물건의 물리적 하자를 규정한 것으로 경매의 성질에 관하여는 대법원에서 "사적인 매매를 법원이 대행하는 것"으로 보고 있으므로 제580조 제2항에서 경매의 경우에는 1항의 적용을 배제하고 있다.

물건의 하자

• 매수인 책임 : 건물 외벽의 크랙, 건물 내부의 기능적 하자

권리의 하자

• 매각물건명세서 임대차 현황에 없음, 확인 안 됨 → 낙찰 후 임차인 →

보증금 인수.

• 후순위 권리자 → 대위변제. 매각허가 결정 전 : 매각불허가 신청.

매각허가 결정 후(배당기일 전) : 낙찰대금 감액 신청.

매각허가 결정 후(배당기일 후) : 채무자, 담보제공자, 배당 받은 채권자에게 신청.

권리의 하자 시 → 계약의 해제, 대금감액 청구(손해배상 불가, 물건, 권리의 흠결을 사전에 알고 경매 청구 시 손해배상 청구 가능)

'농지취득자격증명' 없이 공매를 한 경우

경매를 통해 전이나 답 같은 농지를 취득하는 경우, 대금을 전부 납부한다 하더라도 농지취득자격증명을 발급받지 못하면 소유권을 취득할 수 없다. 또 이 때문에 미처 생각지 못한 난관에 처하는 경우도 종종 발생한다.

이는 공매에서도 마찬가지다. 공매로 취득한 부동산에 대해 농지취득자격증명(이하 농지취득자격증명)을 발급받지 못하는 경우에 대한 판례를 보도록 한다.

일부 경매대상 물건이 감정평가에서 누락된 경우

▶ A씨 소유의 농지에는 B은행이 채권자인 가압류 등기가 설정돼 있었다. 이후 서대문 세무서는 국세 체납을 이유로 이 농지에 압류등기를 마치고 한국자산관리공사(캠코)에 공매 대행을 의뢰했다.

C 씨는 공매절차에 입찰해 매각 결정을 받고 대금까지 완납, 배당까지 모두 마무리됐다. 하지만 이 과정에서 C 씨는 농지취득자격증명을 발급받지 못해 소유권을 이전받지 못했다.

이후 이 부동산은 기존에 설정돼 있던 B 은행의 가압류를 인수한 한국자산관리공단의 강제경매신청에 의해 경매가 진행되면서 D 씨가 이를 매수하고 대금을 완납, 농지취득자격증명을 발급 받아 소유권이전등기까지 마치고 말았다.

이에 C 씨는 배당 받은 채권자들에 대해 부당이득금 반환소송을 걸었고 하자담보책임을 물어 배당된 금액을 돌려받아야 한다고 주장했다.

의정부지법이 진행한 원심에서는 민법 제578조의 '경매'에는 공매도 포함되는 점, 가압류의 목적이 된 부동산을 매수한 사람이 그 후 가압류에 근거한 강제집행으로 부동산 소유권을 상실하게 된 경우 매도인의 담보책임에 관한 민법 제576조의 규정이 준용되어 매매계약을 해제할 수 있는 점 등을 들어 민법 제578조, 제576조에서 정한 매도인의 담보책임에 의해 이 사건 공매를 해제할 수 있다고 판단했다.[의정부지법 2012.4.26. 선고 2011나6091판결]

하지만 대법원은 다른 판결을 내렸다. 대법원은 원심에서 인정한 민법 제578조, 제576조의 규정이 이번 사례에서는 인정받을 수 없다고 판단했다. 그 근거로 민법 제576조의 규정이 준용되기 위해서는 매매계약 체결 당시 이미 존재하고 있던 원인에 의해 후발적으로 소유권을 상실해야 하지만 본 사건의 경우, 경매와 공매가 별개의 절차로 진행된 결과일 뿐이므로 이런 경우까지 민법 제578조, 제576조가 준용된다고 볼 수는 없다고 판결한 것이다.

다시 말해 C 씨가 요청한 하자담보책임에는 문제가 없다는 것이다. 아직 C 씨는 농지취득자격증명을 발급받지 못했기 때문에 해당 농지의 소유자는 여전히 원소유자이고 때문에 경매로 해당 농지를 취득한 D 씨의 소유권은 적법하다.

결국 C 씨가 가압류의 처분금지적 효력에 의해 민사집행절차의 매수인에게 대항할 수 없어 이 같은 사건이 발생한 것이 아니라 국세체납절차(공매)와 민사집행절차(경매)가 별개로 진행됐기 때문이라는 것이 대법원의 결정이다.

물론 C 씨가 자신이 납부한 대금을 돌려받을 방법이 없는 것은 아니다. 대금을 납부하고도 소유권을 취득하지 못 한 이상 다른 청구원인을 통해 납부한 대금을 반환 청구하는 것은 가능하기 때문이다.

하지만 C 씨가 자신이 납부한 낙찰대금을 돌려받으려면 아직도 지리한 싸움이 남아 있다. 민사소송은 상당한 시간이 소요되기에 낙찰대금을 즉시 돌려받지 못할 뿐만 아니라 송사를 위해 따로 지출되는 비용이 발생할 수 있기 때문이다. 단순히 농지취득자격증명을 준비하지 못한 대가 치고는 너무도 큰 부담을 지게 된 것이다.

이런 사례에도 불구 여전히 농지취득자격증명에 대해 쉽고 가볍게 생각하고 있는 사람들이 종종 있다. 하지만 현명한 경매 고수가 되려면 토지를 취득할 때 해당 토지가 농지라면 농지취득자격증명발급 여부를 절대 소홀히 해서는 안 된다는 것을 명심해야 할 것이다.

종중재산의 경매물건

종중宗中이란 공동 선조의 후손들에 의하여 선조의 분묘 수호 및 봉제사와 후손 상호간의 친목을 목적으로 형성되는 자연발생적인 종족 단체를 말한다. 선조의 사망과 동시에 후손에 의하여 성립하는 것이며, 후손 중 20세 이상 성인 남자를 종원宗員으로 인정하는 것으로 2005년 7월, 대법원은 용인 이 씨 사맹공파 기혼 여성 5명 등이 종중 회원임을 확인해 달라며 낸 소송에서 종중의 목적과 본질을 살펴볼 때 같은 선조의 후손은 남녀 구별 없이 종원이 되어야 한다고 판결을 내렸다. 이에 따라 여성도 종중 회원으로 재산 분배 등에 있어 남성과 대등한 권리를 행사할 수 있다.

부동산 실권리자 명의 등기에 관한 법

제8조(종중, 배우자 및 종교단체에 대한 특례)

다음 각호의 어느 하나에 해당하는 경우로서 조세 포탈, 강제집행의 면탈免脫 또는 법령상 제한의 회피를 목적으로 하지 아니하는 경우에는 제4조부터 제7조까지 및 제12조 제1항부터 제3항까지를 적용하지 아니한다. 〈개정 2013.7.12〉

1. 종중宗中이 보유한 부동산에 관한 물권을 종중(종중과 그 대표자를 같이 표시하여 등기한 경우를 포함한다) 외의 자의 명의로 등기한 경우
2. 배우자 명의로 부동산에 관한 물권을 등기한 경우
3. 종교단체의 명의로 그 산하 조직이 보유한 부동산에 관한 물권을 등기한 경우[전문개정 2010.3.31] [제목개정 2013.7.12.]

① 종중은 비법인 사단의 지위. 종중소유의 재산의 관리 및 처분은 먼저 종중규약에 정한 바가 있으면 이에 따라야 하고, 그 점에 관한 종중규약이 없으면 종중총회의 결의에 의하여야 한다.(이를 법률용어로는 '총유'라고 한다. 대법원 1994.9.30. 선고 93다27703 판결 등)

② 종중 소유의 재산은 종중원의 총유에 속하는 것이므로 그 관리 및 처분에 관하여 먼저 종중규약에 정하는 바가 있으면 이에 따라야 하고, 그 점에 관한 종중규약이 없으면 종중총회의 결의에 의하여야 하므로, 비록 종중 대

표자에 의한 종중재산의 처분이라고 하더라도 그러한 절차를 거치지 아니한 채 한 행위는 무효이고, 이러한 법리는 종중이 타인에게 속하는 권리를 처분하는 경우에도 적용된다. (대법원 1996. 8.20 선고 96다18656

③ "종중 소유의 재산은 종중원의 총유에 속하는 것이므로 그 관리 및 처분에 관하여 먼저 종중 규약에 정하는 바가 있으면 이에 따라야 하고, 그 점에 관한 종중 규약이 없으면 종중 총회의 결의에 의하여야 하므로 비록 종중 대표자에 의한 종중 재산의 처분이라고 하더라도 그러한 절차를 거치지 아니한 채 한 행위는 무효"라고 하였다.(대법원 2000. 10. 27. 선고 2000다22881판결).

④ 원인무효에 의한 근저당권 말소청구의 소

⑤ 땅의 매수인은 소유권을 취득할 수 없다. 다만 매수인은 종중과 종중 대표자 개인에게 불법행위에 기한 손해배상을 청구. (구체적인 손해배상 인정 여부, 과실상계 사안에 따라서)

9. 도로 및 교통의 편의성 : 물류 비용 증가

10. 공장 수요 밀집지역

11. 용도변경 가능 공장 : 물류창고, 음식점

12. 아파트형공장 : 임대 (산업집적활성화 및 공장설립에 관한 법률)

13. 산업폐기물(경락인), 전기세, 가스요금(승계 대상 불가)

14. 적법 절차에 의한 인 · 허가공장 유무

15. 노조 결성 공장, 근로자 점거 공장, 체불임금

16. 사용 목적의 공장(업종코드) · 산업단지 내 공장(공단 사무소 문의)

17. 낙찰 후 고가의 기계 분실 시 : 낙찰대금 감액

경매토지 분석을 통한 투자 전략

건축할 수 있는 건축물을 확인하라, '용도지역'

용도지역내의 행위제한 (○: 허용 △: 조례허용 ▼: 제한적 가능〈관관비, 관광단지일 때 조례 허용〉)

시설군	용도군	용도지역 건축물의 세부용도	①1종전용주거지역	②2종전용주거지역	③1종일반주거지역	④2종일반주거지역	⑤3종일반주거지역	⑥준주거지역	⑦중심상업지역	⑧일반상업지역	⑨근린상업지역	⑩유통상업지역	⑪전용공업지역	⑫일반공업지역	⑬준공업지역	⑭보전녹지지역	⑮생산녹지지역	⑯자연녹지지역	⑰관리지역	⑱농림지역	⑲자연환경보전지역
영업 및 판매	위락시설	단란주점(150㎡ 이상), 주점 영업. 특수목욕장, 유기장, 투전기업소 및 카지노업소., 무도장과 무도학원									△	△									
	판매 및 영업시설	소매시장, 상점(1천 ㎡ 이상)			△	△	△														
		여객자동차 및 화물터미널. 철도역사, 공항시설, 항만 및 종합여객시설						△			○△	○		△	○△			△	△		
	숙박시설	일반숙박 : 호텔, 여관, 여인숙, 관광숙박 : 관광호텔, 수상관광호텔, 콘도미니엄							○	○	○	△			△			▼	△		

문화 및 집회	문화 및 집회 시설	집회장(예식장, 공회당, 회의장, 마권장외발매소 등), 공연장, 관람장, 동·식물원, 전시장, 박물관, 미술관, 전시관	△	△	△	△	△	△		△	△	△	△	△	△	△	△
		종교집회장(300㎡ 이상),			○△	○△	○△	○	○	○△		△	△	△		△	△	△
	운동시설	탁구장, 체육도장, 테니스장, 볼링장, 당구장, 골프연습장(500㎡ 이상), 체육관, 운동장(골프장 등)		△	△	△	○	△	△	○			△		○△	△	○	○△
	관광	야외음악당, 야외극장, 어린이회관,				△		△								○	△
기타	제1종 근린 생활 시설	이용원·미용원·반목욕장 및 세탁소, 의원·치과의원·한의원·침술원·접골원 및 조산소, 휴게음식점①(300㎡ 미만), 탁구장(500㎡ 미만), 슈퍼마켓과 일용품 등의 소매점(1,000㎡ 미만), 동사무소, 파출소, 소방서, 우체국, 전신전화국, 방송국, 보건소, 공공도서관(1,000㎡ 미만), 마을공회당·공동작업장·공동구판장, 변전소, 양수장, 대피소, 공중화장실	○△	○	○	○	○	○	○	○	○	○	○	○	○	△	○	○	○ ①× △ ①	○△	○△
기타	제2종 근린 생활 시설	일반음식점 ① 기원, 휴게음식점 ②(300㎡ 이상), 노래연습장								△								
		서점, 테니스장, 볼링장, 당구장, 골프연습장, 실내낚시터, 공연장, 금융업소 사무소, 부동산중개업소, 결혼상담소, 출판사, 제조업소, 수리점, 세탁소, 게임제공업소, 사진관, 표구점, 학원, 독서실(500㎡ 미만), 장의사, 동물병원, 총포 판매소, 의약품도매점 및 자동차영업소		△	△	△	○	○	○	○	△	○	○	○	△	△	○ ①× ②× ①① ②②	△ ①× ②×
		종교집회장(300㎡ 미만)	△	△	△	△	○	○	○	△	○	○	○	△	○	△	△	△
		단란주점(150㎡ 미만)					○	○	○	△	○		△		○			
		안마시술소				△	○	○	○	△	△	△		△	△	△		
	동물 및 식물 관련 시설	축사, 가축시설, 도축장, 도계장															△	△
		버섯재배사, 종묘배양시설, 화초 및 분재 등의 온실		△	△	△	△		△		△	△	△	○	○	○	○	△
	묘지관련 시설	화장장, 납골당, 묘지에 부수되는 시설												△	△	○	△	△	△
	휴게 시설	관망탑, 휴게소, 공원·유원지 또는 관광지 부수시설																

분류	시설	내용	용도지역별 허용 여부
산업	공장	물품의 제조·가공 또는 수리에 계속적으로 이용되는 건축물	△ △ △ △ △ △ △ ○ ○ ○ △ △ △
	창고시설	창고(냉장냉동창고 포함)	△ △ △ △ ○ △ ○ ○ ○ ○ ○ ○ ○△○△ ○ ○
	위험물저장 및 처리시설	주유소, LPG 충전·판매소, 위험물제조소·저장소, 유독물보관·저장시설, 고압가스 충전·저장시설	△ △ △ △ △ △ △ △ ○ ○ ○ △ ○△ △ △ △
	자동차 관련시설	주차장①, 세차장②, 폐차장③, 매매장, 검사장, 정비공장, 운전·정비학원, 치고	△① △① △①② △①② △①② △③× △③× △③× △ ○ ○ ○ △ △ △
	분뇨 및 쓰레기 처리시설	분뇨·쓰레기처리시설, 고물상, 폐기물재활용시설	○ ○ ○ △ ○ △
교육 및 의료	교육연구 및 복지시설	학교(초·중·고)	△ △ ○△ ○△ ○△ ○ △ △ ○ △ ○ 초중고○△ 초중고○△ ○ ○ 초○ 초○
		대학교 기타 이에 준하는 학교, 교육원, 직업훈련소, 학원①(고시 및 입시계), 연구소, 도서관	△① × △① × △① × ○ △ △ ○ △ △ △ ○ △ ○ ○△
		아동 관련시설 및 노인복지시설 다른 용도로 분류되지 아니한 사회복지시설 및 근로복지시설	○△ ○△ ○△ △ △ △ ○ △ △ ○ ○ ○ ○ △
		생활권 수련시설(유스호스텔), 자연권 수련시설(청소년야영장)	△ △ △ ○ △ △ ○ △ △ ○ ○ ○ ○ △
	의료시설	병원(종합병원, 병원, 치과병원, 한방병원, 정신병원 및 요양소), 격리병원(전염병원, 마약진료소), 장례식장	△ △ △ ○ ○ ○ △ △ ○ △ △ ○△ △
	단독주택	단독주택, 다중주택, 다가구주택①, 공관	△ ○ ○ ○ ○ ○ △ △ ○ ■ ■ △ △ △① × ○ ○ ○ ○
	공동주택	연립주택, 다세대주택, 아파트	△ ○ ○ ○ ○ ○ △ ○△ ○△ ■ ■ ■ △ ■ △ △ △ ■ ■
	업무시설	국가 또는 지방자치단체의 청사와 외국공관의 건축물(1,000㎡ 미만), 금융업소·사무소·신문사·오피스텔①(500㎡ 이상)	△① △ △ △ ○ ○ △ △ △
	공공용시설	교도소, 감화원, 군사시설, 발전소, 방송국, 전신전화국(1,000㎡ 이상), 촬영소, 통신용시설	△ △ △ ○ △ ○ △ △ ○ △ △ △ △ △

낙찰받은 토지의 지목변경 5단계 전략

토지 리모델링은 토지시장에서 잘 팔릴 상품으로 만들어내는 작업이다. 채소를 다듬어서 팔면 값을 더 쳐서 받을 수 있는 것과 마찬가지 이치다. 물론 품이 든다.

1. 가장 쉬운 방법으로는 우선 잡초를 뽑는 등 땅을 단장하는 일이다.

오래된 집을 세놓을 때 청소를 해 놓으면 그나마 잘 나가듯 땅도 마찬가지다. 잡초를 제거하고 보기 좋게 정리해 주면 팔기가 좀 더 수월해진다.

2. 매매가 어려운 덩치 큰 땅을 쪼개서 매매하는 방법이다.

예컨대 전원주택 등을 마련하려는 동호인 그룹에 매매할 수 있다. 때에 따라서는 값을 더 받을 수도 있다. 단 동호인 주택으로 탐낼 만한 조건을 갖춘 땅이어야 가능하다.

3. 형질변경허가를 받아놓는 방법이다.

바로 건축을 할 수 있으므로 상품성이 크게 상승한다.

다만 관리지역 토지는 인·허가 비용을 고려하면 주변 대지 시세와 비교했을 때 매입가가 70% 이하여야 수익을 기대할 수 있다.

4. 주변보다 낮은 땅이나 경사도가 있는 땅을 복토하거나 깎아내는 방법이다.

이때는 서류상 용도지역 등에 따라서 복토 등 가능 여부가 달라질 수 있다. 따라서 서류를 꼼꼼히 살피고 담당 공무원과 전문가들에게 복토 등이 가능한 지역인지 확인해 봐야 뒤탈이 없다.

5. 맹지에 도로를 내서 쓸모 있는 땅으로 바꾸는 방법이다.

이때는 진입 토지 소유주에게 토지사용승낙서를 받아야 하므로 토지소유주의 성향을 잘 파악해야 한다. 때에 따라서는 그 땅을 알박기를 해서 터무니없는 가격을 부를 수 있기 때문이다. 이런 경우에는 주변 발전 가능성이 높다고 하더라고 매입을 포기하는 것이 좋다.

토지 리모델링은 수익을 높여 줄 수 있지만 여러 조건을 확인하면서 꼼꼼히 진행해야 할 것이다.

토지 리모델링을 할 때 주의할 점 정리

▶ **형질변경을 통해 상품성 제고**
형질변경에는 비용이 들어가는 만큼 땅 매입가가 주변 시세보다 30% 정도 저렴해야 한다.

▶ **맹지에 도로개설**
• 진입토지 소유주의 성향 파악이 중요하다. 지주가 알박기 할 가능성이 있다.
• 알박기가 있을 때는 호재가 있더라도 투자에 신중해야 한다.

▶ **덩치 큰 땅 쪼개 팔기**
• 동호인 주택 등 수요자들이 탐낼 만한 조건 조성

▶ **잡초 제거, 쓰레기 청소 등 토지 단장은 기본**

경매토지와 도로 문제

도로와 땅과의 함수관계

길이 없으면 자동차도 진입하지 못하고 건물도 짓지 못한다. 그만큼 땅에 있어 도로는 생명이다. 도로가 없는 땅을 '맹지'라고 하는데, 우리나라에는 의외로 맹지가 많다. 맹지는 약점이 있는 땅이므로 값이 싼 편이다.

땅에 도로가 나 있는지, 있다면 어떻게 연결되었는지를 알려면 지적도를 보면 된다. 길이 있는 땅이라도 도로와 연결되는 모양에 따라 땅은 여러 가지로 나뉜다. 예를 들어 땅의 한쪽이 도로에 접하는 땅을 '1면'이라고 하고, 가로세로 양쪽이 도로에 접하는 땅을 '각지(모서리 땅)'라고 한다.

또 각지는 접하는 도로의 수에 따라 2면 각지, 3면 각지, 4면 각지로 나뉜다. 각지는 두 개 이상의 도로와 연결되는 땅이므로 접근이 용이하고, 사람들의 눈에도 잘 띄는 특성을 가지고 있다. 전용주거지역이나 일반주거지역에는 일조권 때문에 거리를 띄어서 건물을 지어야 하는데, 각지는 일조권의 제한을 받지 않는 이점도 있다.

직사각형(장방형)의 땅이라도 도로와 접하는 방식에 따라 땅의 가치와 활용 방법이 달라진다.

예를 들어 도로에 접하는 방향의 길이와 그렇지 않은 땅 길이의 비율을 '세장비'라고 하는데, 상가는 세장비가 작은(도로 쪽이 긴) 땅이 좋고 주택은 세장비가 큰 땅이 좋다. 도로에 접하는 땅이라도 위치에 따라 가치가 다르다.

길이 나 있는 땅을 평가하는 방법 중에 '4-3-2-1체감법'이라는 것이 있다. 도로에 접한 땅을 4등분하여, 처음의 4분의 1은 땅 전체 가치의 40%가, 두 번째 4분의 1은 30%가, 세 번째 4분의 1은 땅 전체 가치의 20%, 나머지 4분의 1은 10%의 가치가 있다고 보는 평가법이다.

1/3, 2/3 법칙도 있다.

이는 땅을 3등분하여 처음 3분의 1의 땅이 전체 땅의 50%의 가치가, 나머지 3분의 2의 땅이 50%의 가치가 있다고 보는 평가법이다.

땅의 비탈길이 접하는 경우에는 아래(낮은) 쪽에 있는 땅이 더 높게 평가되고, 커브길에 접하는 경우에는 안쪽 커브길에 있는 땅이 더 가치가 있다고 본다.

역이나 터미널로 가는 길에 있는 땅은 오른쪽에 있는 땅을 더 높은 평가한다. 도로 너비와 관련해서는 넓은 도로와 접하는 땅이 더 가치가 있는 것으로 본다. 도로가 넓으면 유동인구가 많아 장사가 잘될 것이고, 통행이 편리하고 도로 사선 제한을 덜 받아 건물을 더 높이 지을 수 있기 때문이다.

상업시설이 있는 지역은 도로폭이 너무 넓은 것(10차로 등)보다 4차로나 6차로가 좋다. 도로와 접해 있더라도 도로를 이용하지 못하는 땅들도 있다. 접도구역으로 지정된 땅이 그러하다. 이 땅에는 건물 신축, 증축, 개축, 나무 식재가 금지된다.

접도구역의 폭을 보면 고속도로는 25m(경부 및 중부고속도로는 30m), 국도나 지방도는 5m이다. 도로 옆의 '시설녹지'(법률 용어상으로는 '완충녹지')도 옆에 있는 도로를 이용하지 못한다.

시설녹지는 경관보호와 소음방지, 안전도 향상 등을 목적으로 지정한 땅으로 폭은 2~20m 이내이다. 시설녹지는 신도시의 택지개발지구 진입로 등에 설치되어 있다.

땅에 접하는 도로의 모양

- 광대 1면 ; 폭 25m 이상의 도로에 1면이 접하고 있는 토지
- 광대소각 ; 광대로에 접하고 소로(폭 8~12m) 이상의 도로에 1면 이상 접한 각지
- 광대세각 ; 광대로에 접하고 자동차 통행이 가능한 세로에 1면 이상 접한 각지
- 중로 1면 ; 폭 12~25m의 도로에 1면이 접하고 있는 토지
- 중로각지 ; 중로에 접하고 자동차 통행이 가능한 세로 이상의 길이에 접한 각지

- 소로 1면 ; 폭 8~12m의 도로에 1면이 접하고 있는 토지

- 소로각지 ; 소로에 1면이 접하고, 자동차 통행 가능한 세로에 1면이 접한 토지

- 세로(가) ; 자동차 통행이 가능한 8m 미만의 도로에 1면이 접한 토지

- 세각(가) ; 자동차 통행이 가능한 세로에 2면 이상 접하고 있는 각지

- 세로(불) ; 경운기 통행이 가능한 세로에 1면이 접한 토지(자동차 통행은 불가)

- 세각(불) ; 경운기 통행이 가능한 세로에 2면이 접한 각지(자동차 통행은 불가)

- 맹지 ; 자동차 통행이 불가능한 토지

개발행위와 도로

토지 개발과 관련하여 상담을 하다보면 투자자들이 '도로'로 인해 많은 어려움을 겪고 있다는 것을 확인할 수 있다. 개발하고자 하는 토지(건축 포함)가 도로에 직접 접하고 있다면 개발행위허가를 받는 데 아무런 문제가 없는 최상의 조건이라 할 수 있지만 그렇지 않은 경우가 태반이다.

따라서 개발행위허가를 받으려면 지적법상 도로에서 해당 필지까지 진입할 수 있는 도로를 확보해야 한다. 그것을 인·허가와 관련해 '진입로'라고 한다. 대개의 경우는 이해당사자가 있다면 그 이해당사자의 승낙을 받아 도로(사도)개설허가를 받은 후 개발이나 건축을 한다. 그리고 준공 후에는 사용승낙을 받은 사도 부분은 지목이 '도'로 바뀌게 된다.

일단 건축법상 도로의 조건을 알아보자.

일반적으로 건축물의 대지는 2m 이상이 도로에 접해야 한다. 그리고 개발

등을 할 때 흔히 접하는 막다른 도로의 경우에는 주도로에서 그 필지까지의 거리가 10m 미만일 경우는 2m의 너비, 10~35m 미만일 경우는 3m, 35m 이상은 6m(도시지역이 아닌 읍·면 지역은 4m)가 돼야한다.

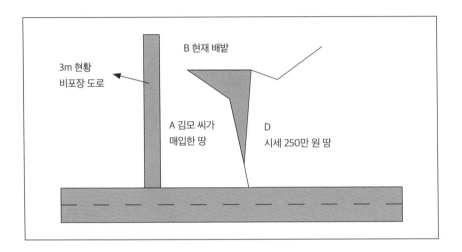

현장에서 분쟁이 많은 공부상 도로와 현황상 도로를 알아보자.

개발행위를 하기 위해서는 지적도상 도로이고 그 현황도로, 즉 그 공부상과 현황상 도로는 일치함을 원칙으로 한다.

그런데 실질적인 투자나 개발(건축)행위를 할 때 흔히 겪는 계약의 경우, 현황은 지적도상 길 없는 땅(맹지라 한다)이나 도로 사용승낙 조건으로 매매가 체결되는 경우가 많다. 이때는 사용을 승낙해 준 땅 소유주(승역지)의 인감이 첨부된 승낙서(토지사용승낙서)가 있으면 계약은 별 문제없이 체결될 수 있다. 하지만 문제는 이때부터 시작된다.

다행히 토지를 매입한 사람(요역지)이 애초 계획대로 개발(건축)행위를 해 준공을 받아서 지목을 '도'로 바꾸면 아무 문제가 없다.

하지만 어떠한 이유 때문에 그 행위를 못한 상태에서 본인(요역지 소유자)이 토지를 다시 매매하는 경우나 사용승낙서를 해 준 토지소유주(승역지 소유자)의 소유권이 바뀔 경우에는 문제가 복잡해진다.

먼저 원칙적으로 전자의 경우, 현 토지소유주가 사용승낙서를 받았다면 후의 계약자에게 승계를 시켜 주면 되고 후자의 경우는 승낙서를 해 준 주인의 소유권이 바뀔 경우에도 전의 소유주가 다른 필지의 소유주에게 사용승낙서를 해 줬기 때문에 그 승낙서는 유효하다.

그런데 현장에서의 여러 경우들을 보면 그렇게 원칙대로, 간단하게 해결될 문제가 아니다. 일단 허가목적대로 개발 행위를 하지 않았기 때문에 현재 공부상 소유주와 사용승낙서상 명의인이 동일하지 않을 경우 관청에서는 추후에 있을지 모를 민원 등을 고려해 현재 소유주의 명의로 된 사용승낙서(인감첨부)를 다시 요구한다.

물론 토지사용승낙서를 받은 사람이나 해 준 사람이나 승낙서를 해 줄 당시에는 어떤 종류든지 반대 급부가 있었기 때문에 사용승낙서를 해 줬을 것이다. 그것이 금전이든 아니면 내가 개발한 토지를 팔기 위해서든 그 1차 당사자 사이에서는 문제가 거의 발생하지 않는다.

문제는 소유권이전이 그 이후에 이뤄져 책임 공방이 벌어질 때다. 여기서 투자자들이 명확히 알아야 할 것이 있다. 그것은 관청에서의 인·허가에 관련된 문제와 민·형사상의 법적인 문제는 별개의 문제로 판단해야 한다는 것이다.

다시 말해 위에서 언급한 후자의 경우처럼 사용승낙서를 작성해 준 토지소유주(승역지)가 매매를 해 소유권 이전이 이뤄질 당시 그 내용을 매수인에게 도로 부분의 '사용승낙의 승계'를 특약사항으로 매매를 하더라도 그 매수인이 기존의 토지사용승낙서를 갖고 있는 요역지 토지소유주에게는 '도로'에 대해 청구권, 즉 '지료청구권'이란 민사상의 권리가 당연 존재하는 것이다.

그래서 필자도 '도로사용승낙서'에 관한 토지 컨설팅은 언제나 어렵고 조심스러울 수밖에 없다. 사안이 그때그때 다르게 적용되기 때문이다.

한 가지 조언을 하자면 현재 길이 없는 토지를 매매나 개발을 할 경우 가급적이면 승낙서를 받아야 할 부분(도로 부분)의 사용승낙서를 받을 때 승낙서를 받는 것보다는 작은 면적이라도 비용을 투자해 소유권을 가져올 수 있도록 해야 한다.

도로 부분의 소유권을 가져온다면 도로 부분의 소유권은 공유 형태가 될 수 있어 일종의 담보를 행사하는 것이라 할 수 있다.

반드시 확인해야 할 위임구역 사항

군사시설보호구역

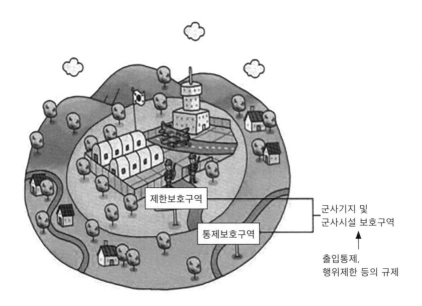

제한보호구역

통제보호구역

군사기지 및
군사시설 보호구역

출입통제,
행위제한 등의 규제

땅에 대한 관심은 여전히 높지만 일반인들은 어느 땅이 어떻게 좋은지 판단하는 게 사실은 쉽지 않다. 일부 하자가 있는 토지경매 물건은 접근하기가 더욱 만만치 않다. 특히 땅은 아파트 등 다른 부동산에 비해 현금화가 어렵기 때문에 자칫 애물단지가 될 수도 있다.

따라서 무턱대고 개발호재만 믿고 들어가서는 안 되며 땅과 관련된 규제가 없는지, 개발가치가 있는지 등을 꼼꼼히 따져 봐야 한다. 또 현장답사를 통해 접근성을 반드시 확인해야 한다.

사례 : 군사보호시설 토지에 무리하게 투자해 실패

주식투자자로 활동하던 임 씨는 주식시장이 좋지 않자 부동산경매에 뛰어들었다.

임 씨가 눈독을 들인 곳은 파주지역, 신도시 얘기가 솔솔 나오고 있었던 때였다. 마침 경매에 나온 물건이 있다는 소식을 접하게 되었다.

해당 물건은 파주시 조리읍에 소재한 논 678평, 1번 국도와 98번 지방도로가 연계되는 지점에 있고 북서쪽에 12m, 남서측에 6m 도로가 있어 접근성이 뛰어나 마음에 쏙 들었다.

또 파주신도시의 후광 효과를 누릴 수 있는 지역이라는 판단 아래 경매에 뛰어들었다. 입찰에 응하려고 마음을 굳히고 보니 약간의 걸림돌이 있었다. 해당물건이 군사시설보호구역으로 지정돼 있었던 것. 하지만 군사시설보호구역이 대거 해제되거나 규제가 완화되는 추세여서 관련 사항을 낙찰 후 시청에서 알아보기로 하고 2004년 6월 경매에 먼저 참여했다.

경매에 부쳐진 가격은 4억 2,460만 원, 감정가 5억 3,075만 원에서 1회 유찰된 상태였다. 입찰 참여자는 총 4명, 임 씨는 경매물건이 겹겹의 호재를 지니고 있는 점을 감안해 감정가 수준인 5억 3,118만 원을 과감히 낙찰가로 적어냈다.

자신의 적어낸 낙찰가와 두 번째로 높게 써낸 입찰자의 가격 차이는 불과 500여만 원이었다. 자칫하면 입찰을 받지 못할 상황을 맞이할 뻔했다며 가슴을 쓸어내린다. 임 씨는 좋은 물건을 적당한 가격에 낙찰 받았다는 마음에 입찰대금을 납부했다.

하지만 상황이 반전되고 말았다. 바로 군사시설보호구역으로 묶인 것이 문제였다. 파주시로부터 전용허가를 받는 것은 가능했지만 군 당국에서 허가를 해 주지 않아 토지에 대한 용도변경을 할 수 없었던 것이다. 임 씨는 파주시청에서만 전용허가 여부를 확인했고 군 당국에서는 확인 절차를 미리 경매전에 거치지 않았던 것이다.

임 씨가 파주시청에 가서 문의하자 관계자는 해당용지가 관리지역이고 현재 휴경지이기 때문에 시 자체에서는 용도변경허가는 가능하다는 답과 함께 용도변경을 위해서는 군부대의 허가도 받아야 한다고 답했고, 군부대에 문의했지만 경매로 낙찰 받은 용지는 유사시 전차부대 집결지로 용도변경이 절대 불가하다는 말을 들었을 뿐이다. 재차 질문을 했지만 역시 돌아오는 대답은 같았다.

군사보호시설이라는 용지의 특성을 무시한 채 그 해제 여부를 알아보지 않고 무리하게 경매에 참여한 것이 패착이었던 셈이다. 결국 임 씨는 잔여 대금을 납부하지 않아 입찰보증금 4,246만 원을 몰수당했다.

'하수처리' 구역을 다시 보자

요즘 돈 되는 땅으로 꼽히는 곳 중 하나가 하수종말처리장 신규편입구역 등이다. 특히, 지방자치단체가 도시관리계획을 변경하는 토지나 고밀도 개발이 가능하게 바뀌는 용도지역에 인접한 지역의 자연녹지지역 내 임야나 전답은 최상급 투자지로 꼽힌다.

이들 지역은 신도시, 택지개발지구, 기업도시 등 국가 차원의 대규모 개발 재료에 비해서는 파급 효과의 범위는 좁으나 집중적으로 작용하는 개발 압력에 따른 파괴력은 오히려 더 크기 때문에 더 높은 투자 수익을 기대할 수 있다. 대개 이런 지역의 땅값은 도시계획변경에 대한 소문이 나면서 움직이기 시작해 계획이 발표되기 전에 한차례 손 바뀜이 일어난다. 그 후 갑자기 매수 주문이 급격히 늘어 호가도 가파르게 치솟는 것이 일반적이다. 때문에 계획 발표 직전이나 직후가 매입 타이밍이다.

하수처리구역으로 신규편입되는 수변구역이나 수질보전특별대책구역 등도 눈여겨볼 만하다. 하수종말처리장의 설치로 새로 하수처리구역으로 지정되면 수변구역이나 수질보전특별대책구역에서 해제된다.

따라서 하수종말처리장의 처리능력 범위 내에서 강변이라도 아파트 및 전원주택과 같은 주거시설은 물론, 여관 등과 같은 숙박시설, 카페 등의 신축도 가능해진다. 그만큼 쓰임새가 커지기 때문에 가격이 뛰는 것은 당연지사다.

한강수계권 지역의 경우 수자원보호 및 환경보호를 목적으로 수질보전특별대책 1권역과 수질보전특별대책 2권역으로 나뉜다. 분명히 알아야 할 것은 수질보전특별대책지역은 상수원보호를 위한 규제지역이며 상수원보호지역과는 다르다는 것이다.

그동안 환경부가 양평군과 같은 한강수계권 지역의 발전에 발목을 잡은 것 중 가장 큰 역할을 하고 있는 것이 외지인 유입 차단을 위한 특별대책지역의 고시이다. 아파트, 학교, 공장, 연구소, 기업체 등 어느 하나라도 들어설 수 없도록 규제가 되어 있었다.

이러한 특별대책지역 내에 위치하면서도 규제를 받지 않는 것이 특별대책지역 내 하수처리구역이다.

일반적으로 토지를 구입하려 할 때 구입 목적이 전원주택지라면 하수처리구역인지 아닌지 확인을 안 하는 경우가 많다. 토지를 매도하는 매도인도 하수처리구역에 포함되었던 토지인지 아닌지를 잘 모르고 매도하는 경우가 많다. 이런 토지는 건축행위와 활용 용도가 다양하다. 근린시설을 건축할 수 있고 공동주택도 건축이 가능하며, 건축허가를 받을 때 해당 지역으로 주소지를 옮기지 않아도 된다.

그야말로 일석삼조의 알짜배기 지역에 있다고 해도 과언이 아니다. 앞으로 토지를 구입하려면 슬며시 하수처리구역인지 아닌지를 관계기관에 확인해보는 것도 좋은 방법이라 생각된다.

모르고 구입하였던 전원주택지가 하수처리구역에 포함된 토지라면 당장 가격을 두 배는 더 받을 수 있다.

특별한 접근을 요하는 특별대책지역 1권역

양평군에서 건축허가를 받으려면 환경정책기본법(환경정책기본법 제22조 및 동법 시행령 제5조 환경부고시 90- 15호 및 2000-120호)에 따라 팔당호의 수질을 1등급 수질로 개선하는 것을 목표로 오염물질배출시설의 입지를 제한하기 위하여 양평군에 2개의 수질보전특별대책지역을 지정하여 적용하고 있다. 권역에 따라 건축허가를 받기 위한 자격 요건이 다른데, 양평군의 토지를 구입하는 궁극적인 목적은 대부분의 사람들이 구입 후 건축허가를 받아 전원주택을 건축하고자 하는 목적에서다. 하지만 지역 대부분이 환경법에 저촉되어 건축허가를 받고자 할 때에 거주 요건에 제한받아 본인 명의로 건축허가를 받기가 힘들다.

일반주택 건축허가를 받기 위한 적용

건축허가를 받기 위한 거주 요건
- 수질보전특별대책 1권역은 세대주 및 세대원 전원이 1권역 내에 거주하여야 하며(1권역 : 서종면/양서면/옥천면/양평읍/강상면/강하면/개군면)
- 수질보전특별대책 2권역은 거주 요건 없이 본인 명의로 건축허가가 가능하다. (용문면/지제면 일부/단월면 일부/청운면 일부)

※ 예를 들자면 양서면 국수리 또는 대심리에 농지 300평을 구입하였다면 구입 후 즉시 세대주와 전가족의 명의를 수질보전특별대책 1권역 내로 전입한 후 6개월이 경과하면 본인명의(전입을 종료한 세대원)로 건축허가를 신청할 수 있다. 만약, 용문면 또는 단월면인 수질보전특별대책 2권역의 토지를 구입한 후 건축허가를 받고자 한다면 현지에 주소를 옮길 필요 없이 외부 지역에 거주한 상태에서 본인 명의로 건축허가를 신청할 수 있다.

필지 분할 시점의 적용에 따른 허가 요건
위 1 항에서 거론하였던 1권역의 거주요건은 건축허가를 받고자 하는 토지

의 필지분할시점에 따라 다음과 같은 약간의 차이가 있다

※구입한 토지가 1990년 7월 19일 이전에 분할되어 허가신청시점까지 추가 분할이 없는 필지라면 수질보전특별대책 1권역 내의 토지라도 거주 요건이 적용되지 않는다. 이런 토지는 주소 이전과 현지 6개월 거주요건이 적용되지 않아 어느 누구나 건축허가 신청이 가능하다.

서울 거주자가 주소 이전 없이 본인 명의로 주택건축허가신청이 가능한 토지가 수질보전특별대책 1권역에 있다는 것은 중요한 얘기다. 이런 토지를 구입한다면 쉽게 건축허가를 받아 주택을 건축할 수 있을 것이다.(농지의 경우 예외가 있음)

- 구입한 토지가 1990년 7월 19일 이후에 분할된 토지라면 주소 이전과 현지 6개월 거주 요건이 적용된다. (1권역 토지에 해당/2권역 토지는 해당 없음)

3. 1990년 7월 19일 이전에 분할 된 토지의 경우, 임야와 토지의 적용 예가 다르다. (수질보전특별대책 1권역 내에서 "이하" 1990년 7월 19일 이전에 분할되어 있는 토지를 원필지로 명칭)

- 임야는 일반주택 건축허가 신청 시 산림훼손 면적에 대한 제한이 없어 2,000평의 임야에 300평을 대지면적으로 주택 연면적을 60평으로 건축허가 신청이 가능하나 토지(농지)일 경우 2,000평 또는 400평의 농지에 주택건축허가를 신청한다면 신청으로 인하여 신청 필지의 용도가 주택부지와 농지로 나뉘게 되므로 분할된 토지로 간주하여 6개월 거주 요건을 적용하게 된다.
  이 경우 농지에 일반주택 건축허가를 신청할 때 최대 전용면적이 660㎡

로 200평을 초과할 수 없기 때문에 200평을 초과한 모든 농지는 원필지라 해도 건축허가(전용허가)신청으로 분할된 토지로 간주된다. 즉 원필지라 하여도 200평이 초과하는 농지는 주택 건축허가 신청 시 2필지의 개념이 되므로 주의해서 구입하여야 한다. 원필지의 농지 중 200평 미만의 농지는 주소 이전 없이 외지인의 명의로 건축허가 신청이 가능하다.

핵심 정리

1. 수질보전특별대책 1권역에서는 거주 6개월이 되어야 본인명의로 건축허가가 가능

2. 수질보전특별대책 2권역 및 권역 외 지역은 거주 요건이 없으므로 본인명의로 건축허가가 가능

3. 1990년 7월 19일 이전에 분할된 임야와 농지가 200평 미만이면 1권역 내에 있더라도 주소 이전 없이 아무 때나 본인명의로 건축허가 신청이 가능하다.

상수원관리지역

상수원관리지역에 대해서는 확실하게 파악을 해 두어야 한다.

상수원관리지역은 1990년대 환경보전법이 분화되어 제정된 수질환경보전법의 저촉을 받고 있으며 수질보전특별대책지역, 수변구역, 상수원보호구역으로 나뉘어진다. 개별 정의를 살펴보고 해당 규제의 반대 개념으로서 제한범위 내에서 가능한 건축을 살펴보도록 한다.

상수원관리지역은 특히, 경기도 양평군이나 광주군의 토지를 매입할 때에

는 필수적으로 짚고 넘어가야 할 대단히 중요한 규제 내용이다.

수질보전특별대책 지역

먼저 수질보전특별대책 지역은 환경정책기본법에 의한 특별 대책으로 오염물질 배출량이 엄격히 제한받는 지역이며 1권역, 2권역으로 세분된다.

1권역의 경우 권역 내에 세대주를 포함한 2인 이상이 6개월을 거주하여야 하는 만큼 허가요건부터 까다롭다. 1세대 1주택 허가를 원칙으로 하고, 1997년 7월 이후 거주자는 건축연면적 800㎡ 미만만 건축이 가능하다.

2권역의 경우는 주소지 이전 없이 임야 또는 농지를 구입 후 즉시 허가신청이 가능하다. 또한 오폐수배출시설과 관련 800㎡ 이상의 건물, 기타 시설물 및 건축연면적 400㎡ 이상의 숙박업 및 식품접객업이 1권역에서 금지된다. 지정 규모 이하는 가능하다는 개념이며 오수를 하수종말처리시설에 유입, 처리하는 건물이거나 학교, 병원, 도서관 등 지역주민의 공공복리시설로서 오수를 BOD 20mg/L 이하로 처리하는 경우에도 허용된다.

2권역인 경우는 공공복리시설이 아니어도 되며 규모에 제한을 두지 않는다. 오수처리기준은 1권역과 같다. 허가요건이 까다로운 것은 사실이지만 이는 불가능을 의미하는 것은 아닌 것이다. 반면 양식장, 골프장, 집단묘지 등은 허용되지 않는다는 것도 주목해야 한다.

그리고 다시 한 번 주목해야 할 부분이 있다. 법률 상으로는 개별로 건축을 하는 것이지만 실질적으로는 집단화 되는 펜션 단지들이 많다. 이와 관련된 세부기준을 살펴보면 1권역의 경우 하수처리구역 외 지역에서 필지를 분할하여 오수배출시설을 설치하는 경우, 특별대책지역지정(90.07.19) 이전부터 별개의 필지로 되어 있는 토지의 경우, 각 필지별로 규제 규모 이하의 오수배출시설의 설치가 허용된다.

다만 각 필지별 건축연면적을 합산한 건축연면적이 규제 규모 이하일 경우에만 가능하며 토지가 연접되어 토지 또는 토지상의 건축물의 소유자가 같은 경우 또는 배우자 본인의 직계 존·비속, 본인의 미혼의 형제, 자매 혹은 토지가 인접되어 있으며 같은 용도의 건축물인 경우는 해당이 안 된다. 또한 공동 명의의 토지가 각 지분별로 나누어져 분할 등기된 경우에는 분할 등기된 날부터 각 소유자별로 필지가 분할된 것으로 본다.

이하 특별대책지역 지정 이후부터 1997년 9월 30일 이전까지 1997년 10월 1일 이후 필지를 분할한 토지의 각 해당 규제사항은 오수배출시설의 입지제한 세부기준을 참고하기를 바란다.

수변구역

수변구역은 한강수계의 수질보전을 위하여 팔당호, 남한강, 북한강 및 경안천의 양안 중 특별대책지역인 경우 하천, 호소의 경계로부터 1㎞, 그 외 지역일 경우 500m 이내의 지역으로 권역 내 행위 제한을 목적으로 지정되는 것을 말한다. 1999년 9월 30일 지정되었고 건축허가권 및 지도단속권이 모두 환경부가 아닌 해당 지자체에 있다.

지정 당시 기존 취락지가 제외됐기 때문에 강 바로 옆인데도 수변구역이 아닌 곳이 많다. 소규모의 개인 주택은 사실상 건축규제가 불가능한 맹점을 이용해 각종 편법을 동원함으로써 펜션이 들어서고 있기도 하다. 상하수도 시설의 폐수처리기준은 BOD 10ppm으로 배출수 수질기준을 지키는 조건으로 식당업 등도 합법적 허가가 가능한 것이 현실이다. 반면에 공장, 축사 등 금지시설로 위반 시 5년 이하 징역이나 3,000만 원 이하의 벌금이 부과된다는 것도 주의하기 바란다.

결국 오염을 많이 발생시키는 건축물의 입지를 제한하기 위한 것으로 일반주택 건축, 기존 건축물의 신축 혹은 증축, 용도변경 및 사무실, 소매점 등의 일반적인 건축은 가능하다. 단, 오폐수처리시설 비용은 추가부담을 하여야 한다.

수변구역의 의의

수변구역이란 환경부가 1999년 9월 30일 '팔당호 등 한강수계상수원 수질관리특별대책'의 하나로 지정 · 고시한 팔당호와 남 · 북한강 및 경안천 지역이다. 팔당호와 남한강(충주조정지 댐까지), 북한강(의암댐까지), 경안천(발원지 하천구간)의 양쪽 500m~1㎞ 이내 지역이 대상이다. 팔당호와의 거리와 하천의 자정 능력을 고려하여 현행 특별대책지역은 1㎞ 이내이고, 그 외 지역은 500m 이내 지역을 대상으로 한다.

국내에 처음 도입한 제도로, 상수원수질관리에 직접적으로 영향을 미치는 상수원 인접지역의 하천변에 공장 · 축사 · 음식점 · 숙박시설 및 목욕탕 등 오염물질을 많이 배출하는 시설이 새로이 들어서지 못하도록 하는 것이다. 수질오염을 예방하는 것은 물론 단계적으로 토지를 매입하고, 녹지대를 조성함으로써 오염물질을 정화시키는 완충지대로서의 기능을 높이기 위한 것이 도입 취지이다.

지정 대상 지역이더라도 불필요한 중복 규제로 인한 주민피해를 최소화하기 위해 수도법에 의한 상수원보호구역, 도시계획법에 의한 개발제한구역, 군사기밀보호법에 의한 군사시설보호구역은 수변구역에서 제외하였으며, 하수처리시설이 설치된 하수처리구역이나 도시지역과 준도시지역 중 취락지구와 같이 개발 용도로 이미 지정된 지역, 자연부락과 같이 신규오염원 입지가 사실상 불가능한 지역은 수변구역에서 제외하였다. 지정 면적은 경기도(남양주시 · 용인시 · 광주시 · 가평군 · 양평군 · 여주군), 강원도(춘천시 · 원주시), 충청북도(충주시) 등 3개 도 9개 시 · 군에 걸쳐 총 255㎢에 이른다.

구역 내의 기존시설의 경우 2002년 1월 1일부터 오폐수정화기준이 2배로 강화되었고 팔당호로부터 거리가 떨어진 특별대책지역 밖의 수변구역에서는 음식점 · 숙박시설 · 목욕탕의 경우, 오폐수정화기준에 충족하면 입지가 가능하지만 축사의 경우 축산 폐수를 전량 퇴비화하거나 축산폐수처리처리장에 전량 유입 처리할 경우에만 신규입지가 가능하며 공장 신축은 금지된다. 주민에게는 토지이용규제에 따른 재산상의 피해를 보상하기 위하여 물이용부담금을 재원으로 주민지원을 실시하며, 토지소유주가 땅을 팔고자 할 경우에는 이를 사들여 녹지로 조성한다.

수변구역의 정의 및 지정

1. 한강수계의 수질보전을 위하여 팔당호, 남한강(팔당댐부터 충주 조정지댐까지의 구간에 한한다), 북한강(팔당댐부터 의암댐까지의 구간에 한한다) 및 경안천(하천법에 의하여 지정된 구간에 한한다)의 양안 중 다음에 해당되는 지역으로서 필요하다고 인정하는 지역을 수변구역으로 지정 · 고시한다.

① 환경정책기본법 제22조의 규정에 의한 특별대책지역의 경우에는 당해 하천 · 호소의 경계로부터 1㎞ 이내의 지역

② 이외의 지역의 경우에는 당해 하천 · 호소의 경계로부터 500m 이내의 지역

2. 수변구역을 지정 · 고시하고자 하는 때에는 다음에 해당하는 지역을 수변구역에서 제외하여야 한다.

① 상수원보호구역

② 개발제한구역의 지정 및 관리에 관한 특별조치법 제3조의 규정에 의한 개발제한구역

③ 군사시설보호법 제2조 제2호의 규정에 의한 군사시설보호구역

④ 하수도법 제2조 제4호의 규정에 의한 하수처리구역으로서 하수종말처리시설을 설치 · 운영 중인 지역

⑤ 하수도법 제6조의 규정에 의하여 공공하수도의 설치 인가를 받은 하수처리 예정구역

⑥ 국토이용관리법 제6조 제1호 및 제2호의 규정에 의한 도시지역 및 준도시지역 중 기존 취락지구(이 법 시행 당시 자연부락이 형성되어 있는 지역의 경우 제4항의 규정에 의한 현지실태조사 결과에 따라 제외한다.)

수변구역 안에서의 행위 제한

1. 누구든지 수변구역 안에서는 다음에 해당하는 시설을 새로이 설치(용도 변경을 포함한다)하여서는 아니된다. 다만, 하천 · 호소의 경계로부터 500m 이내의 지역 안에서 축산 폐수를 전량 공공처리시설에 유입하거나 전량 퇴비화 할 수 있다고 판단되는 경우 또는 오수처리기준을 생물화학적 산소요구량 1 리터당 10㎎ 이하로 처리하여 방류하는 경우로서 환경부장관의 허가를 받아 아래 ② 또는 ③의 시설을 설치하는 경우에는 그러하지 아니하다.

① 수질환경보전법 제2조 제5호의 규정에 의한 폐수배출시설

② 오수 · 분뇨 및 축산폐수의 처리에 관한 법률 제2조 제4호의 규정에 의한 축산폐수배출시설

③ 식품위생법 제21조 제1항 제3호의 규정에 의한 식품접객업, 공중위생관리법 제2조 제1항 제2호의 규정에 의한 숙박업, 공중위생관리법 제2

조 제1항 제3호의 규정에 의한 목욕장업 및 관광진흥법 제3조 제1항 제
2호의 규정에 의한 관광숙박업을 영위하는 시설

2. 관계행정기관의 장은 수변구역 안에서는 개발행위를 유발시키거나 환
경오염을 악화시킬 우려가 있는 용도지역·지구를 새로이 지정(변경을 포함한
다)하여서는 아니 된다. 다만 군사 목적 등 특별한 사유가 있는 경우로서 환경
부장관의 동의를 얻은 경우에는 그러하지 아니 하다.

상수원보호구역

마지막으로 상수원보호구역은 상수원의 확보와 수질보전상 필요하다고 인
정되는 지역으로 허용되는 건축물의 종류는 공익상 필요한 건축물 기타 공작
물, 생활기반시설, 소득기반시설이 있다.

먼저 생활기반시설에서는 보호구역 안에 거주하는 주민이 지목상 대지인
토지에 신축하는 농가주택(100㎡ 이하) 및 연면적 66㎡ 이하인 부속 건축물, 보
호구역 안에 거주하는 주민의 주택 증축(기존 포함 100㎡ 이하)을 말하는 것으로
일정한 제한을 받는다.

그리고 농림업 또는 수산업에 종사하는 자가 건축하거나 설치하는 잠실,
버섯재배사, 생산물 저장창고, 관리용 건축물 등의 소득기반시설이 있다. 실
질적으로 버섯재배사를 위장하여 짓는 임업용 주택은 그렇게 낯설지만은 않
은 전원주택 유형이다.

마을회관, 유치원, 경로당 등의 주민공동이용시설과 건축물 기타 공작물의
종전의 용도와 규모의 범위 안에서 개축, 재축, 이전은 가능하다.

상수원관리지역의 농지나 임야를 매입할 경우 이러한 관련법을 정확히 파악하여야 하며 건축허가요건 등은 해당 지자체에 문의하는 것은 필수이다. 자칫 저렴한 가격으로 서둘러 매수한 땅이 각종 규제에 발목이 잡혀 있다면 낭패인 것이다.

어떠한 법에도 현지인을 위한 보상 차원에서 접근하면 또 다른 틈새투자시장이 보이기 마련이다. 엄연히 부대끼는 주민 피해에 대한 배려는 존재할 수밖에 없는 것이다. 그것을 이용한 투자는 이미 도처에서 행해지고 있다. 실질적인 불법 건축은 하지 않을지언정 정확한 환경법에 대한 이해는 전원생활을 꿈꾸는 사람들이 많아지고 있는 지금의 투자시장에서 필수인 것이다.

상수원보호구역에서의 행위금지

상수원보호구역은 상수원의 확보와 수질보전상 필요하다고 인정되는 지역을 말하며, 상수원보호구역 안에서는 다음의 행위를 할 수 없다.

1. 수질환경보전법 제2조 제2호 및 제3호의 규정에 의한 수질오염물질 · 특정수질유해물질, 유해화학물질관리법 제2조 제2호의 규정에 의한 유해화학물질, 농약관리법에 의한 농약, 폐기물관리법 제2조 제1호의 규정에 의한 폐기물 또는 오수 · 분뇨 및 축산폐수의 처리에 관한 법률 제2조 제1호 내지 제3호의 규정에 의한 오수 · 분뇨 또는 축산폐수를 버리는 행위

2. 기타 상수원을 오염시킬 명백한 위험이 있는 행위로서 대통령령으로 정하는 금지행위
① 가축을 놓아기르는 행위
② 수영 · 목욕 · 세탁 또는 뱃놀이를 하는 행위

③ 행락 · 야영 또는 야외취사행위

④ 어 · 패류를 잡거나 양식하는 행위. 다만, 환경부령이 정하는 자가 행하는 환경부령이 정하는 어로 행위를 제외한다.

⑤ 자동차를 세차하는 행위

⑥ 하천법 제2조 제1항 제2호의 규정에 의한 하천구역에 해당하는 지역에서 농작물을 경작하는 행위. 다만, 친환경농업육성법 제16조 제1항의 규정에 의한 친환경농산물(일반 친환경농산물을 제외한다. 이하 같다)을 동법 제17조 제3항의 규정에 의한 인증 기준에 따라 경작하는 행위를 제외한다.

상수원보호구역에서의 행위허가기준

상수원보호구역 안에서 다음에 해당하는 행위를 하고자 하는 자는 관할 시장 · 군수 · 구청장의 허가를 받아야 한다. 다만, 대통령령이 정하는 경미한 행위인 경우에는 신고하여야 한다.

① 건축물 기타 공작물의 신축 · 증축 · 개축 · 재축 · 이전 · 변경 또는 제거

② 죽목의 재배 또는 벌채

③ 토지의 굴착 · 성토 기타 토지의 형질변경

상수원보호구역 안에서 해당 행위를 허가함에 있어 다음에 해당하는 것으로서 상수원보호구역의 지정 목적에 지장이 없다고 인정되는 경우에 한하여 허가할 수 있다.

1. 다음에 해당하는 건축물 기타 공작물의 건축 및 설치

① 공익상 필요한 건축물 기타 공작물의 건축 및 설치

② 상수원보호구역 안에 거주하는 주민의 생활환경개선 및 소득 향상에 필요한 환경부령이 정하는 건축물 기타 공작물의 건축 및 설치

③ 상수원보호구역 안에 거주하는 주민이 공동으로 이용하거나 필요로 하는 환경부령이 정하는 건축물 기타 공작물의 건축 및 설치

④ 오염물질의 발생 정도가 종전 경우보다 높지 아니한 범위 안에서 건축물 기타 공작물의 개축 · 재축

⑤ 상수원보호구역 안에서 환경부령이 정하는 부락공동시설 · 공익시설 · 공동시설 및 공공시설의 설치로 인하여 철거된 건축물 기타 공작물의 이전

⑥ 빈발하는 수해 등 재해로 인하여 그 이전이 불가피한 경우에 있어서의 건축물의 이전 및 고속도로 · 철도변의 소음권에 있는 주택 등 주거환경이 심히 불량한 지역에 있는 주택의 인근 토지 또는 부락 안으로의 이전. 이 경우 이전한 후의 종전 토지는 농지 또는 녹지로 환원하여야 한다.

⑦ 상수원보호구역 지정 전부터 타인 소유의 토지에 건축되어 있는 주택으로서 토지소유주의 동의를 얻지 못하여 증축 · 개축할 수 없는 경우에 있어서의 그 기존 주택의 철거 및 인근 부락 안으로의 이전

⑧ 취락 안에 있는 주택으로서 영농의 편의를 위하여 그 주택소유자가 소유하는 농장 또는 과수원 안으로의 주택의 이전. 이 경우 이전된 후의 종전 토지는 농지 또는 녹지로 환원하여야 한다.

2. 오염물질의 발생 정도가 종전 경우보다 높지 않는 범위 안에서의 건축물 기타 공작물의 용도변경

3. 상수원보호구역의 유지 · 보호에 지장이 없다고 인정되는 경우로서 상하수도시설 · 환경오염방지시설 또는 보호구역관리시설의 제거

4. 상수원의 보호를 위한 수원림의 조성·관리를 위하여 필요한 나무의 재배 및 벌채와 공공사업의 시행 등으로 인하여 불가피한 죽목의 벌채

5. 경지정리만을 목적으로 하거나 상수원보호구역의 지정 목적에 지장이 없다고 인정되는 토지의 형질변경행위 상수원보호구역에서의 신고행위 시장·군수·구청장에게 신고하고 행할 수 있는 경미한 행위는 다음과 같다.

① 상하수도시설·환경오염방지시설 및 상수원보호구역관리시설을 제외한 건축물 기타 공작물의 제거

② 주택지안에서의 나무의 재배·벌채

③ 농업개량시설의 보수 또는 농지개량 등을 위한 복토 등 토지의 형질변경

④ 수해등 천재지변으로 손괴된 건축물 및 공작물의 원상복구

⑤ 공장·숙박시설 또는 일반음식점의 주택 또는 창고시설로의 용도변경

경매로 취득한 미불용지 처분법과 경매 사례

미불용지란 무엇인가?

토지수용 등의 절차를 거쳐 종결하여야 하나 일제강점기의 강제 시공, 한국전쟁 중 강제 동원된 토지, 기타 보상절차가 완료되어 시행된 공익사업의 토지로서 보상금이 지급되지 않는 토지를 말한다. 공익사업에 편입된 토지는 사업 시행 이전에 보상을 하지 아니한 토지 등 아직도 미불용지가 많은 실정이다. 공익사업에 편입된 토지가 미불용지에 해당되는지의 여부는 사업시행자가 관계기관에 조회하여 확인해야 한다.

관련 규정

토지보상법 시행규칙 제25조(미불용지의 평가)

① 종전에 시행된 공익사업의 부지로서 보상금이 지급되지 아니한 토지(미불용지)에 대하여는 종전의 공익사업에 편입될 당시의 이용 상황을 상정하여 평가한다. 다만 종전의 공익사업에 편입될 당시의 이용 상황을 알 수 없는 경우에는 편입될 당시의 지목과 인근 토지의 이용 상황등을 참작하여 평가한다.

② 사업시행자는 제1항의 규정에 의한 미불용지의 평가를 의뢰하는 때에는 제16조 제1항의 규정에 의한 보상평가의뢰서에 미불용지임을 표시하여야 한다.

중앙토지수용위원회의 미불용지 수용재결기준은 다음과 같다.

가격시점 및 공법상 제한사항 등의 적용지침

미불용지의 평가를 위한 가격 시점은 일반보상과 마찬가지로 계약체결 당시(수용의 경우에는 재결당시)를 기준으로 하고, 공법상 제한사항이나 주위환경 기타 공공시설 등과의 접근성 등은 당해 공공사업의 시행에 따른 절차로서 변경된 경우를 제외하고는 가격 시점을 기준으로 한다.

편입될 당시의 이용 상황, 지목과 유사한 표준지가 없는 경우

편입될 당시의 이용 상황을 상정함에 있어서는 편입 당시의 지목·실제 용도·지세·면적 등을 고려해야 하며, 주위환경의 변동이나 형질변경 등으로 인하여 평가 대상 토지가 종전의 공공사업에 편입될 당시의 이용 상황과 유사한 이용 상황의 표준지가 인근 지역에 없어서 인근 지역의 일반적인 이용

상황의 공시지가 표준지를 비교 표준지로 선정한 경우에는 그 형질변경 등에 소요되는 비용 등을 고려해야 한다.

개발이익의 배제

미불용지를 평가함에 있어서 비교표준지로 선정된 표준지의 공시지가에 당해 공공사업의 시행으로 인한 개발이익이 포함되어 있는 경우에는 그 개발이익을 배제한 가격으로 평가한다.

① 편입될 당시의 이용 상황이 전 · 답이고 당해 미불용지의 인근에 같은 전 · 이 있는 경우
② 인근 전 · 답의 공시지가를 기준한 적정가격으로 평가한다. 다만, 당해 사업으로 개발이익이 있는 때에는 개발이익이 없는 후면 토지에 대한 공시지가를 기준으로 하거나, 개발이익을 배제한 가격으로 평가한다.
③ 편입 당시의 이용 상황이 전 · 답이고, 인근에 전 · 답 등 상정할 토지가 없거나 유사한 토지도 없는 경우
개발이익이 없는 후면의 대지가격에서 전 · 답(잡종지, 임야를 포함)을 대지로 형질변경허가를 받았을 때의 공공용지 등 기부채납의 비율, 정지비 등에 해당하는 비율을 공제하고 산정한 금액으로 평가하고, 인근이 도시개발구역일 때에는 감보율을 공제한 면적에 해당하는 금액으로 평가한다.
④ 편입 당시의 이용 상황이 대지일 때
당해 사업으로 인한 개발이익이 없는 때에는 인근 대지의 공시지가를 기준한 적정가격으로 평가하고, 개발이익이 있는 때에는 개발이익을 배제한 가격 또는 개발이익이 없는 후면 공시지가를 기준한 가격으로 평가한다.

현황 평가의 방법으로 보상하여야 하는 경우

도로나 하천 등 당해 용도가 폐지됨으로 인하여 현황 평가를 하는 것이 개설 당시의 이용 상황을 상정하여 평가하는 것보다 유리하면 현황 평가를 해야 한다.

※ 관련 대법원 판례 (1992.10.27, 선고 92누 4833판결)

도로는 그 자체의 소유권에 대한 경제적 가치가 아주 낮거나 거의 없기 때문에 개설 당시의 이용 상황을 상정하여 평가하지 않으면 안 된다. 이와 같이 개설될 당시의 이용 상황을 상정하여 평가하는 것은 모든 도로가 이에 해당하는 것이 아니라 도로관리청이 도로 공사를 시행하여 개설한 도로법상 도로와 도시계획법상 도로인 소위 미불도로만이 이에 의한다.

따라서 미불도로는 현재의 이용 상황에 따른 경제적 가치를 평가하는 것이 아니라 도로로 개설될 당시의 이용 상황에 따라 경제적 가치를 상정하여 평가한다. 그러나 이와 같이 미불도로에 대하여 개설 당시의 이용 상황을 상정하여 평가하는 것은 현황 평가를 할 경우, 도로의 소유권에 대한 경제적 가치가 아주 낮거나 거의 없기 때문에 이를 방지함에 목적이 있었다. 그러므로 현황 평가를 하는 것이 개설 당시의 이용 상황을 상정하여 평가하는 것보다 오히려 그 소유자에게 유리하다면, 굳이 개설 당시의 이용 상황을 상정하여 평가할 것이 아니라 평가의 일반 원칙이라 할 수 있는 현황 평가를 하여야 한다. 따라서 과거에 도로법이나 도시계획법에 의한 도로였다 하더라도 그 용도가 폐지되어 대지가 되었다면 현황평가를 하여야 한다.(※도시계획법 → 국토계획법)

미불용지의 보상 주체

새로운 사업의 시행자가 평가하여 보상해야 한다.

도로 미불용지 경매 사례

2013타경155		충청남도 당진시 송악읍 고대리 165-2 외 1필지						
물건종별	농지	감정가	7,059,000원	오늘조회: 2 2주누적: 83 2주평균: 6				
토지면적	39㎡(11.798평)	최저가	(49%) 3,459,000원	구분	입찰기일	최저매각가격		결과
건물면적		보증금	(10%) 350,000원	1차	2014-03-10	7,059,000원		유찰
매각물건	토지 매각	소유자	이·월	2차	2014-04-14	4,941,000원		유찰
개시결정	2013-10-10	채무자	이·월	3차	2014-05-26	3,459,000원		
사건명	강제경매	채권자	한국주택금융공사	낙찰 : 5,377,700원 (76.18%)				
				(입찰3명,낙찰:경기 임상)				
				매각결정기일 : 2014.06.02				

● 매각토지.건물현황(감정원 : 대화감정평가 / 가격시점 : 2013.10.24)

목록		지번	용도/구조/면적/토지이용계획	㎡당	감정가	비고
토지	1	고대리 165-29	계획관리지역,가축사육제한구역(일부제한구역)<가축분뇨의 관리 및 이용에 관한 법률>, 도로구역(국도38호선)<도로법>,연안육역(이용연안)<연안관리법>	전 19㎡(5.748평)	181,000원	3,439,000원	표준지공시지가: (㎡당)284,000원 · 현황 '도로'
	2	고대리 165-32	위와같음	전 20㎡(6.05평)	181,000원	3,620,000원	· 현황 '도로'
			면적소계 39㎡(11.798평)		소계 7,059,000원	
감정가			토지:39㎡(11.798평)	합계	7,059,000원	토지 매각
현황 위치			● 안섬휴양공원 남서측 근거리에 위치, 주위는 전, 답, 임야, 농가주택, 근린생활시설, 공장 등이 소재하는 국도주변 농경지 대로서, 주위환경은 보통시 됨. ● 차량접근 가능, 인근에 버스정류장 등이 소재하는 바, 제반 교통상황 및 접근성은 보통시 됨. ● 대체로 부정형 평지로서 현황 도로로 이용중임, 대상토지가 38번 국도의 일부로 이용중임.			

경매로 나온 당진시 송악읍 고대리 165-29외 1필지는 38번 국도상의 도로부지로 미불용지로 판단되는 부지이며 지목은 전이고 면적은 39㎡(11,798평) 토지이다.

3명이 응찰하여 이전 차수의 최저 금액을 초과한 금 5,377,000원에 감정가의 약 77%에 낙찰 받은 사건이다. 상기 사건의 토지가 미불용지라고 하였을 때 보상금을 감정가로 추정하면 낙찰자는 감정가에서 취득가+취득비용을 차감한 금액이 매각차익이 된다 하겠다.

원래 미불용지 투자는 매각차익이 목표이다. 경우에 따라서는 사용료 청구를 목표로 하기도 한다. 현 토지는 38번 국도로 이용 중이므로 매각차익을 목표로 하는데, 도로가 싸게 나왔다고 하여 무조건 낙찰 받으면 이는 문제이다.

과거 공익사업이 실시되어 도로나 저수지, 공원 등이 개설된 토지가 경매나 공매에 나오면 이를 무조건 미불용지라고 착각하고 대박의 꿈을 안고 투자한다. 예를 들어 도로가 경매에 나오면 이를 낙찰 받는 경우이다.

그러나 미불용지라는 용어는 현재 공익사업에 포함되어 있는 토지에 대해 보상을 하려고 하는데, 이것이 과거 지목 또는 이용 상황과 현재 이용 상황이 다를 경우, 가장 많은 것은 과거에 보상이 이루어져야 함에도 보상 없이 도로가 개설된 경우 등이다. 이때는 본래의 이용 상황으로 보상을 하여야 한다는 것이다. 즉 지금 도로로 사용되어도 과거 '전'이었으면 '전'으로 보상한다는 것이다. 다시 말해서 미불용지 투자는 낙찰 대상 토지가 현재 공익사업에 포함되어 보상을 앞두고 있는 토지를 취득하여야 한다는 것이라는 점에 유의하여야 한다.

우리나라는 자신의 토지가 비록 도로로 현재 사용되고 있다고 하더라도 이에 대해 보상을 실시하라고 요구할 권리가 없다. 그저 보상을 해 줄 때까지 기다리거나 사용료를 청구하는 수밖에 없는 것이다. 현재 과거 보상이 실시되었거나 전 소유자가 스스로 사용수익권을 포기한, 이를 경매로 취득해도 사용수익권 포기가 승계되어 부당이득청구가 불가하다는 대법원 판례에 유의하여야 한다.

하천구역 편입 토지 경매 사례

2012타경12342 • 수원지방법원 평택지원 • 매각기일 : 2013.08.26(月) (10:00) • 경매 1계(전화:031-650-3164)

소재지	경기도 안성시 도기동 100-4 [도로명주소검색]							
물건종별	농지	감정가	251,400,000원	오늘조회: 1 2주누적: 1 2주평균: 0 [조회동향]				
토지면적	4190㎡(1267.475평)	최저가	(80%) 201,120,000원	구분	입찰기일	최저매각가격	결과	
				1차	2012-12-03	251,400,000원	유찰	
건물면적		보증금	(10%) 20,120,000원	2차	2013-01-14	201,120,000원	유찰	
				3차	2013-02-25	160,896,000원	유찰	
매각물건	토지 매각	소유자	최●훈	4차	2013-04-01	128,717,000원		
				낙찰 156,889,000원 / 매각허가결정취소				
개시결정	2012-08-08	채무자	최●훈	5차	2013-07-15	251,400,000원	유찰	
사 건 명	임의경매	채권자	안●욱		2013-08-26	201,120,000원	취하	
				본사건은 취하(으)로 경매절차가 종결되었습니다.				
관련사건	2012타경12366(중복)							

매각토지.건물현황(감정원 : 정수감정평가 / 가격시점 : 2012.08.22)

목록	지번	용도/구조/면적/토지이용계획	㎡당 단가	감정가	비고
토지	도기동 100-4	도시지역, 자연녹지지역, 중로2류(저축), 중로3류(저축), 지방2급하천... [표]	답 4190㎡ (1267.475평)	60,000원	251,400,000원	표준지공시지가: (㎡당)116,000원
감정가	토지:4190㎡(1267.475평)		합계	251,400,000원	토지 매각

현황 위치	•안성대교 서측 인근에 위치하며 주변은 근린생활시설, 소규모공장 및 농경지등으로 형성되어 있으며 본건은 안성천 제방내에 소재하는 하천임. •본건까지 차량접근이 가능하며 시내중심부에 근접하여 있어 제반 교통사정 무난한편임. •부정형의 토지로 대부분이 물이 계속흐르는 하천내임.남측으로 2차선 포장도로와 접함.
참고사항	•현황은 대부분 물이 계속 흐르는 하천임

임차인현황 (배당요구종기일 : 2012.10.24)

***** 조사된 임차내역 없음 *****

기타사항	☞점유자를 만나지 못하여 확인불능.

토지등기부 (채권액합계 : 113,000,000원)

No	접수	권리종류	권리자	채권금액	비고	소멸여부
1	2012.02.14	소유권이전(상속)	최영훈		협의분할에 의한 상속	
2	2012.03.05	근저당	안정욱	65,000,000원	말소기준등기	소멸
3	2012.04.26	근저당	이철진	48,000,000원		소멸
4	2012.08.08	임의경매	안정욱	청구금액: 50,000,000원	2012타경12342	소멸
5	2012.08.10	강제경매	김성숙	청구금액: 30,000,000원	2012타경12366	소멸

주의사항	☞농지취득자격증명필요.(미제출시 보증금 미반환)

경기도 안성시 도기동 100-4번지는 하천구역(안성천) 내에 있는 토지로 지목은 답^畓이나 현황은 물이 흐르는 하천부지로 매각 조건에 농지취득자격증명원을 요구하는 토지이다.

토지는 미불용지로 토지소유주가 2011년경 미불용지 신청 완료하였으며, 신청 후 2~3년 소요되는 것을 감안하였을 때 2013년말~2014년경 보상이 예상되어 있었다. 통상적으로 보상금 예산은 매년 상이하여 신청 접수된 것을 감안하여 예산 책정을 하기 때문이다.

농지취득자격증명원은 소유권의 유무와 관계없이 신청할 수 있는데, 위 토지는 법원의 매각물건 명세상에는 매각 조건으로 농지취득자격증명원을 요구하지만 현황은 하천으로 반려증이 발급되나 반려 사유가 지목은 답이나 현황이 하천으로 기재되므로 농지취득자격증명원은 문제될 것이 없다고 하겠다.

미불용지 보상과 관련해 안성시는 재난관리과 소관으로 상기 토지는 전체가 미불용지 신청 중으로 하천 편입 및 공사 시기는 정확히 알 수 없으나 1950년경으로 추정하고 있다. 본 건 인근의 토지 중에는 미불용지로 보상을 받은 것도 있고 진행 중인 것도 있음을 현장조사로 알 수 있었으며, 기보상 건의 보상금 산정기준은 2개의 감정평가업체에 의뢰하여 산술 평균한 금액으로 보상을 한다.

미불용지 보상과 관련하여 기본적으로 알아야 할 사항으로는 하천 편입 시기와 편입 당시 지목이 되겠다. 위 물건은 최초 감정가가 금 251,400,000원이었으나 수차례 유찰되다가 채권자가 경매를 취하한 사건이다.

채권자는 2명의 개인으로 이중경매를 신청한 사건이었으나 채권자의 취하로 종결된 사건으로, 하천구역으로 편입된 미불용지이므로 위 경매사건이 취하가 안 되었다는 가정 하에 하천구역 편입토지 보상가를 예상 산정하여 낙찰 후 편입 보상을 요구하여 이익을 실현하여야 하는 토지이다.

이때 가장 중요한 것이 보상가인데 물이 흐르는 토지는 주변 토지 시세의 1/10에 통상적으로 보상이 이루어진다. 그러므로 본건의 예상 보상가는 인근 토지 가격이 2012년 당시 3.3㎡당 50~60만 원 선으로 시세의 1/10가격은 3.3㎡당 5~6만 원으로 봤을 때 6,300만 원~7,600만 원이 보상가로 산정할 수 있겠다. 감정가의 20%대까지 유찰되었을 때 비로소 응찰이 가능한 물건으로 보상을 전제로 하는 토지투자는 예상 보상가 산정이 중요한 투자의 변수라 하겠다.

하천 편입 토지 보상

관련 규정

과거 정부는 하천법을 제정하면서 보상도 없이 국유화를 단행하였다가 현재는 특별법에 의해서 보상을 하였는데, 이 시효가 2013.12.31자로 종료되었다.

하천 편입 토지보상 입법 배경

• 정부에서는 최초 하천법 제정(1961.12.30) 당시 하천에 편입된 토지는 자연 현상에 의하여 편입된 것으로 일반토지로의 복구 가능성이 적으며 사용가치가 적어 보상 없이 국유재산으로 관리.

• 자연 현상에 의해 하천에 편입된 토지(가목)는 관리청이 인위적으로 손

실을 발생하게 한 것이 아니고, 제외지 안의 등기된 사유 토지가 국유로 된 토지의 보상 실시에는 많은 예산과 제도의 변경이 필요하자, 1971.1.19. 전부 개정된 하천법(법률 제2292호)에 따라 사유 토지인 유수지遊水池 및 제외지堤外地(제방으로부터 하천 측의 토지)가 '하천은 국유로 한다'는 하천구역 법정주의에 포함됨에 따라 민법 제186조 · 제187조에 따라 등기상 소유권에 관계없이 국유로 되었음.

• 그러나 국민의 사유재산권을 보호하기 위하여 하천법 부칙 제2조를 개정(법률 제3782호, 1984.12.31)하여 같은 법 제2조 제1항 제2호 가목에 해당되는 토지와 제외지 안에 있던 토지가 보상 없이 국유로 된 경우 관리청이 손실 보상하고, 보상청구권의 소멸시효는 이 법 시행일부터 5년인 1989.12.30. 만료일이나 하천법 부칙을 1989.12.30. 개정하여 보상청구권의 소멸시효기한을 1990.12.30일까지 1년간 연장함.

• 1990.12.30까지 보상 미청구로 보상을 받지 못한 토지소유주들이 계속적으로 민원을 제기함에 따라 1999.12.28 법률 제3782호 하천법 중 개정법률 부칙 제2조의 규정에 의한 하천 편입 토지의 보상에 관한 규정에 의한 보상청구권의 소멸시효가 만료된 하천구역 편입토지보상에 관한 특별조치법(법률 제6065호)이 제정되어 그 보상청구기간은 2002.12.31까지로 연장되었다가, 다시 위 특별법이 2002.12.11. 법률 제6772호로 개정되면서 법 명칭이 하천구역 편입 토지 보상에 관한 특별조치법으로 개정되었고, 보상기한이 2003.12. 31.까지로 연장되었다.

• 다시 하천 편입 토지 보상 등에 관한 특별조치법(이하 법이라 한다)이 법률 제9543호(2009.3.25. 공포)로 제정되어 2009.6.26부터 시행하여 보상청구기한을 2013.12.31로 연장 실시.

하천 편입토지 보상 등에 관한 특별조치법

[시행 2009.6.26] [법률 제9543호, 2009.3.25, 제정]

제정 이유

하천의 국유화 원칙에 따라 국유화된 하천구역의 토지 등에 대하여 하천법의 개정과 특별법의 제정을 통하여 보상한 바 있다. 그런데 해당 법률에 따른 보상청구 소멸시효가 만료되어 보상을 받지 못한 하천편입 토지의 소유주와 종전 특별법에 따른 보상 대상에 포함되지 아니한 제방 부지 소유자에 대하여는 여전히 보상이 이루어지지 못함에 따라 종전 법률에 따른 보상을 받지 못한 하천편입 토지소유주에 대하여 보상청구기간을 2013년까지 정하여 보상하도록 하는 한편, 공익사업 구간에 위치한 토지에 대하여는 사업시행자가 보상하고 하천공사 등을 할 수 있도록 특례를 정하고, 보상금을 받을 자를 알 수 없는 경우 등에는 보상금을 공탁할 수 있도록 함으로써 미보상 토지에 대한 하천공사를 원활하게 추진할 수 있도록 하려는 것이다.

보상 대상(법 제2조)

1) 다음 경우 중 하천구역 편입토지 보상에 관한 특별조치법 제3조에 따른 소멸시효의 만료 등으로 보상청구권이 소멸되어 보상을 받지 못한 토지

가) 법률 제2292호 하천법 개정 법률의 시행일('71.7.19) 전에 토지가 같은 법 제2조 제1항 제2호 가목에 해당되어 하천구역으로 된 경우

나) 법률 제2292호 하천법 개정 법률의 시행일('71.7.19)부터 법률 제3782호 하천법 중 개정법률의 시행일(84.12.31) 전에 토지가 하천법 중 개정법률 제2조 제1항 제2호 가목에 해당되어 하천구역으로 된 경우

다) 법률 제2292호 하천법 개정 법률의 시행('71.7.19)으로 제방으로부터 하

천측에 있던 토지가 국유로 된 경우

라) 법률 제892호 하천법의 시행일('62.1.1)부터 법률 제2292호 하천법 개
정 법률의 시행일('71.7.19) 전에 제방으로부터 하천 측에 있던 토지 또
는 제방 부지가 국유로 된 경우

2) 이 법(법률 제9543호, '09.3.25) 시행 당시 제2조에 따른 토지와 관련된 보상
금청구소송이 법원에 계속繼續 중이거나 이미 보상 대상이 아니라는 확정판결
을 받은 하천 편입 토지에 대하여도 제2조에 따른 보상 대상임.(법 부칙 제4조)

특별법에 의한 보상 절차

편입토지조서를 작성하고, 편입토지조서 내용을 통지하면 이해관계인은
의견 제출을 하고, 나아가 보상청구를 하면, 시·도지사가 보상 대상자인지
여부를 결정하고, 보상 대상자로 결정되면 보상금액을 산정한다. 여기서 보
상 대상자로 선정되지 않으면 소송을 제기하여야 할 것이다.

보상금액 산정

2인 이상의 감정평가업자에게 평가 의뢰 → 보상액 산정

• 하천공사 등으로 하천에 편입된 토지에 대하여는 공사 직전의 지목 및
이용 상황을 고려

• 편입 당시의 토지이용 상황을 알기가 어려운 실정이므로, 감정평가 실무
상 현재 이용 상황대로 보상평가를 실시하는 경향이 있으나 이는 찬성하기
어렵다. 이렇게 하면 보상 평가 시기에 따라 같은 토지가 장마기는 유수지로
갈수기는 고수부지로 되는 현상이 발생한다. 최소한 과거 지목으로라도 평가
를 하여야 한다고 본다. 이 부분이 조심하여야 할 대목이다.

• 보상금 지급의 통지 : 시 · 도지사가 산정된 보상금을 지급할 때에는 해당 보상 대상자에게 보상금의 금액 및 지급 일자를 통지하여야 한다.

보상금의 공탁

• 수용재결 절차 없이 바로 공탁 후 등기하여 소유권 취득하는 것이 특징
• 그러나 이는 공익사업법이 협의 절차를 거치고 다시 토지수용위원회의 수용절차를 거쳐 그 금액을 객관적으로 산정하는 것에 비하여 너무나 간이한 절차로서 위헌소지가 있다고 본다. 다만 이미 소멸한 보상청구권을 소급하여 다시 보상한은 것이므로 그렇지 않다는 견해도 있다.
▶등기 : 시 · 도지사는 보상금을 지불하거나 공탁을 한 날에 관계 법령에 따라 지체 없이 등기신청을 하여야 하며, 그 토지나 물건에 관한 다른 권리는 이와 동시에 소멸한다.

기타 하천법에 의한 보상

4대강 사업 등과 같이 하천법에 의하여 보상이 필요할 경우에는 하천법 제78조에 의거하여 공익사업법이 적용된다.

제 5 장

실전 토지경매
노하우와 사례

'선순위 가등기'토지 낙찰 성공사례

여유자금이 3억 원 정도 있었고, 자녀도 대학에 들어가 시간적인 여유가 생긴 양 씨. 너도나도 재테크가 화두인 시대에 살림만 하고 있을 수는 없었다. 양 씨는 3년 전 친구의 권유로 대학에서 개설된 '경매 과정'을 수료했는데, 그때만 해도 경매를 통해 금방 부자가 될 것 같았다.

하지만 과정을 마치고 막상 경매 현장에 뛰어들고 보니 현실은 그리 만만한 게 아니었다.

친구와 함께 경매에 뛰어든 지 8개월. 그동안 10여 차례 응찰해서 2등까지는 몇 번 해보았지만 단 1건도 낙찰을 받지 못했다. 비록 대학에서 개설한 2개월짜리 경매교육을 받았지만 부동산과 경매에 대한 전문지식이 부족했던지라 어쩌면 당연한 결과였는지 모른다.

서서히 경매에 지쳐가던 양 씨, 경매교육 과정에서 알게 된 한 강사로부터 경매 물건을 추천받았다. 수원지법에서 진행되고 있던 물건으로 경기도 화성시 우정읍에 소재한 대지 429㎡와 임야(토지 임야) 793㎡였다.

감정가 4억 6,000만 원에서 2회 유찰되어 최저 매각가는 2억 9,000만 원까지 떨어졌다. 즉시 현장답사를 마치고 관련 공부를 발급받아 검토해 보니 본건은 2단 1필지의 토지로서 임야는 대부분 개간되어 전^{田}으로, 대지는 주거용 부지로 이용 중이었다. 또한 도시개발구역(환지방식)에 바로 접해 있었는데, 이 물건은 토지이용계획확인서 상 아파트 등 집합건축물의 건축이 가능한 제 2종 전용주거지역으로 용도가 지정되어 있었다. 아울러 현황 및 지적도상에 는 2미터 도로에 접해 있는데 도시계획상 왕복 4차선 도로가 접해 향후 상당한 지가상승이 예상되는 우량 물건이었다.

그런데 문제는 '선순위 가등기'가 기입되어 있었다는 것이다. 그래서 보기 드문 우량 경매 물건임에도 불구하고 유찰이 거듭되고 있었던 것으로 보여졌다.

이 물건을 추천한 강사로부터 자문을 받아보니 이 물건의 선순위 가등기는 경매낙찰로 소멸된다는 것이었다. 왜냐하면 본 가등기는 비록 등기부등본에 는 '소유권이전청구권가등기'라고 기입되었지만 그 권리자가 '담보가등기' 라고 경매법원에 권리신고 및 배당요구서를 적법한 기한(배당요구 종기일까지) 내에 제출했기 때문이다.

20○○타경17161	수원지방법원 평택지원 > 매각기일 : 20○○.11.28(오전10:00)			담당계 : 경매4계 (031-650-3171)			
소재지	경기도 평택시 오성면 죽리 7-○○○						
물건종별	농지	감정가	69,740,000원	입찰진행내용			
토지면적	1268㎡ (383.57평)	최저가	(100%) 69,740,000원	구분	입찰기일	최저매각가격	결과
				1차	20○○.11.28	69,740,000원	
건물면적		보증금	(10%) 6,980,000원	낙찰 : 118,270,000원(169.59%) (입찰 2명, 낙찰 : 최○○)			
매각물건	토지매각	소유자	김○○				
사전접수	20○○-12-18 (신법적용)	채무자	김○○	매각기일결정 : 20○○.12.5- 매각허가결정			
입찰방법	기일입찰	채권자	최○○	대금납부 20○○.12.07 배당기일 20○○.02.17			

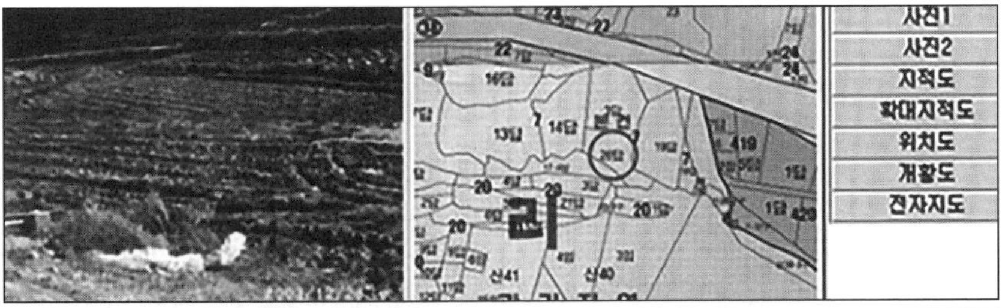

목록	지번	용도/구조/면적/토지이용계획		㎡	감정가	비고
토지	ㅇㅇ리 76	답 1268㎡ (383,568평)	농림지역, 토지거래허가구역	55,000원	69,740,000원	표준지공시지가 (㎡당) 47,000원
감정가	한국감정/ 가격시점 : 20ㅇㅇ. 01. 02			합계	69,740,000원	토지 매각
현황 위치	• 오성면사무소 남서측 인근에 위치함. 주위는 농경지. 임야, 점포, 주유소 등으로 형성 • 차량접근가능, 대중교통이용 보통, 부정형의 토지, 인접 필지를 통하여 도보로 출입 가능					
참고사항	• 차순위 금액 : 81,00,000원					
토지이용계획 열람, 감정평가서, 점유과세조사, 매각물건명세, 사건내역보기, 문건접수내역, 토지등기부, 입찰가 분석표						
임차인현황	배당요구증기 : 20ㅇㅇ.03.18.		채무자(소유자)점유			예상배당표

등기부현황		권리종류	권리자	채권최고액	비고	소멸여부
1	1987.09.24	소유권 이전(매매)	송××			소멸
2	1987.12.02	지분 2분지1 소유권 이전 청구권 가등기	최××		매매예약	인수
3	1991.02.18	가압류	심××		말소기준등기	소멸
4	1992.02.25	압류	평택군			소멸
5	1998.03.12	압류	구로세무서			소멸
6	2003.12.23	강제경매	심××	청구금액 40,000,000원	20ㅇㅇ타경 17261	소멸
주의사항	농지취득자격증명원 필요 최선순위 가압류들기보다 빠른 가등기 있음(지분의 2분의 1, 1987.12.1.)					

'선순위 가등기'도 권리분석 철저히 하면 성공을 부른다

경매법원은 경매물건의 등기상에 가등기가 기입되어 있으면 이것이 '소유권이전청구권가등기'인지 아니면 '담보가등기'인지를 알 수가 없다. 따라서 그 등기 권리자에게 권리를 일정기한 내에 신고하라고 최고를 한 후, 신고가 없으면 '소유권이전청구권가등기'로 간주하지만 '담보가등기'라고 채권액을 신고하면 비록 '선순위 가등기'일지라도 배당을 실시한 후 이를 등기상에 직권으로 소멸시킨다.

중요한 사실을 알게 된 양 씨는 응찰을 결심했다. 문제는 입찰가로 얼마를 써낼 것인가였다. 일반 경매투자자들로서는 난해한 물건인지라 응찰자가 없을 것으로 생각했지만 양 씨는 혹시 모른다고 생각해 최저가에서 7,400만 원으로 올려 썼다.

드디어 개찰시간. 한 명의 응찰자가 더 있었다. 하지만 결과는 2,800만 원을 더 쓴 양 씨가 낙찰자로 결정되었다. 양 씨는 차순위 입찰자와의 차이가 비교적 커서 다소 아쉬웠지만 좋은 물건을 싸게 낙찰 받았기에 만족했다. 나중에 알게 된 사실이지만 차 순위 입찰자는 다름 아닌 가등기 권리자였다.

그 후 무사히 잔금납부와 등기를 마친 양 씨는 2년이 지난 현재까지도 이 물건을 보유하고 있다. 낙찰 후, 1년 만에 도시계획상 예정되어 있던 왕복 4차선 도로가 본건 토지를 접하면서 개설되었고, 인근에 토지공사가 시행하는 택지지구여서 개발호재가 겹치고 있다.

그동안 건설업자, 부동산 등으로부터 좋은 조건으로 이 물건을 매각하라는 권유 전화만 수십 여 차례 받고 있지만 내년에나 매각을 검토하고 있다. 이 지역은 대부분이 토지거래허가구역으로 지정되어 원주민이 아니고는 세대원 전원의 1년 이상 현지 거주 요건을 충족시킬 수가 없어 사실상 부동산 매입이 불가능했다.

하지만 본건은 인접지역과 달리 토지거래허가구역에서 제외되어 좋은 조건으로 외지인에게도 언제든지 매각이 가능하기 때문이다. 사정이 이러하다 보니 3.3㎡ 당 100만 원 정도에 매입한 토지가 2년 만에 현재는 3.3㎡당 300만 원을 육박하고 있다.

흔히 법원경매는 쉽기도 하지만 깊이 들어갈수록 어렵다고 한다. 즉 비교적 쉽게(?) 돈을 벌 수도 있지만 까딱 실패하면 재테크는 고사하고 최악의 경우 빚더미에 안게 되는 경우도 있다는 것이다.

경매를 하기 위해 모두 전문가가 될 필요가 없다. 하지만 갈수록 치열해지는 입찰 경쟁에서 남과 다른 차별화된 고수익을 원한다면 보다 많은 발품과 전문지식으로 무장하는 것 외에는 달리 왕도가 없다는 점을 명심해야 한다.

도로경매 사례

왜 도로를 경매로 낙찰 받으려 할까?

경매 물건을 보면, 도로가 경매로 나오는 경우가 있다. 도로는 국가 혹은 지방자치단체가 소유하고 있는 것으로 알고 있는 경우가 대부분이지만 개인이 소유하고 있는 도로 토지도 많다.

그렇다면 용도가 도로로 되어 있는 경매 매물, 사인이 소유하고 있는 도로를 배타적으로 사용할 수 있을까? NO! 통행을 막을 수는 없다.

도로는 2인 이상의 불특정 다수가 통행을 하면 막지도 못 한다. 이를 마음대로 막으면 교통방해죄로 처벌받는다.(형법 제185조)

도로법 제3조는 "도로를 구성하는 부지, 옹벽, 그 밖의 물건에 대하여는 사권私權을 행사할 수 없다. 다만, 소유권을 이전하거나 저당권을 설정하는 것은 그러하지 아니하다."

그렇다면 왜 도로를 왜 낙찰 받을까?

통상적으로 도로를 사는 이유는 ① 보상을 받아 차액에 대한 수익을 노리거나 ② 지료를 청구할 목적이다.

①의 경우 행정청에 보상을 요구하게 되는데, 행정청은 이에 응해 무조건

보상을 해 줄 의무는 없기 때문에 행정청이 거절할 경우에는 투자한 돈이 묶이게 된다!

지목이 '대'이고 10년 이상 도시계획시설도로로 묶인 토지에 대해서 '매수청구'가 가능하다고 하는데, 이 또한 재량 행위이므로 최악의 경우 소송까지 진행해야 하고, 그 또한 승소가 어렵다고 한다. 그렇기 때문에 확실히 보상이 예정된 도로만 낙찰을 받는 것이 좋다. (한국토지주택공사가 시행하는 사업, 산업단지 개발, 사업성이 좋은 재개발사업 등)

②의 경우 지료 청구도 투자금액 대비 지료가 크지 않은 경우도 많고, 그 이전 소유자 중 단 1명이라도 '배타적 사용수익권을 포기'했다면 행정청을 상대로 지료 청구도 불가능하다. (대법원 1998.5.8. 선고 97다52844 판결 등)

검색건수: 2건 정렬개수선택 ▼

사건번호 ↓	입찰일자 ↓	소재지 ↓	감정평가액 ↓	최저경매가 ↓	유찰회수 ↓	낙찰가 ↓
사건번호 ⇔	소재지	용 도 입찰일자	감정평가액 ⇔ 최저경매가 ⇔ 낙찰가 ⇔	진행단계 (유찰 ⇔)	경매문의	조회수 물건등록
2020-32324	[부천2계] 경기 김포시 양촌읍 학운리 448-182 [토지 113㎡] 지분경매 지적개요 도시계획 등기 새설기	도로 2022.12.27	24,069,000 11,794,000	유찰 (2회)		47 ☐
2021-34785	[부천3계] 경기 김포시 통진읍 마송리 448-8 외 1개 목록 [토지 164.52㎡] 지분경매 지적개요 도시계획 등기 새설기	도로 2022.11.29	34,221,900 11,738,000	진행 (3회)		139 ☐

부당이득금반환청구소송의 피고는 행정청이 포장 등을 한 후에 일반 공중이 이용 중에 있으면, 도로(골목길) 주변 토지소유주가 아니라 기초지방자치단체이다. 즉 결론적으로 도로를 낙찰 받고자 하는 사람이라면 확실한 투자 목적을 가지고 낙찰을 받아야한다. 막연하게 싸니까, 경험삼아 투자를 해보라는 주변 권유에 덜컥 낙찰을 받으면, 보상도 받지 못 하고, 지료도 못 받고 투자금이 묶일 가능성이 있다.

도로가 경매에 나오는 경우

도로가 경매에 나오는 경우, 다음에 해당된다면 수익을 올릴 가능성이 크다.

① 미불용지
② 인접부지 개발권
③ 준공 시 필요
④ 도시개발법 환지

미불용지란 보상금이 지급되지 않고 공공목적 사업에 사용되는 토지를 말한다. 도로는 통상 경매 감정에서는 인접 토지의 1/3 가치로 감정되나, 공취법의 경우 인접토지와 같은 가치로 보상된다. 경매 전에 보상금이 지급되었는지 확인해야 한다.

비도시지역의 경우에는 현황도로만 있으면 개발이 가능하다. 이런 도로는 투자가치가 없다. 그러나 도시지역 동·읍의 경우, 도로지정공고가 되어야 개발이 가능하므로 도로지정공고가 없다면 이해관계인의 동의가 필요하다.

인접부지가 일부 개발된 경우, 미개발지의 개발권 부여하는 사도는 투자가 가능하다. 구청에 각 토지의 사도 사용권 여부 확인한 후 투자한다.

그러나 인접필지가 모두 개발된 사도는 투자가치가 없다. 사도법상 사도는 소유권보다 사용권이 중요하기 때문이다.

준공 시 필요한 도로의 경우, 도로소유자의 동의가 필요하다. 그러므로 투자가치가 있다.

도시개발구역에서 도로는 환지 대상이므로 투자 가치가 있다.

무늬만 사권인 도로는 주의해야 한다. 개발 행위와 관련하여 공공시설 부지로 기부 체납이 되어 국가지자체에 소유권이 넘어간 토지를 말한다. 이미 소유권은 등기상의 소유자에 있는 것이 아니라 공공 부문에 있다.

도로 경매와 배타적 사용 수익권 문제

경매 현장에서 고수와 하수를 구별할 수 있는 가장 확실한 방법 중 하나로 입찰자가 많이 몰리는 사건에 응찰하는지 여부를 보면 금방 알 수 있다. 물론 입찰자가 많이 몰리는 사건이라 해서 그 물건이 나쁘거나 잘못된 물건이라는 것은 아니지만, 수익률 측면에서 본다면 입찰자가 많은 물건을 낙찰받기 위해서는 상대적으로 높은 가격을 제시해야 하므로 당연히 수익률은 떨어질 수밖에 없는 것이다.

하지만 경매고수는 다른 시각을 가지고 있다. 즉 경매물건이 깔끔하고 보기 좋은 물건의 경우에는 입찰자가 몰려서 경쟁이 치열하므로 수익률이 떨어질 수밖에 없다는 것을 잘 알기 때문에 이러한 물건에는 크게 관심이 없다. 대신 물건 내용이 복잡하고 어려워서 잘못하면 크게 손해를 볼 수도 있으므로 일반인들은 관심조차 없는, 그래서 여러 번 유찰된 물건에 관심이 많다

고수가 될 수 있는 방법을 한 가지 소개해 본다.

최근 경매물건을 검색하다 보면, 현재 도로로 이용되는 토지가 경매로 나오는 경우가 적지 않다. 현황도로다 보니 사용 가치가 적어 절반 이하로 유찰되다가 헐값에 낙찰되는 경우가 많다. 여러 번 유찰된 후에 매수하게 되는 만큼 도로 사용료에 대한 부당이득금을 청구할 수 있다면, 수익률이 매우 높아질 수 있고, 그 때문에 이런 토지에 관심을 두는 투자자들이 있게 된다.

하지만 모든 도로가 다 도로 사용에 대한 부당이득금을 청구할 수 있는 것은 아니다. 판례에서 인정되는 배타적 사용수익권이 포기된 토지일 경우에는 도로로서의 권리를 주장할 수 없으므로 완전히 실패한 투자로 전락하게 된다. 이런 토지의 경우에는 금전청구 자체가 불가능하기 때문이다.

따라서 수익률을 높일 수 있는 도로를 낙찰받기 위해서는 미리 판례에서 인정하는 배타적 사용수익권의 포기 내용을 알아둘 필요가 있는데, 판례를 분석해 보면 배타적 사용수익권의 포기를 인정하기 위한 요건으로 크게 두 가지가 고려되고 있다. 즉 소유자의 자발성에 근거할 때 사용수익권 포기가 인정될 가능성이 크다는 것이 첫 번째이고, 당해 토지를 도로로 제공함으로써 발생하는 비용보다 이로 인하여 얻는 효용이 더 큰 경우가 두 번째이다. 이 두 가지 요소는 독립적이기보다는 함께 종합적으로 고려되어지고 있다.

포기가 인정된 사안이든 인정되지 않은 사안이든 간에 포기 여부의 기준에 대해서는 대체로 "어느 사유지가 종전부터 자연발생적으로 또는 도로 예정지로 편입되어 사실상 일반 공중의 교통에 공용되는 도로로 사용되고 있는 경우, 그 토지소유주가 스스로 그 토지를 도로로 제공하여 인근 주민이나 일반 공중에게 무상으로 통행할 수 있는 권리를 부여하였거나, 그 토지에 대한 독점적이고 배타적인 사용·수익권을 포기한 것으로 의사해석을 함에 있어서는, 그가 당해 토지를 소유하게 된 경위나 보유기간, 나머지 토지들을 분할하여 매도한 경위와 그 규모, 도로로 사용되는 당해 토지의 위치나 성상, 인근의 다른 토지들과의 관계, 주위 환경 등 여러 가지 사정과 아울러 분할·매도된 나머지 토지들의 효과적인 사용·수익을 위하여 당해 토지가 기여하고 있는 정도 등을 종합적으로 고찰하여 판단하여야 한다"는 취지로 대략적인 기준을 제시하고 있는 것 같다.

이 기준을 잣대로 해서 구체적인 사안에 따라서 결론이 정해지는데, 사용수익권 포기가 인정된 사안과 인정되지 않은 사안을 구분해서 살펴보면, 나름대로 기준을 이해하는 데 도움이 될 수 있을 것 같다.

먼저, 포기가 인정된 사안들을 살펴보자.

대법원 2006.5.12. 선고 2005다31736 판결 [토지인도등]

기록에 의하면, 망 소외 1은 광주시 실촌면 신촌리 산 13-1 임야 102,645㎡와 신촌리 산 14 임야 15,372㎡를 소유하고 있었는데, 위 토지 위로 위 신촌리와 실촌면 봉현1리를 잇는 비포장의 소로가 개설되어 있었던 사실, 위 봉현1리의 새마을 지도자였던 피고 3 등은 기존 도로가 협소하고 비포장도로여서 눈, 비가 오면 노선버스가 결행되는 등 차량 및 주민의 통행에 불편하고 따라서 봉현1리와 신촌리의 발전에 장해가 된다고 생각한 끝에 기존 도로의 주변 토지소유주들의 협조를 얻어 기존 도로를 폭 8m의 새마을 농로로 확장 및 포장하기로 하는 사업을 추진하기로 하고 1986. 5. 27. 광주군수에게 위 사업에 대한 승인을 신청한 사실, 피고 3이 위 새마을 농로 확장공사의 승인신청을 하기에 앞서 망 소외 1은 그 소유의 위 신촌리 산 13-1, 산 14 토지를 위 새마을 농로로 사용하는 데 동의하였고, 그 외 위 새마을 농로에 편입된 17필지의 토지소유주들도 그 소유의 토지를 위 새마을 농로로 사용하는 데 동의한 사실, 위 봉현1리 이장과 피고 3 명의로 작성된 위 새마을 농로 확장공사 승인신청서에 첨부된 사업계획서에 "위 새마을 농로 편입 토지소유주로부터 토지를 관에 기부채납토록 회사받았다."라고 기재되어 있는 사실, 망 소외 1을 포함한 위 새마을 농로로 편입될 토지들의 소유자들이 작성한 토지사용승낙서에는 사용료, 사용기간 등 아무런 조건이 기재되어 있지 않고, 위 각 토지소유주들에게 보상금도 지급되지 아니한 사실, 1986. 7. 22.부터 1987. 6. 2.까지 사이에 피고 광주시의 비용으로 위 새마을 농로 확장 및 포장공사가 이루어졌고, 위 도로는 농어촌도로 202호선의 일부로서 일반 공중의 통행에 제공된 사실, 망 소외 1은 1987. 8. 25. 위 신촌리 산 13-1 임야 102,645㎡에서 신촌리 산 13-2 임야 4,568㎡(이하 '이 사건 1 토지'라 한다)와 신촌리 산 13-3 임야 3,244㎡를 분할하였고, 위 신촌리 산 14 임야 15,372㎡에서 신촌리 산 14-1

임야 631㎡(이하 '이 사건 2 토지'라 한다)를 분할한 다음 위 농어촌도로 202호선에 일부분이 편입된 이 사건 1, 2 토지를 제외한 나머지 주변 토지들을 타인에게 처분한 사실, 망 소외 1을 포함하여 확장된 도로부지에 토지를 제공한 토지소유주들은 현재에 이르기까지 그 토지가 도로로 이용되는 것에 이의를 제기하거나 피고 광주시에게 보상금 또는 사용료의 지급을 요구한 바가 없는 사실 등을 알 수 있다.

위와 같이 새마을 농로 확장공사에 자발적으로 참여하여 그 사정을 알고 있었던 망 소외 1이 그 소유의 이 사건 1, 2 토지를 도로로 사용하는 데 동의한 것은 결국 피고 광주시가 이 사건 1, 2 토지 중 도로에 편입되는 부분을 도로로 점유함을 허용한다는 취지로 볼 수 있는데, 위 사용승낙을 함에 있어서 사용료를 정하지 않은 것에 비추어 보면 특단의 사정이 없는 한 피고 광주시가 위 도로 부분을 무상으로 사용하는 것을 허용한다고 볼 수 있는 점, 망 소외 1을 비롯한 토지소유주들로부터 토지사용동의서를 받은 봉현1리 이장 혹은 새마을지도자 피고 3도 위 새마을 농로에 편입될 토지의 소유주들로부터 그 토지를 해당 관청에 기부채납토록 희사받았다고 생각하고 있었던 점, 도로부지에 편입된 토지소유주들에 대하여 손실보상금이 지급되지 않았으나 이에 대하여 토지소유주들이 아무런 이의를 제기하지 않았고, 토지를 제공하였던 사람들이 보상금이나 사용료 지급을 요구하는 등 이의를 제기한 바도 전혀 없었던 점, 망 소외 1이 위 새마을 농로 확장공사가 완공되자 그 도로에 편입된 부분이 포함된 이 사건 1, 2 토지를 분할한 후 이를 제외한 나머지 토지들을 타인에게 처분한 점 등에 비추어 보면, 망 소외 1이 이 사건 1, 2 토지를 피고 광주시가 도로로 사용하는 데 동의한 것은 이 사건 토지 중 도로로 제공한 부분에 대한 독점적이고 배타적인 사용수익권을 포기한 것으로 봄이 상당하다.

대법원 2009.6.11. 선고 2009다8802 판결 [부당이득금반환]

토지소유주가 일단의 택지를 조성, 분양하면서 개설한 도로는 다른 특단의 사정이 없는 한 그 토지의 매수인을 비롯하여 그 택지를 내왕하는 모든 사람에 대하여 그 도로를 통행할 수 있는 권한을 부여한 것이라고 볼 것이어서 토지소유주는 위 토지에 대한 독점적이고 배타적인 사용수익권을 행사할 수 없다고 할 것이다. (대법원 1985. 8. 13. 선고 85다카421 판결 참조)

먼저, 기록에 의하더라도 1999. 2.경 서림아파트가 철거되고 대우아파트가 재건축된 결과 이 사건 토지 쪽에 나 있던 종전의 아파트단지 출입구가 반대쪽으로 변경되어 형성되고 이 사건 토지 쪽에는 대우아파트의 옹벽만이 형성됨에 따라 위 아파트의 입주민들은 이 사건 토지를 더 이상 통행로로 사용하지 않는다고 볼 자료를 찾아 볼 수 없다.

나아가 기록에 의하면, 원고는 위 고척동 30-3 임야 15,771㎡ 일대에 아파트 13개 동 414세대를 신축하는 대규모 주택건설사업을 추진하면서 이 사건 토지를 포함한 인근 토지에 대해서까지 토지구획정리사업을 시행하게 된 사실, 원고는 위와 같이 토지구획정리사업을 시행하는 과정에서 1978. 10. 6. 이 사건 토지를 매수하여 같은 달 10. 원고 명의의 소유권이전등기를 경료하고 그 무렵 이 사건 토지를 아파트단지 경계 부분의 통행로로서 무상 제공한 사실, 이 사건 토지는 면적이 606.9㎡로서 위 사업부지 면적의 약 3% 정도에 불과하고, 노폭이 약 6m 정도의 길고 좁은 형태로서 택지로 사용하기에는 부적합한 형태인 사실, 위 재건축사업의 시행에 따라 새로이 건립된 대우아파트는 서림아파트와 같은 부지 위에 13개동 987세대로 신축된 것인데, 아파트단지의 중앙부에는 남북을 관통하는 '옥푸른 길'이 형성되어 있고, 그 서쪽에는 위 아파트 1동 내지 8동 및 상가가, 그 동쪽에는 위 아파트 9동 내지 13동이 건립되어 있으며, 이 사건 토지는 아파트단지의 북쪽 출입구와 연접하여 서쪽 방향으로 난 통행로로서 아파트단지의 경계를 따라 형성된 '옥푸른 6길'의 구성부분을 이루고 있고, 위 도로의 구성부분인 다른 토지들과 연결되어 있는 사실, 이 사건 토지 위에는 아스팔트가 깔려 있어 사람과 차량의 통행이 모두 가능하고, 원고가 위와 같이 무상의 통행로로 제공한 때로부터 현재까지 약 30여 년 동안 아파트 입주민들과 인근 주민 등의 일반 공중은 이 사건 토지를 인접한 주거지역이나 공원 등의 근린생활시설로 이동하는 통행로로 계속 사용하여 온 사실 등을 인정할 수 있다.

사정이 이와 같다면, 앞서 본 법리에 비추어 원고는 이 사건 토지를 매수하여 아파트 입주민들과 인근 주민 등의 일반 공중을 위하여 통행로로서 무상 제공할 당시에 이에 대한 독점적, 배타적인 사용수익권을 조건 없이 포기하였다고 봄이 상당하다.

반면에, 포기가 인정되지 않은 사안도 있다.

대법원 2017.6.19. 선고 2017다211535 판결

소유자가 소유권의 핵심적 권능에 속하는 수익의 권능을 대세적으로 포기하는 것은 특별한 사정이 없는 한 허용되지 않는다. 따라서 아유지가 일반 공주의 교통을 위한 도로로 사용되고 있는 경우, 토지소유주가 스스로 토지의 일부를 도로 부지로 무상 제공하더라도 특별한 사정이 없는 한 이는 대세적으로 사용, 수익권을 포기한 것이라기보다는 토지소유주가 도로 부지로 무상 제공받은 사람들에 대한 관계에서 채권적으로 사용, 수익권을 포기하거나 일시적으로 소유권을 행사하지 않겠다고 양해한 것으로 보아야 한다.

이때 토지소유주가 사용, 수익권을 포기한 것으로 의사해석을 하는 데에는 그가 토지를 소유하게 된 경위와 보유기간, 나머지 토지들을 분할하여 매도한 경위와 규모, 도로로 사용되는 토지 부분의 위치나 성상, 인근 토지들과의 관계, 주위 환경 등 사정과 아울러 분할, 매도된 나머지 토지들의 효과적인 사용, 수익을 위하여 토지가 기여하고 있는 정도 등을 종합적으로 고찰하여 신중하게 판단해야 한다.

대법원 2000. 5. 12. 선고 98다59262 판결 [부당이득금반환]

원심이 인정한 사실 관계에 의하면, 원고는 이 사건 토지가 도로예정지의 지정고시가 되고 난 이후에 이를 비롯한 주위의 토지를 매수하여 이 사건 토지 부분을 제외한 나머지 토지상에 다세대주택을 건축하여 분양하면서 도로예정지의 지정고시가 있었기 때문에 그로 인한 사용·수익의 제한으로 말미암아 부득이 이를 건축 대상에서 제외시킨 것으로 보이는 점, 이 사건 토지는 그 면적이 484㎡이고, 그 폭이 6m나 되는 도로이며, 당시 원고의 전체 소유 토지에서 차지하는 비율이 23.47%나 되는 점, 이 사건 토지의 현황이 막다른 도로로서 원고 및 소외인들이 건축한 다세대주택이 주민들이 주로 이용한다 하더라도 향후 도시계획이 완료되면 완전한 도로로 개통될 예정으로 되어 있는 점 등에 비추어 보면, 원고가 이 사건 토지의 사용·수익권을 포기하였다고 보기는 어렵다고 할 것이다.

대법원 2004. 9. 24. 선고 2004다7286 판결 [부당이득금]

원심은, 이 사건 토지는 원고가 판시 분할 전 토지를 분할하여 매도함에 있어 이 사건 토지에 접해 있는 서울 강동구 성내동 143-2 대지의 효용가치를 높여 그 대금을 많이 받기 위하여 원고 스스로 이 사건 토지를 인근 주민들의 통행로로 무상 제공함으로써 배타적·독점적 사용수익권을 포기하였다는 피고의 주장에 대하여, 그 판시 증거들만으로 이를 인정하기에 부족하고 달리 이를 인정할 만한 증거가 없으며, 나아가 그 채용 증거들에 의하여 인정되는 다음과 같은 사정, 즉 이 사건 토지의 형상을 볼 때 분할 당시부터 도로에 제공되기 위하여 분할된 것으로 보이지는 않고, 같은 동 143-2 내지 11 대지를 분할함에 있어 자투리땅으로 남겨져 분할된 것으로 보이는 점, 같은 동 143-2 대지에서 공로로 통행하는 방법은 그 북쪽 면에 접한 이 사건 토지를 통하여 같은 동 24-1 도로로 나가는 방법 이외에 동쪽 면에 접한 같은 동 225-1 구거를 통하여 통행할 수도 있어서 위 대지에서의 통행의 확보를 위하여 이 사건 토지가 반드시 도로로 제공되어야 할 필요가 있다고 보이지는 아니하는 점, 원고가 분할 전 토지를 분할한 다음 소길영에게 같은 동 143-2 대지를 매도한 1975. 당시 위 대지 위에는 지상 1층인 단독주택이 건립되었을 뿐이어서 이 사건 토지를 도로로 제공하여 폭 8m 정도의 도로를 확보하여야만 같은 동 143-2 대지의 효용이 높아지는 것으로 볼 수 없는 점, 이 사건 토지는 분할된 이후부터 같은 동 143-2 지상 건물의 소유주 및 일반인의 통행에 사실상 제공되어 오기는 하였으나, 원고는 1991.에 이르기까지 재산세를 계속 납부해 왔던 점 등에 비추어 보면, 원고가 이 사건 토지에 관한 사용수익권을 포기하였다거나 도로로서 사용승낙을 하였다고 단정하기 어렵다고 판단하여 피고의 위 주장을 배척하였는 바, 관계 증거들을 위 법리 및 기록에 비추어 살펴보면, 이와 같은 원심의 사실인정과 판단은 정당한 것으로 수긍이 가고, 거기에 심리를 다하지 아니하고 채증법칙을 위반하여 사실을 잘못 인정하거나 독점적 · 배타적 사용수익권의 포기에 관한 법리를 오해한 위법이 있다고 할 수 없다.

따라서 대법원 판결을 종합해보면, 배타적 사용수익권이 인정되기 위해서는 사용수익권 포기에 자발성과 효용성을 함께 갖추어야 하는 것으로 엄격하게 해석하고 있는 것을 알 수 있다. 아무런 공시가 없어 사용수익권 포기 여부를 알 수 없는 선의의 취득자를 보호하는 차원에서도 사용수익권 포기를 인정하는 것은 제한적일 필요가 있기 때문인 것 같다.

불법으로 형질변경된 농지경매 사례

경매를 통해 부동산을 취득할 때는 주의해야 할 것이 많다. 등기부에 나타나지 않는 유치권, 법정지상권, 분묘기지권 등으로 낭패를 보는 사례가 적지 않다. 특히 농지경매에서는 농지취득자격증명이라는 복병을 조심해야 한다.

원래 농지를 매수해 이전등기하려면 소재지 관서의 농지취득자격증명을 제출해야 한다. 그런데 경매에서는 최고가 매수인이 매각대금을 다 내면 이전등기 전이라도 소유권을 취득한다. 그래서 법원에서 농지매각 공고를 낼 때는 대개 '농지취득자격증명원제출 요함(미제출시 보증금을 몰수함)'을 매각 조건으로 한다.

실례로 갑이 농협에서 대출을 받으며 농지에 저당권을 설정해 줬다. 갑이 대출금을 갚지 않자, 농협은 농지경매를 신청했다. 법원은 매각공고를 내면서 최고가 매수신고인은 매각결정기일까지 농지취득자격증명을 제출하라는 매각 조건을 달았다.

그리고 을이 최고가매수신고를 했는데 자신은 법에서 정한 자격요건을 충족하니 증명은 문제가 없다고 생각했다. 그런데 을이 농지소재지 면사무소에 증명발급신청을 했으나 면장은 '토지 중에서 불법으로 형질 변경된 부분에 대한 복구가 필요하고, 현 상태에서는 농지취득자격증명을 발급할 수 없다'는 이유로 반려했다.

을은 황당했다. 아직 소유자가 아닌데, 무슨 권리로 복구공사를 한단 말인가. 부동산중개사에게 물으니 반려통보서를 법원에 제출하면 매각허가결정을 받는 경우도 있다고 했다. 그의 말대로 했더니 법원은 을에게 매각허가결정을 해 줬다.

그러나 기쁨도 잠시, 채무자 갑이 항고했다. 다행히 법원은 갑의 항고를 기각했다. 그러나 갑이 다시 불복해 대법원에 재항고했는데 이번에는 결정이 뒤집혔다.

대법원의 설명은 의외로 간단했다. 농지취득자격증명 제출을 특별매각조건으로 한 경매에서 증명서를 제출하지 못하면, 집행법원으로서는 민사집행법에 따라 매각불허가 결정을 해야 한다. 이 사건처럼 최고가 매수신고인이 증명서 발급에 필요한 모든 요건을 갖추었음에도 행정청이 위법하게 발급을 거부해 그 처분이 취소될 것이 충분히 예상되는 경우에도 마찬가지다.

변경공고	변경일자 : 2017-01-09				
변경내용	2017.01.09. 변경 후 추후지정				

감정평가현황	읍제감정 , 가격시점 : 2015-08-25				감정평가서
토지	건물	제시외건물(포함)	제시외건물(제외)	기타(기계기구)	합계
294,899,000원	×	×	×	×	294,899,000원
비고	농지취득자격증명요(미계읍시 보증금 미반환). 불법현질변경된 부분은 매수인에 원상회복의무를 부담할 수 있음. 을구 2번 지상권 설정등기(1997.9.11 접수번호 제42460호). 이에 대하 지상권자인 차관자 에이회제3리유통화 건문유한회사의 말소동의서가 계출됨. 현황 일부 도로, 지상에 소재하는 컨테이너 및 창고 매각제외 × 감정평가서상 제시외건물가격이 명시 되어있지않음. 입찰시 확인요함.				

토지현황				토지이용계획/공시지가		부동산정보 통합열람
	지번	지목	토지이용계획	비교표준지가	면적	단가(㎡/평)	감정가격	비고
1	상지석동 167-24	건	계획관리지역	224,000원	913㎡ (276.18평)	323,000원	294,899,000원	
기타	수용소매는 남동측 인근에 위치 / 주위는 중소규모의 공장 및 창고 농가주역 농경지 임야 등이 혼재 / 면건까지 제반 차량의 진.출입이 가능하며 인근에 노선버스정류장이 소재 대중교통의 이용편의성은 보통 / 인접지 대비 등고평탄한 부정상 토지로 잡종지 및 건(으)로 이용 중 / 면건 남측으로 노폭 약 4미터 내외의 비포장도로에 접함 / 제한보호구역							

제시외건물현황						
	지번	층별	구조	용도	건물면적	감정가격	매각여부
1	상지석동 167-24	(ㄱ)	미상	컨테이너및창고			매각제외

임차인현황	건물소멸기준 : 1 배당종기일 : 2015-11-30(연기)					매각물건명세서	예상배당표
순위	성립일자	권리자	권리종류(점유부분)	권리금액	신고	대항	참조용 예상배당여부 (최저가 기준)
1	전입 2004-01-12 확정 없음 배당 없음	■	주거임차인 전부 (한방지상)	[보] 10,000,000원 [월] 300,000원	×	?	현황조사 권리내역 채무자

을은 상식적으로 이해할 수 없었다. 행정부, 사법부 모두 국가기관인데 한쪽에서는 위법하게 증명발급을 거부하고, 다른 쪽에서는 증명을 제출하지 않았다고 매각허가를 거부하니 말이다.

을의 하소연에 충분히 공감이 간다. 하지만 대법원도 할 말은 있을 것이다. 법령에 따라 신속하게 진행해야 하는 경매절차에서 법원이 증명발급거부처분의 위법성을 세세히 따지는 것은 타당하지 않다. 또 특별매각조건이 붙어 있었으니 매수희망자가 매각절차 참여 전에 증명발급이 가능한지 알아볼 수 있었다.

그러나 최고가신고인이 될지 불투명한 상황에서 미리 증명발급에 대해 문의하라는 것은 전형적인 관 중심적인 사고로 사법 서비스와는 거리가 멀다.

더구나 대법원 결정에 따르면 고의적인 형질변경에 의한 매각 방해를 막을 수 없다. 그러면 채권자인 농협이 피해를 입고, 이는 농협 부실화를 가져와 결국 국민이 피해를 본다. 제도개선이 시급한 이유다.

아무튼 현재는 농지경매의 경우 증명발급이 가능한지 확인하지 않은 채 보증금을 거는 것은 상당히 위험하다.

토지 공매(접도구역)

소액을 가지고 토지공매로 접도구역 토지에 투자한 사례를 검토해 보고자 한다. (사실은 접도구역인줄 모르고 검토하다가 접도구역이라는 것을 인지한 것임.)

경매물건 정보

경상남도 고성군 북평리 314=6

토지특성	
지목명	답
토지면적	215㎡(65.0평)
용도지역명1	계획관리지역
토지이용상황	답 기타
지형높이	평지
지형형상	부정형
도로접면	소로한면

온비드/ 디스코

경상남도 고성군에 위치한 계획관리지역의 39평짜리 답이다. (지분으로 이

중 15.49평만 공매에 나왔다.)

밸류맵쇼핑

토지에 대해 검토하기 전에 먼저 밸류맵쇼핑을 통해 검색을 했다. 가격을 직접 확인하지 않고 감정평가가 나오는 사이트를 이용해서 먼저 본 것이다.

▶ 감정평가 금액 : 4,505,600원

▶최저 입찰가 : 2,253,000원

▶밸류쇼핑 감정가 : 30,600,000원

소재지	경상남도 고성군 개천면 북평리 314-6번지			
지목	답 ?		면적	215 m²
개별공시지가(㎡당)	51,500원 (2022/01) 연도별보기			
지역지구등 지정여부	「국토의 계획 및 이용에 관한 법률」에 따른 지역·지구등	계획관리지역 , 소로2류(폭 8m~10m)(접합)		
	다른 법령 등에 따른 지역·지구등	가축사육제한구역(모든축종 사육제한)<가축분뇨의 관리 및 이용에 관한 법률>, 가축사육제한구역(젖소 닭 메추리 개 돼지 오리 제한)<가축분뇨의 관리 및 이용에 관한 법률>, 접도구역<도로법>		
	「토지이용규제 기본법 시행령」 제9조 제4항 각 호에 해당되는 사항			

확인도면		범례 □ 임업용산지 □ 준보전산지 ■ 계획관리지역 ■ 보전관리지역 ■ 농림지역 □ 도로구역 □ 접도구역 □ 하천구역 □ 가축사육제한구역 □ 소로2류(폭 8m~10m) □ 법정동

안타깝게도 물건지(314-14) 주소지는 검색되지 않고 바로 옆에 있는 토지의(318) 감정가만 나와서 참고만 할 수밖에 없었다. 감정평가서에 나온 내용을 확인해 보자.

토지감정평가명세표

Page : 1

일련번호	소재지	지번	지목 및 용도	용도지역 및 구조	연 적 (㎡)		감 정 평 가 액		비 고
					공 부	사 정	단 가	금 액	
1	경상남도 고성군 개천면 북평리	314-14	답	계획관리지역	128x-5 2	51.2	88,000	4,505,600	김성현지분
	합 계				어	허	어 백	₩4,505,600.~	

6. 기타사항

본건은 전세 소유권 중 '김성현' 지분만의 평가로 평가대상 지분만의 위치확인이 곤란한 바 토지 전체를 기준으로 단가를 산정하되 면적사정은 지분비율에 의하였으니 참고하시기 바람.

후성 '지적 및 건물개황도' 및 '사진용지'에 표기된 본건 지상 동측 일부를 인근지(개천리 북평리 318번지 외) 지상 건물이 점유를 하고 있는 바, 지상 건물의 소재로 인한 당해 토지 사용 수익의 저해를 받는 부분을 반영하여 평가하였으며, 정확한 점유 위지 및 면적은 경계 측량을 요하니 업무진행 및 입찰진행시 참고바람.

위 지적도 상에서 확인할 수 있듯이 해당 토지를 다른 건물이 반쯤 점유하고 있다.

1. 본건 서측 전경   2. 본건 북서측 근경   3. 본건 서측 상공 전경

4. 본건 서측 근경   5. 본건 남서측 전경 주변   6. 본건 남서측 상공 전경

343

토지 검토

감정평가서 상의 사진으로 확인이 어려워 실제 로드뷰로 확인해 보았다.

카카오맵

가장 최근 로드맵 사진 촬영일이 2020년 7월이며 예전에는 식당을 했었던 것으로 보인다. 근처에 식당가가 있다면 해당 물건도 다시 식당으로 변성할 수 있지 않을까? 주변을 둘러보았다.

해당 물건지 위쪽으로 백숙 식당이 하나 더 있었으나 2020년 11월 사진으로는 영업을 하고 있지 않았다. (창문이 깨져 있음.)

해당 물건지 아래쪽 모텔은 외관 상 아직까지 영업을 하고 있을 것으로 판단된다. 모텔은 되지만 식당은 되지 않는다는 것은 무엇을 의미할까?

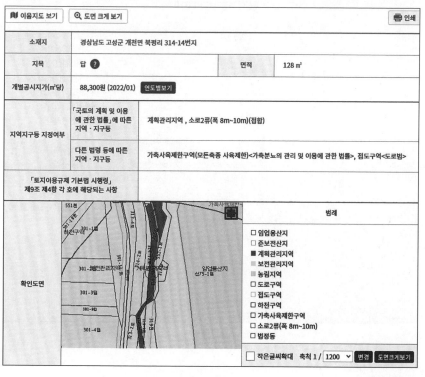

소재지	경상남도 고성군 개천면 북평리 314-14번지			
지목	답 ❓		면적	128 ㎡
개별공시지가(㎡당)	88,300원 (2022/01) 연도별보기			
지역지구등 지정여부	「국토의 계획 및 이용에 관한 법률」에 따른 지역·지구등	계획관리지역 , 소로2류(폭 8m~10m)(접합)		
	다른 법령 등에 따른 지역·지구등	가축사육제한구역(모든축종 사육제한)<가축분뇨의 관리 및 이용에 관한 법률>, 접도구역<도로법>		
「토지이용규제 기본법 시행령」 제9조 제4항 각 호에 해당되는 사항				

범례

☐ 임업용산지
☐ 준보전산지
■ 계획관리지역
■ 보전관리지역
▨ 농림지역
☐ 도로구역
☐ 접도구역
☐ 하천구역
☐ 가축사육제한구역
☐ 소로2류(폭 8m~10m)
☐ 법정동

☐ 작은글씨확대   축척 1 / 1200 ∨ 변경   도면크게보기

이제 토지를 자세히 검토해 보자. 계획관리지역에 도로도 접하고 있어 건축이 가능한 토지다.(건축이 가능하므로 뒤에 있는 주인 미상의 건물도 해당 토지 위에 건축되어 있을 것이다.)

도시계획시설 도로개설이 예정된 토지는 '도로'로 표현되지 않고 '대로, 중로, 소로'로 기재된다. 여기에 해당하는 소로2류는 폭 8M 이상 10M 미만인 도로를 말한다.

여기까지 보고 가격이 저렴하다면 투자를 진행해 보는 것도 괜찮지 않을까 하는 생각이 들었다. 하지만 토지이음에 가서 다시 자세히 살펴본 결과 접도지역임을 확인할 수 있었다. 양쪽 색칠한 부분이 접도지역이고 해당 토지는 오른쪽 접도지역에 포함되어 있었던 것이다.

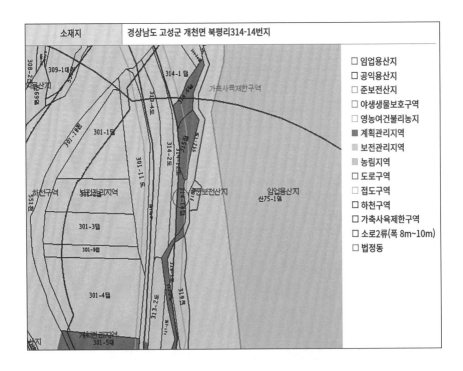

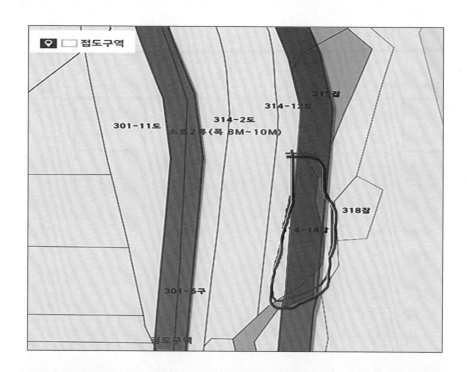

[접도구역]
도로 구조의 파손 방지, 미관의 훼손 또는 교통에 대한 위험 방지를 위하여 지정된 지역

[토지이음]
접도 구역에서는 토지의 형질을 변경하는 행위, 건축물이나 그 밖의 공작물을 신축, 개축 또는 증축하는 행위가 원칙적으로 금지된다. 그러므로 당연히 투자 대상에서 제외해야 한다.

입찰 결과

여기까지 검토 후 처음부터 토지이음 상세 지도를 보고 검토를 시작할 걸 하는 생각이 들었다. 처음에 접도구역을 확인했더라면 추가 검토로 시간 낭비를 하지 않았을 것이기 때문이다. 하지만 이왕에 검토를 시작했으니 결과를 지켜보고 싶었다.

회차/차수	입찰번호	처분방식	개찰일시	최저입찰가	입찰결과	낙찰가/낙찰율	상세입찰결과
016/001	0008	매각	2022-04-28 11:00	2,028,000원	낙찰	2,200,000원 108.48%	상세이동
015/001	0008	매각	2022-04-21 11:00	2,253,000원	유찰	-	상세이동
043/001	0020	매각	2021-11-11 11:00	2,253,000원	유찰	-	상세이동
042/001	0020	매각	2021-11-04 11:00	2,704,000원	유찰	-	상세이동
041/001	0020	매각	2021-10-28 11:00	3,155,000원	유찰	-	상세이동
040/001	0020	매각	2021-10-21 11:00	3,605,000원	유찰	-	상세이동
039/001	0020	매각	2021-10-14 11:00	4,056,000원	유찰	-	상세이동
038/001	0020	매각	2021-10-07 11:00	4,506,000원	유찰	-	상세이동

[총 8건]

1

접도지역이니 최저가로 떨어지면 누군가 싸다고 낙찰을 받거나 공유자가 가져가지 않을까 하는 초보 투자자들이 있을 것이라는 생각을 했는데, 의외로 16차수에 2명이 입찰한 것이다.

- 입찰자 A : 2,031,000원 (최저가에서 3,000원 더 씀)
- 입찰자 B : 2,200,000원 (최저가에서 172,000원 더 씀 / A와 169,000원 차이로 낙찰)

상세입찰결과

상세입찰결과

물건관리번호	2020-19219-001		
재산구분	압류재산(캠코)	담당부점	경남지역본부
물건명	경상남도 고성군 거천면 목령리 314-14		
공고번호	202202-05082-00	회차 / 차수	016 / 001
처분방식	매각	입찰방식/경쟁방식	최고가방식 / 일반경쟁
입찰기간	2022-04-25 10:00 ~ 2022-04-27 17:00	총액/단가	총액
개찰시작일시	2022-04-28 11:02	집행완료일시	2022-04-28 11:27
입찰자수	유료 2명 / 무료 0명(인터넷)		
입찰금액	2,200,000원/ 2,031,000원		
개찰결과	낙찰	낙찰금액	2,200,000원
감정가 (최초 최저입찰가)	4,505,600원	최저입찰가	2,028,000원
낙찰가율 (감정가 대비)	48.83%	낙찰가율 (최저입찰가 대비)	108.48%

대금납부 및 배분기일 정보

대금납부기한	2022-05-09	납부여부	납부
납부촉구(최고)기한	-	배분기일	2022-05-31

감정평가 평당 가격이 거의 공시지가와 비슷했고 낙찰가는 대략 공시지가 의 절반 정도 평당가로 낙찰 받은 셈이다.

낙찰자가 공유자였을까, 아니면 타인이었을까. 어떤 목적으로 낙찰을 받았 을까. 이것은 본인들만 알 것이지만 궁금했다.

공시지가

	제곱미터	평(계산)
2021	82,500	272,727
2020	78,400	259,174
2019	77,100	254,876
2018	73,700	243,636
2017	67,700	223,802

감정평가액

제곱미터	면적(평)	단가	토지 평가액
51.20	15.49	290,909	4,505,600

낙찰가

제곱미터	면적(평)	단가	토지 평가액
51.20	15.49	142,045	2,200,000

입찰자의 목적

1. 해당 토지에 걸쳐 있는 건물주가 낙찰 받았을 경우

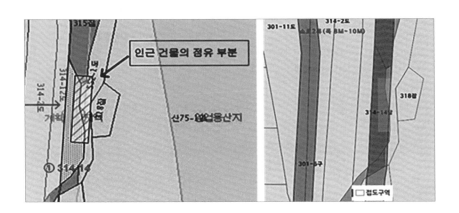

  해당 토지 314-14 일부를 인근 건물이 점유하고 있고, 해당 건물주가 낙찰을 받았을 수 있다.

  하지만 건물은 사진처럼 해당 토지 314-14와 바로 옆 토지 552-1(길쭉한 토지로 빨간색 빗금), 318(녹색 빗금) 3개 토지에 걸쳐 있는 것이다. 318은 왼쪽 두 토지가 없으면 맹지가 된다.

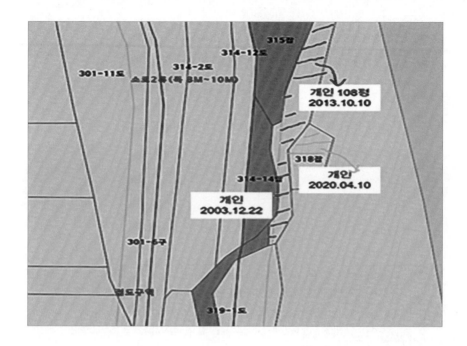

아마도 세 토지의 소유주는 가족이거나 지인일 확률이 크다는 판단이 든다. 그래서 세 개의 토지를 이용해서 건물을 건축했으며, 그 중 도로에 붙은 땅 314-14의 지분이 공매에 나왔기 때문에 나머지 2개의 토지소유주들이 입찰했을 것으로 예상할 수 있다.

접도구역으로 인한 토지 보상을 노린 경우

접도구역 지정으로 인해 종래의 용도대로 사용할 수 없거나 사용 및 수익이 사실상 불가능한 경우 해당 토지소유주는 토지 보상이 아닌 토지매수청구를 할 수 있다. 하지만 접도구역이 지정될 당시부터 해당 토지를 계속 소유한 자에 한한다.

차순위 입찰자보다 2억 원을 더 쓴
토지경매 낙찰, 잘한 선택일까?

1	당수동 ○○○	도시지역, **개발제한구역**, 자연녹지지역, 토지거래계 약에 관한 허가구역, 과밀억제권역, 자연녹지지역	전 1150㎡ (427,875평)
2	당수동 ○○○	도시지역, **개발제한구역**, 자연녹지지역, 토지거래계 약에 관한 허가구역, 과밀억제권역, 자연녹지지역	전 2116㎡ (640,09평)
3	당수동 ○○○	도시지역, **개발제한구역**, 자연녹지지역, 토지거래계 약에 관한 허가구역, 과밀억제권역, 자연녹지지역	전 423㎡ (127,958평)
		면적소계 3689㎡(1115,923평)	
		토지 : 3689㎡(1115,923평)	
• 상촌중학교 북측 인근에 위치하는 토지로, 주위는 농경지 및 농가주택 • 본건까지 차량 출입이 가능하나 제반 대중교통사정 보통시 됨 • 부정형의 대체로 평탄한 토지로 전으로 이용중임 • **맹지임**			

- 개발제한구역 (그린벨트, 개발 불가)

- 맹지(도로 없음, 개발 불가),

- 농지

대출을 받기도 까다롭고, 일반이 쉽게 투자하기 어려워 하는 3박자를 두루 갖춘 경매 건에 총 16명 그리고 7명의 입찰자들이 몰렸다.

낙찰자는 10억 5천만 원과 2억 6천만 원을 적어내 혼자서 감정가에 가까운 금액. 차순위 2등과는 무려 2억에 가까운 차이를 내고 낙찰되었다.

경매 낙찰자는 왜 이런 선택을 한 것일까? 감정가의 합계는 약 13억 3천만 원이었다.

소재지	경기도 수원시 권선구 망○○○○ 외 2필지 도로명주소검색 Daum 지도 NAVER 지도						
물건종별	농지	감정가	1,063,465,000원	오늘조회: 90 2주누적: 370 2주평균: 26 조회동향		
토지면적	3689㎡(1115.923평)	최저가	(70%) 744,426,000원	구분	입찰기일	최저매각가격	결과
건물면적		보증금	(10%) 74,450,000원	1차	2019-08-21	1,063,465,000원	유찰
				2차	2019-09-26	744,426,000원	
매각물건	토지만 매각	소유자	한○○	낙찰 : 1,050,000,000원 (98.73%)		
개시결정	2018-07-09	채무자	한○○	(입찰7명,낙찰:최○○ / 차순위금액 904,315,000원)		
사건명	임의경매	채권자	우○○	매각결정기일 : 2019.10.03		

소재지	경기도 수원시 권선구 망수○○○○ 도로명주소검색 Daum 지도 NAVER 지도						
물건종별	농지	감정가	265,655,000원	오늘조회: 75 2주누적: 412 2주평균: 29 조회동향		
토지면적	793㎡(239.883평)	최저가	(70%) 185,959,000원	구분	입찰기일	최저매각가격	결과
건물면적		보증금	(10%) 18,600,000원	1차	2019-08-21	265,655,000원	유찰
				2차	2019-09-26	185,959,000원	
매각물건	토지만 매각	소유자	한○○	낙찰 : 260,000,000원 (97.87%)		
개시결정	2018-07-09	채무자	한○○	(입찰16명,낙찰:최○○ / 차순위금액 225,703,000원)		
사건명	임의경매	채권자	우○○	매각결정기일 : 2019.10.03		

감정가

낙찰 이유를 풀어보면, 해당 토지는 개발제한구역 외에도 토지거래허가구역으로 묶여 있다.

토지거래허가구역 관련 규정을 살펴보자.

[토지거래허가구역의 지정]

토지거래량 또는 지가가 급격히 증가하는 등 토지의 투기적 거래가 성행하거나 그러한 우려가 있는 경우

[토지거래업무처리규정]

2019년 5월 7일 현재, 3기 신도시 중 하나로 본건은 수원시 당수2지구로 지정되었는데, 이미 당수1지구가 50% 이상 보상이 완료되어 가던 상황에서 당수2지구가 추가 지정되면서 경매 물건이 그 안에 속해 있었던 것이다.

참고로 토지보상금으로 재투자를 할 경우에는 취득세가 면제된다. 현행 공익사업을 위한 토지등의 취득 및 보상에 관한 법률(공취법)에 따르면 공공사업으로 토지를 수용당한 사람으로서 수용토지 반경 30km 이내에서 같은 종류의 토지를 구입한 자에게는 취득세 면제 등 세제 혜택이 주어진다.

당수1지구 내 토지소유주 등이 인접해 있는 당수2지구가 공공택지로 지정되자, 취득세 및 양도소득세 세제 혜택을 받기 위해 토지보상금으로 인근지역 토지를 구입하는 대토代土를 한 것이다.

해당 토지보상 예상가는 13억 5천만원~14억 5천만 원 정도로 추정되고, 보상까지 남은 예상 기간은 앞으로 2년 내외다.

토지보상으로 또 다시 보상받는 토지의 낙찰에 성공한 사례로 차순위 입찰자와의 가격 차이에 신경 쓰지 않은 듯한 높은 낙찰가에는 이런 속사정이 있었던 것이다.

위의 사진처럼 멀리 아파트 단지와 기반시설이 잘 갖춰져 있으면서(도시지역) 개발제한구역(그린벨트) 토지가 있다면 공익 목적 개발 가능성이 높다고 판단하면 된다.

토지보상 예정인 농지경매 투자 수익률은?

경상남도 사천시 사천읍 선인리에 소재한 농지로 한번 유찰이 되어 경매 진행 중인 물건이다.

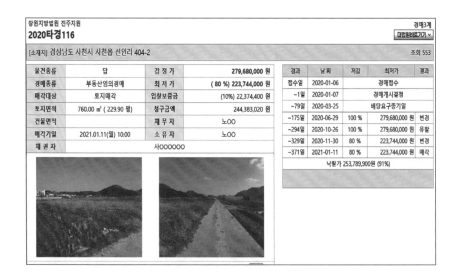

760㎡(229.9평)짜리 농지로서 감정가는 279,680,000원, 한 번 유찰이 되어 최저가 223,744,000원이었다.

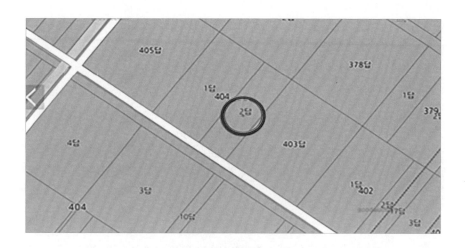

경지정리가 잘 되어 있는 농업진흥구역으로, 즉 절대농지로 보인다. 농업진흥구역은 절대농지로서 건축행위가 불가능하다. 건축행위가 가능한 물건은 농가주택, 즉 농업인만 농가주택으로 건축 행위가 가능하기 때문에 투자가치는 상당히 낮다.

하지만 이 물건에는 숨어 있는 매력이 있었다. 경상남도의 농업진흥지역 해제고시에 속해 있다는 것이다.

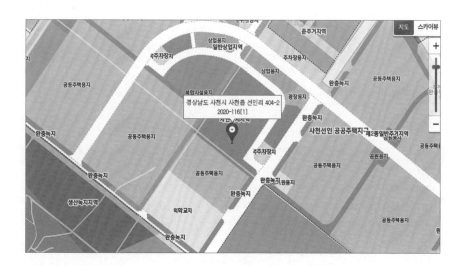

경상남도 고시 제2019-530호 농업진흥지역 해제 고시(사천 선인 공공주택지구 조성사업)

자, 어떤가? 감이 좋은 이라면 무언가 와 닿는 것이 있을 것이다.

관심을 가지고 검색을 하다보면 좋은 정보를 얻게 되고 곧 수익으로 다가올 수 있는 기회가 많아진다. 농업진흥지역 해제 밑에 사진의 주소지를 보면 모두 농업진흥지역 해제라는 내용인데, 번지수가 무척이나 많다. 왜 이렇게 많을까?

무언가 개발을 위해서 아마 규제를 해제하는 걸로 보인다.

농업진흥지역 해제 토지조서

□ 사천선인 공공주택지구 조성사업(농업진흥지역 → 농업진흥지역 밖)

210	사천시	사천읍	선인리	404-2	답	760	농업진흥구역	760	농지
211	사천시	사천읍	선인리	404-3	답	1,983	농업진흥구역	1,983	농지
212	사천시	사천읍	선인리	404-4	답	1,983	농업진흥구역	1,983	농지
213	사천시	사천읍	선인리	404-5	답	2,017	농업진흥구역	2,017	농지
214	사천시	사천읍	선인리	404-6	답	66	농업진흥구역	66	농지
215	사천시	사천읍	선인리	404-7	답	364	농업진흥구역	364	농지
216	사천시	사천읍	선인리	404-8	답	1,190	농업진흥구역	1,190	농지
217	사천시	사천읍	선인리	404-9	답	397	농업진흥구역	397	농지

218	사천시	사천읍	선인리	404-10	답	1,980	농업진흥구역	1,980	농지
219	사천시	사천읍	선인리	404-11	답	1,983	농업진흥구역	1,983	농지
220	사천시	사천읍	선인리	404-12	답	1,459	농업진흥구역	1,459	농지

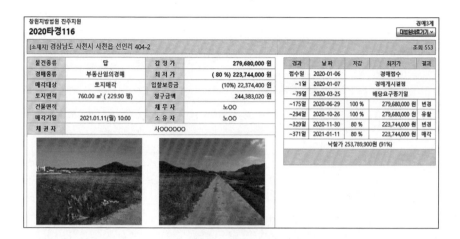

위 사진의 경매물건을 보면 선인리 404-2번지인데, 404-2라는 숫자가 있는지 찾아보겠다.

위 사진의 별색으로 그은 줄을 보면 210번 선인리 404-2번지가 있다. 농업진흥구역 해제면적은 760㎡이다. 404-2번지 760㎡는 농업진흥구역이 해제되었다는 말이 된다.

위 사진의 토지이용규제서비스를 보면 공시지가는 182,700원이며, '국토의 계획 및 이용에 관한 법률'에서 자연녹지지역/지구단위계획구역/근린공원으로 지정돼 있다.

자, 어떤가? 어떠한 다른 법령 등에 따른 지역, 지구 등 모든 글을 찾아봐도 농업진흥지역이라는 글은 없다!

알고 보니 이게 고시처럼 해제가 된 지역이다.

위 사진을 한번 보겠다.

사천 선인공공주택지구를 보면 개발구역이다. 경매물건은 지금 근린생활
용지로 지정이 되어 있다. 아니 이게 무슨 말인가? 농업진흥구역인 농지가 해
제가 되어 지구단위계획으로 지정이 되어 있고 또한 근린공원으로 2018년
10월 5일에 지정되었다.

위 사진의 물건의 감정가는 현재 감정가 평당 973,000원 정도로 판단이 되
고, 한번 유찰이 되었으니 최저가로만 낙찰을 받아서 가져온다면 괜찮은 물
건이라고 생각한다. 평당 60~70만 원 정도로만 받아오고 수용을 되어 보상을
받으면 단기투자로 최소 1.5배에서 2배 이상 수익이 생긴다고 보면 되겠다.

하지만 여기서 중요한 점은 수익을 생각하다 보니 기간도 중요하다는 것이
다. 수용은 언제 하는지? 보상 협의는 언제부터 어떻게 진행이 되고 있는지
관심 있게 조사를 잘 해볼 필요가 있다.

수익을 내기 위해선 현장의 임장을 가서 정확히 조사를 해야 하며 여러 가
지 정보와 부동산의 가치 파악을 잘 하고 투자해야 한다.

농지경매 체크 포인트

1. 농지를 취득하고자 하는 자는 농지의 소재지 읍 · 면 · 동사무소에서 농

지취득자격증명을 발급받아 제출하여야 한다.

① 농지를 입찰하여 최고가매수신고인(낙찰자)이 된 자는 매각기일부터 매
　각결정기일(매각기일 7일 후)까지 농지취득자격증명을 법원에 제출하여야
　낙찰허가결정을 받을 수 있다.

② 단, 토지이용계획확인서등에 의해 농지취득자격증명이 필요하지 않음
　이 소명된 경우에는 매각이 허가될 수 있다.

2. 농지취득자격증명을 제출기한

낙찰 받은 자는 매각결정기일(경락 후 5~7일) 이내에 법원에 농지취득자격
증명을 제출하여야 한다.

3. 낙찰 후에 농지취득자격증명을 제출하지 못하면

① 법원은 매각을 허가하지 않으며(낙찰불허가), 입찰보증금을 반환하지 않
　고 몰수한다. 부득이한 사유로(농지위원들의 장기출장 등) 농지취득자격증
　명을 제출하지 못한 경우에는 그 사유를 소명하면 입찰보증금을 반환
　해 주는 경우(법원)도 있다. 그러나 실무에서는 반환받기란 많은 수고가
　있어야 한다는 것이다

② 채무자나 소유자가 경락자와 짜고 농지취득자격증명을 제출하지 않는
　방법으로 입찰절차를 지연시키는 경우에는 입찰보증금을 몰수할 수도
　있다.

4. 농지 응찰 전에 임장(현지) 활동, 조사사항은 무엇인가?

① 해당 농지에 대하여 낙찰 후 농지취득자격증명을 받을 수 있는가?

② 제출기한 내에 제출할 수 있는가?

③ 지상에 법정지상권이 성립되는 물건은 없는가?

④ 분묘기지권이 성립되는가?

⑤ 외형상의 경계와 공부상의 경계가 일치하는가?

⑥ 거리, 수로, 유량, 토질, 높낮이는?

5. 농지취득 후 분묘가 있을 경우에 분묘의 처리 방법은?

① 혹 어떤 이들은 분묘가 있는 농지나 임야를 헐값에 낙찰 받아 분묘를 이
   장 처리하면 큰 수익을 올릴 수 있다고 주장하는 경우도 있으며, 그 분
   묘 처리 방법에 대하여도 몇 가지 방법이 있음을 노하우인 것처럼 설명
   할 수도 있을 수 있다.

② 그러나 "아니다"가 맞다. 어느 누가 내 조상의 묘를 파헤쳐 이장하거나
   어느 곳에 안치해 놓고 "이곳으로 안치해 놓았습니다." 라고 하면, 그 자
   손이 그에게 "예, 감사합니다." 하고 응하겠는가? 아마 그 자손들은 법
   은 멀고 주먹은 가까우니 바로 폭력까지 동원하게 될 수 있을 것이다.

③ 분묘도 예고등기와 같이 무시무시한 것이다. 농지나 임야 응찰 시 분묘
   가 있다면 그 땅이 개발구역으로서 국가권력으로 파헤친다면 몰라도 내
   조상의 묘지 터로 쓰고자 하지 않는 한 피하는 것이 좋다.

농지 지분경매 시
농지취득자격증명 발급은 가능한가?

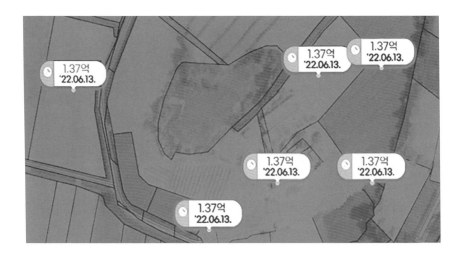

위 지도에서 보는 것처럼 11명 공유로 된 6필지 토지가 경매로 나왔는데, 이 경매토지물건은 과연 농지취득자격증명이 나올까?

공유지분 토지는 '여기부터 저기까지는 내 땅'이라고 딱 지정되어 있는 게 아니다. 11명 모두 골고루 나누어 가지고 있는 개념이므로 어디가 내 땅이라고 하기가 애매하다. 즉 공유로 소유한다는 것은 내 땅의 위치가 불분명하다는 것이고, 어디가 내가 경작해야 할 땅인지 모르기 때문에 경매 입찰 시 주의를 요한다.

사례로 소개하는 경매물건은 평택 화양지구 안중버스터미널 근처의 토지다. 이런 토지를 경매로 낙찰 받을 때 꼭 알아야 하는 것 중 하나가 바로 개발계획으로 미래가치를 보여주는 척도이기 때문이다.

투자가치, 호재. 시장상황 등

화양지구는 민간주도 도시개발사업 중 최대 규모를 자랑하는 신도시로 서울 여의도 면적과 비슷한 규모로 조성된다. 2023년 서해선 복선전철 안중역이 개통을 앞두고 있으며 안중역을 지나는 서해선~경부고속선(KTX) 연결 사업이 제4차 국가철도망 구축계획에 반영된 곳이다. 오는 2025년에는 평택시청 안중출장소가 화양지구로 이전할 예정이며, 같은 해 병상 350개 규모의 대형 종합병원도 들어서며, 또한 초등학교 4개, 중학교 2개, 고등학교 2개 등 다수의 학교도 건립되는 등 미래가치가 충분하다는 것은 이미 다 알고 있는 사실이다.

경매 정보

2021 타경 44556 (1)(2)

총 면적 : 약 702평

감정가 : 약 6억 5300만 원

한번 유찰되어 약 4억 5710만 원 (평당 약 65만 원)

인근 토지 거래사례로 지가 평가

거래일자	거래유형 ⓘ	거래금액	단가	가격변동 (토지단가 당)	유형
2021년 04월	-	345,000천원	839,217원/3.3㎡	163% 상승	토지
2015년 08월	-	131,000천원	318,660원/3.3㎡		토지

84,540,000원

- 거래시점

2021년 07월

- 토지면적당 단가 ♻단위

1,091,684원/3.3㎡
거래면적 : 77.44(3.3㎡)

일단 토지는 자주 거래가 일어나는 게 아니라서 거래사례를 비교하기가 쉽지 않은 부분이 있어 2022년에 거래된 사례는 찾지 못 했다. 그럼에도 결론은 예로 제시한 경매물건 평당 65만 원이라면 저렴하게 나온 것으로 보인다.

공유지분 토지, 과연 농지취득자격증명은 나올까?

하지만 여기에는 문제가 있다. 바로 농지취득자격증명이다. 이제 농지를 취득할 때 가장 중요한 농지취득자격증명에 대해 이야기해 보겠다. 농지법은

2021년 5월에 개정되어 시행되고 있다.

예전에는 주말·체험영농의 용도로 농업진흥지역 내외 구분 없이 농지를 매수할 수 있었다. 1,000㎡ 미만도 농림지역을 살 수 있었는데, 현재는 1,000㎡ 미만 농림지역 땅은 주말·체험영농으로 사용할 수 없도록 개정된 것이다.

종전 규정을 반영해 주말·체험영농을 목적으로 농업진흥지역 땅을 소유하고 있는 자는 소유가 가능하지만 현재 땅을 전혀 가지고 있지 않은 사람들은 주말체험·영농 목적으로 농업진흥지역 내 농지 취득할 수 없다. 따라서 농지취득자격증명 발급이 확실치 않으면 농지경매에 참여하면 안 된다. 입찰보증금을 돌려받을 수 없기 때문이다.

〈2022. 5. 18 시행〉

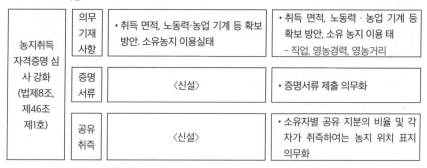

농지취득 자격증명 심사 강화 (법제8조, 제46조 제1호)	의무 기재 사항	• 취득 면적, 노동력·농업 기계 등 확보 방안. 소유농지 이용실태	• 취득 면적, 노동력·농업 기계 등 확보 방안, 소유 농지 이용 태 - 직업, 영농경력, 영농거리
	증명 서류	〈신설〉	• 증명서류 제출 의무화
	공유 취즉	〈신설〉	• 소유자별 공유 지분의 비율 및 각자가 취즉하여는 농지 위치 표지 의무화

법 개정으로 신설된 규정에 의해 이 경매물건의 경우 "소유자별 공유지분의 비율 및 각자가 취득하려는 농지 위치 표시 의무화" 되었으며, 그래야 농지취득자격증명이 나온다.

따라서 공유지분 토지는 낙찰 받기 전에 공유자를 다 만나서 서로 농사를 지을 부분을 구분해야 되고, 공유지분자들과 협의가 돼야 한다. 즉 구획을 나눠서 제출해야 한다.

취득할 농지구획이 정확하지 않으면 농지취득자격증명은 발급이 안 된다. 즉 현재 농민이면서 이 공유자들을 잘 알고 있는 이들이 농지 지분경매에 참여해야 낙찰 확률이 높을 것 같다.

3기신 도시 개발지 주변 농지 입찰 사례					
사건번호	(임의)2020-13994	감정가	484,200,000원	종별	답
중복/병합		최저가	484,200,000원 (100.00%)	채권자	가평군농협
경매기일	2021/06/11	청구액	201,040,313원	채무자	이○○
경매개시일	2020/08/21	배당종기일	2020-11-09	소유자	
건물면적	-	토지면적	406.86vud(1345㎡)	지분경매	-
소재지	경기도 남양주시 진건읍 배양리 ○○○			토지이용계획확인서	
관할법원	의정부지방법원 경매3계 임의(전화: 031-828-0323)			최종상태	신건
주요사항	- 농지취득자격증명 제출요함(미제출시 보증금 미반환). 매각에서 제외되는 제시외 건물 있음. - 현지답사시 만난 채무자 겸 소유자 이○○의 진술에 의하면 목록1. 부동산상에 자신과 임차인 김○○이 거주하고 있다고 함,				

▶**토지 입지** : 남양주시 다산동을 기준으로 인근 10km 내에 북서쪽으로 의정부IC, 고산IC, 퇴계원, 별내 IC가 있고, 서쪽으로 사노IC, 남서쪽에 구리 IC, 북동쪽에 영송IC, 진관IC, 신월IC, 동쪽에 먹골IC, 사릉IC, 진관IC, 사노IC, 호평IC, 마석IC 등이 있다.

이는 교통의 중심지로서 기왕이면 단기투자가 아닌 장기로 묻어둘수록 시세차익이 계속 오르는 좋은 물건으로 보인다.

▶**지목 : 답**

장기적 거시적 프로젝트로 차후 개발허가용도변경 가능성이 충분히 높다고 예상. 현재는 도시지역, 자연녹지지역

▶**주의사항** : 농지취득자격증명 제출 요함.

▶**면적 406.86평** : 낙찰 후 용도변경신청 후 전원주택, 카페, 식당, 캠핑, 체험장 등으로 이용하기에 면적이 넓고 사방으로 고속도로 IC들이 가까워서 활용도가 높다.

▶**지하철 호재** : GTX-B노선 외에도 3기 신도시 다산동 8호선 연장 2023년 완공, 하남미사 7호선, 9호선 연장구간 등.

A노선 : 15% 진행 중이고, 삼성역과 연관됨, 2026년 준공 예상

B노선 : 2030년 준공 예상

C노선 : 2027~2029년 준공 예상

D노선 : 2035년 준공 예상

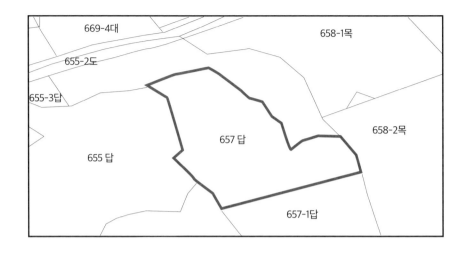

일단 경매토지의 입지를 보면 매우 유망한 투자물건으로 판단된다.

그럼 경매토지에 대해 알아보자.

물건 정보

주변환경/감정		임대차 관계	등기 내역
[토지환경] ▶본건은 남양주시 진건읍 배양리 소재 '남양주진관일반산업단지' 동측 인근에 위치하는 부동산(토지)으로서 주위는 취락지구내 단독주택, 공장용지, 창고용지 및 농지가 혼용되는 지역으로서 제반 주위환경은 보통시 됨. ▶본건은 맹지로서 본건 인근토지까지 차량접근이 가능하며, 동측 인근 진관로변에 노선버스정류장이 소재하여 전반적인 대중교통상황은 무난한 편이며, 인근 지방도 경유 46번국도 진관IC 및 외곽순환도로 퇴계원IC로의 진출입도 원활한 편임. ▶부정형 평지로서 전(일부제시외 비닐하우스 등 소재)으로 이용중임 ▶맹지임.	**[경매감정가]** 484,200,000원 **[토지감정가]** 484,200,000원 (100.00%) **[감정가시점]** 2020년09월01일 **토지이용계획** 공장설립승인지역 배출시설설치제한지역 도시지역 개발제한지역 성장관리지역	**[전입(임차)내역]** 김○○ 차임 : 300,000 *전입확인필 **[비고]** 현지출장시 만난 채무자 겸 소유주 이○○의 진순에 의하면 목록 1. 부동산상에 자신과 임차인 김○○이 거주하고 있다고 함 -배당요구 종기일 : 2020/11/09	소유권 이○○ 1984년 06월 26일 (근)저당 농협자산관리 2017년09월20일 금 273,000,000원 지상권 가평군농협 2017년09월20일 임의경매 가평군농협 2020년08월21일

소재지/면적		
경기도 남양주시 진건읍 배양리 ○ ○ ○		
답 1345㎡(406.86평) (현 : 전 등) 제시외 수목 입찰외 비닐하우스 84 *법정지상권 성립 여부 불분명 (확인요망)	감정지가 : 360,000㎡ 토지감정 : 484,200,000 평당가격 : 1,190,090	

대상 토지와 연결되는 폭 2m 도로가 있고, 현재 왕숙지구 6만 세대 건설에 따른 호재로 인해 기존 도시지역에 자연녹지지역으로 되어 있다. 입지가 입지인 만큼 다산동 바로 북부에 위치해서 미래가치로 신도시 준공 이후를 상상해볼 수 있을 것이다.

대장을 확인해 보자.

대장

토지소재지

토지소재	경기도 남양주시 진건읍 배양리
지번	657-0(진관로 303번길 20-1)

기본정보

소유구분	개인
축척	1:1200
지목	답
면적(㎡)	1,345
이동일자	2001.09.12
이동사유	행정구역명칭변경

부가정보

공시지가	253,800원(㎡당)
국토의 계획 및 이용	도시지역, 자연녹지지역
법령에 따른 지역/지구	개발제한구역〈개발제한구역의 지정 및 관리에 관한 특별조치법〉, 성장관리권역〈수도권정비계획법 〉

격차율 산정

구분	기호	단가 (원/㎡)	시점수 정*2)	지역요 인*3)	개별요 인*4)	산출단가 (원/㎡)	격차율
비교사례기준*1) 비교표준지 공시지가	가	351,000	1.06258	1.000	1.208	450,542	1,542
비교표준지 공시지가	A	282,000	1.03577	1.00	1.000	292,087	

*1)선정사유	비교표준지와 용도지역, 이용상황 등 개별요인의 비교 가능성이 높은 사례를 선정함						
*2)시점수정	남양주시 녹지지역(2019. 07. 10 ~ 2020. 09. 01)						1.06258
*3) 지역요인	인근지역에 소재하여 지역요인은 유사함.						1.000
*4) 개별요인	가로조건	접근조건	환경조건	획지조건	행정적 조건	기타조건	격차율계
	~	1.15	1.00	1.05	1.00	1.00	1.208
의견	표준지는 선례 대비 접근조건(농로의 상태 및 취락과의 접근성 등). 획지조건(경사도 등)에서 전반적으로 우세임.						

환경입지는 1.0 정도면 매우 우수한 우세권으로 보면 된다.

입찰에 참가하기 위해 먼저 주변 유사 토지와 비교해 지가를 분석해 보자. 각종 비교사례분석과 공시지가와 감정가와, 여러 가지 감정평가서에 나오는 산술법을 다각도로 올려서 나온 감정평가액 평가를 했구나 하는 정도로 보면 된다.

기호	구분	기준시점	소재지	용도지역 이용상황	지목	단가 (원/㎡)	선정여부
가	경매	2019.07.10	진건읍 배양리 ○○○	개발제한 전	전	351,000	선정
다	담보	2020.02.14	진건읍 배양리 ○○○	개발제한 전	답	439,000	-

인근 유사 토지 호가 수준

구분	호가수준
본건 인근 녹지지역내 농지	세로변 농지는 접근성 등에 따라 400,000~480,000원/㎡ 내외 수준
본건 인근 녹지지역내 전지타(동식물시설부지)	도로조건 접근성 등에 따라 700,000~830,000/㎡ 내외 수준

유사부동산의 낙찰가율 통계(KAIS 태인, 최근 6개월 기준)

지역	용도	낙찰가율(%)
남양주시	전	70.47
	답	59.34

입찰가를 정하기 위해 인근 유사한 입지를 가진 토지를 기준으로 조사한 결과, 녹지지역 내 농지는 평당 40만원~48만 원, 기타로 70~83만원 수준으로 나왔다.

지금 이 가격으로 사고 미래에 평당가 200만 원 이상 오를 수 있음을 상상하고 낙찰 예상하였다.

거래사례비교법에 의한 토지의 시산가액

기호	사정면적(㎡)	적용단가(원/㎡)	시산가액(원)	비고
1	1,345	368,000	494,960,000	현황 전
합계	1,345		494,960,000	-

토지가액의 결정
시산가액

구분	시산가액(원)	비고
공시지가기준법에 의한 시산가액	484,200,000	-
거래사례비교법에 의한 시산가액	494,960,000	-

공시지가 기준법과 거래사례 비교법에 의한 시산가액으로 토지가액을 결정한다. 약간의 차이는 있지만 보아야 할 감정평가액 기준으로 낙찰가로 얼마로 쓸 것인가이다.

물론 그것은 아무도 알 수 없는 것이지만 경쟁률이 꽤 있을 것으로 예상되었다. 낙찰가에서 80~100~110~120%~150%를 써서 낙찰을 받았던 다산동 중심 상권 토지가 그러했지만 이 물건은 아직 시작 단계인 농지이기 때문이다.

감정평가액

기호	사정면적(㎡)	적용단가(원/㎡)	시산가액(원)	비고
1	1,345	360,000	484,200,000	현황 전
합계	1,345		494,960,000	-

• 제시외건물로 인하여 제한받는 경우의 토지가격은 324,000원/㎡ × 1,345㎡ = 435.780.000원 입니다.

토지감정평가 명세표

일련번호	소재지	지번	지목 및 용도	용도지역 및 구조	면적(㎡)		감정평가액		비고
					공부	사정	단가	금액	
1	경기도 남양주시 진건읍 배양리	657	답	자연녹지지역 개발제한구역	1,345	1,345	360,000	484,200,000	현황 '전 등' 제시외비닐하우스 제외
	합계							484,200,000	

낙찰 후 잔금 미납으로
몰수당하는 보증금을 찾는 법

가령 최저가 1억 원인 경매 물건일 경우 보증금 1000만 원을 내고 경매에 참여했는데, 이 물건을 잘못 분석해 낙찰 받았다가 포기해야 한다면 보증금은 몰수당하는데, 불허가신청이 되면 보증금을 돌려받을 수 있다.

그런데 법률 규정에 의한 경매는 아무나 돌려주지 않고 일정한 요건으로 신청하여 법원에서 결정되면 불허가가 받아들여 보증금을 돌려받게 된다. 이에 대한 조건은 앞에서 이야기했으므로 여기에서는 사례를 통해 보도록 한다.

사례 1

서산지원　2020 타경 50780(1)			
소재지	충청남도 서산시 인지면 풍전리 산24-17		
물건용도	대지, 임야, 전답	감정평가액	185,518,000원
사건명	부동산임의경매	최저매각가격	(49%) 90,904,000원
토지면적	8066㎡ / 2439.97평	입찰보증금	(10%) 9,090,400원
건물면적	0㎡ / 0평	청구금액	100,000,000
대지권면적	8066㎡ / 2439.97평		

입찰기일	2020-12-29 까지		
회차	매각기일	최저가에 각금액	결과
1차	2020.10.20	185,518,000	유찰
2차	2020.11.24	129,863,000	유찰
3차	2020.12.29	90,904,000	

2020타경 50780 물건은 두 번 유찰되어 단독으로 입찰하여 1억 원에 낙찰되었으나 이 물건은 맹지에 묘까지 있어 낙찰을 포기하고 잔금을 납부하지 않으면 당연히 보증금 900만 원 또한 포기해야 한다.

보증금을 찾은 방법을 모색하면서 다행히 이 물건에 존재하는 몇 기의 묘가 감정평가서나 물건명세서에 없다는 사실을 들어 불허가신청을 함으로써 보증금을 환급받았다.

사례 2

2014타경 828 물건은 첫 낙찰가의 최저가가 1억 7,500만 원 정도인데 입찰은 무려 18억 원에 입찰한 사건이었다. 금액을 한자리 더 썼기에 잘못 입찰한 것이다.

분명 1억 8,121만 원에 입찰한다는 것이 18억 원을 써서 입찰했으니 잔금을 납부할 수가 없었다.

이럴 경우 보증금 1,752만 원을 포기하는 것이 맞다. 하지만 이때 입찰가의 중대한 착오와 현 시세 등을 이유로 불허가신청을 하였으며 법원에서 받아들여져 보증금 1,752만 원을 환급 받은 사례다.

이럴 경우가 가끔 있는데, 이럴 땐 반드시 법원 출신 법무사 중 경매를 잘 아는 법무사를 찾아가서 의뢰하는 것이 현명하다.

사례 3

2021타경51312

[소재지] 충청남도 서산시 고북면 기포리 299-1			
물건종류	전	**감정가**	45,237,200 원
경매종류	부동산임의경매	**최저가**	(34 %) 15,254,000 원
매각대상	건물제외 및 토지지분매각	**입찰보증금**	(10%) 1,525,400 원
토지면적	542.00 ㎡ (163.96 평)	**청구금액**	122,127,640 원
건물면적		**채무자**	박OO
매각기일	2021.02.02(화) 10:00,12:00	**소유자**	김OO
채권자		기OOOOO (OO	

2019타경 51312 사건은 토지경매인데, 전으로 되어 있기에 농지취득증명원(농지취득자격증명)을 발급받아야 매각이 허가되는 사건이다.

하지만 이 토지 위엔 건물이 존재하므로 농지취득자격증명이 발급되지 않는데 이렇게 되면 농지취득자격증명을 제출할 수 없으며 보증금은 몰수된다.

이때 낙찰자는 해당 농지취득자격증명 담당자에게 녹취증이 발급되지 않는 이유를 서면으로 받아 이 내용을 법원에 제출하면서 불허가신청을 하게 되면 보증금을 환급받을 수 있다.

그 후 다음 낙찰자는 농지취득자격증명에 대해 행정소송과 조건부 허가를 전제로 결국 허가를 받은 사건이다.

농지가 경매로 나오게 되면 건물이나 지장물로 인해 농지취득자격증명이 안 나오는 경우가 많은데, 이렇게 농지취득자격증명 미발급 사유를 제출하거나 경매 전 미리 발급 여부를 확인하는 것이 바람직하다.

사례 4

2021타경670

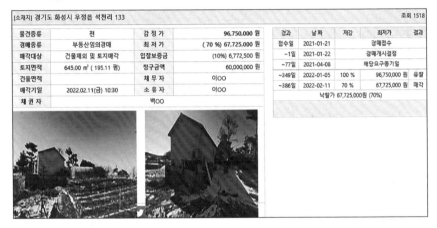

[소재지] 경기도 화성시 우정읍 석천리 133				조회 1518					
물건종류	전	감 정 가	96,750,000 원		경과	날짜	저감	최저가	결과
경매종류	부동산임의경매	최 저 가	(70 %) 67,725,000 원		접수일	2021-01-21		경매접수	
매각대상	건물제외 및 토지매각	입찰보증금	(10%) 6,772,500 원		~1일	2021-01-22		경매개시결정	
토지면적	645.00 m² (195.11 평)	청구금액	60,000,000 원		~77일	2021-04-08		배당요구종기일	
건물면적		채 무 자	이○○		~349일	2022-01-05	100 %	96,750,000 원	유찰
매각기일	2022.02.11(금) 10:30	소 유 자	이○○		~386일	2022-02-11	70 %	67,725,000 원	매각
채 권 자	백○○				낙찰가 67,725,000원 (70%)				

2021타경 670 사건은 위에서 보는 것처럼 낙찰이 되어 농지취득자격증명까지 접수되었으나 이해관계인이 경매 절차에 대한 하자를 이유로 불허가신청을 하였으며 결국 불허가되었다.

불허가신청은 낙찰자만 하는 것이 아니라 경매로 매각되는 것을 막으려는 사람이 하므로 이때 낙찰자는 매각을 원하지만 채무자가 경매 절차상 송달 등의 문제로 불허가를 신청하였기에 다시 매각 일정이 잡히거나 취하될 가능성도 있다.

2020타경 3447 사건은 매각은 되었으나 채무자 겸 소유자가 경매 당일 강제집행정지 신청서를 법원에 접수하였으며, 이를 법원에서 받아들여 매각불허가 되었다. 이런 물건은 한동안 소송이 끝날 때까지 나오지 않는다.

사례 5

경기도 연천군 전곡읍 늘목리 3-1, 외9필지

감정가 1,480,250,000

최저가 **1,480,250,000 (100%)**		보증금 **148,025,000**
물건종별 **공장**	경매상태 **매각/매각허가등**	매각기일 **2022.10.12 10:00**

건물면적 324㎡ | 98.01평		소유자 룡●●●●●●
토지면적 4944㎡ | 1495.56평		채무자 룡●●●●●●
매각물건 전물 토지		채권자 함●●●●●●
토지건물 일괄매각		

구분	입찰기일	최저매각가격	상태
구분	매각기일	최저매각가격	결과
	2020.12.30	1,480,250,000	변경
1차	2022.10.12	1,480,250,000	

매각 1,722,000,000원 (116.33%) / 입찰 3명 / 태흥제이콘(주)

이상으로 불허가 사유에 대해 알아보았는데, 사실 위 사례보다 훨씬 자주 일어나는 일이다. 다만 종종 일어나는 사건을 중심으로 알아보았을 뿐이며 이외에도 많은 사건 중 하나는 과잉 매각으로 인해 불허가도 꽤 많다. 가령 청구액은 1억 원 정도인데 여러 가지 물건을 모두 경매로 접수하여 청구액이 만족하게 되면 나머지는 과잉 매각으로 불허가된다.

매각불허가는 좀 어려울 순 있지만 경매에 잘못 입찰한 사람이나 이해관계 인에게는 매우 중요하므로 잘 알아 놓아야 한다.

부 록

경매 용어 정리

각하

국가기관에 대한 행정상 또는 사법상의 신청을 배척하는 처분 특히, 소송상 법원이 당사자 그 밖의 관계인의 소송에 관한 신청을 배척하는 재판을 말한다. 다만 민사소송법상 기각과 구별하여 사용하는 경우에는 소송요건 또는 상소의 요건을 갖추지 않은 까닭으로 부적법인 것으로서 사건의 일체를 심리함이 없이 배척하는 재판을 말한다.

감정인

특별한 지식 경험에 속하는 법칙이나 이를 구체적 사실에 적용하여 얻은 판단을 법원이나 법관에 보고하는 자를 말한다. 감정인은 일정한 경우 감정전에 반드시 선서하여야 하는데, 선서하지 않고 하는 감정은 증거 능력이 없다. 또한 허위감정은 처벌을 받는다.

감정평가액

집행법원은 감정인으로 하여금 부동산을 평가하게 하고 그 평가액을 참작하여 최저 매각가격을 정한다. 감정인의 평가액을 그대로 최저 매각가격으로 정하여야 하는 것은 아니지만 실무에서는 대부분 감정인의 평가액을 그대로 최저 매각가격으로 정하고 있다. 감정평가서에는 최소한 감정가의 결정을 뒷받침하고 응찰자의 이해를 도울 수 있도록 감정가를 산출한 근거를 밝히고 평가 요항, 위치도, 지적도, 사진 등을 첨부하여야 한다. 그리고 이 감정평가서는 매각기일 1주일 전부터 매각물건명세서에 첨부하여 일반인의 열람이 가능하도록 비치하게 되어 있다.

강제경매

채무자 소유의 부동산을 압류, 환가하여 그 매각대금을 가지고 채권자의 금전채권의 만족을 얻음을 목적으로 하는 강제집행 절차 중의 하나이다.

개별 경매

수 개의 부동산에 관하여 동시에 경매신청이 있는 경우에는 각 부동산별로 최저 경매 가격을 정하여 경매하여야 한다는 원칙이다. 법에 명문 규정은 없으나 이 원칙은 1개의 부동산의 매각대금으로 각 채권자의 채권 및 집행비용의 변제에 충분한 때에는 다른 부동산에 대한 경락을 허가하지 아니 하며, 이경우 채무자는 경락할 부동산을 지정할 수 있다는 규정과 일괄 경매에 관한 특칙이 있음에 비추어 명백하고, 다만 법원은 수 개의 부동산의 위치, 형태, 이용 관계 등을 고려하여 이를 동일인에게 일괄매수시킴이 상당하다고 인정한 때에는 자유 재량에 의하여 일괄 경매를 정할 수 있다.

경락기일

집행법원은 경매기일의 종결 후 미리 지정된 기일에 경락기일을 열어 경락의 허부에 관하여 이해관계인의 진술을 듣고 직권으로 법정의 이의사유가 있는지 여부를 조사한 다음 경락 허가 또는 불허가를 선고하는 날이다.

경매개시결정

경매신청의 요건이 구비되었다고 판단되면, 집행법원은 경매 절차를 개시한다는 결정을 한다. 이것이 경매개시결정이다. 이때 집행법원은 직권 또는 이해관계인의 신청에 따라 부동산에 대한 침해 행위를 방지하기 위하여 필요한 조치를 할 수 있다. 이와 동시에 집행법원은 그 부동산의 압류를 명하고, 직권으로 그 사유를 등기부에 기입할 것을 등기관에게 촉탁한다. 경매개시결정이 채무자에게 송달된 때 또는 경매신청의 기입등기가 된 때에 압류의 효력이 발생하며, 이때부터는 그 부동산을 타인에게 양도하거나 담보권 또는 용익권을 설정하는 등의 처분행위를 할 수 없다.

경매기일공고

경매기일 및 경락기일을 지정한 때에는 법원은 이를 공고한다. 공고는 공고사항을 기재한 서면을 법원의 게시판에 게시하는 방법으로 하고, 최초의 경매기일에 관한 공고는 그 요지를 신문에 게재하여야 하며 법원이 필요하다고 인정할 때에는 그 외의 경매기일에 관하여도 신문에 게재할 수 있으며, 대법원 홈페이지(www.scourt.go.kr) 법원공고란에도 게재한다.

경매기일지정

집행법원은 공과 주관 공무소에 대한 통지, 현황조사, 최저 경매 가격 결정

등의 절차가 끝나고 경매 절차를 취소할 사유가 없는 경우에는 직권으로 경매할 기일을 지정하게 된다.

경매기일통지

법원이 경매기일과 경락기일을 지정하면 이를 이해관계인에게 통지하는 절차를 말하는데, 위 통지는 집행 기록에 표시된 이해관계인의 주소에 등기 우편으로 발송하여 할 수 있다.

경매물건명세서

법원은 부동산의 표시, 부동산의 점유자와 점유의 권원, 점유할 수 기간, 차임 또는 보증금에 관한 관계인의 진술, 등기된 부동산에 관한 권리 또는 가처분으로서 경락에 의하여 그 효력이 소멸되지 아니 하는 것, 경락에 의하여 설정된 것으로 보게 되는 지상권의 개요 등을 기재한 경매물건명세서를 작성하고, 이를 경매기일의 1주일 전까지 법원에 비치하여 일반인이 열람할 수 있도록 작성해 놓은 것이다.

경매신청 취하

경매부동산에 대하여 경매신청 후 경매기일에서 적법한 매수의 신고가 있기까지의 사이에 있어서는 경매신청인은 임의로 경매신청을 취하할 수 있으나, 매수의 신고가 있은 후에 경매신청을 취하함에는 최고가 매수신고인과 차순위 매수신고인의 동의를 필요로 한다.

공과 주관 공무소에 대한 최고

법원은 경매개시결정 후 조세 기타 공과를 주관하는 공무소에 대하여 목적 부동산에 관한 채권의 유무와 한도를 일정한 기간 내에 통지할 것을 최고하는데, 이는 우선채권인 조세 채권의 유무, 금액을 통지받아 잉여의 가망이 있는지 여부를 확인함과 동시에 주관 공무소로 하여금 조세 등에 대한 교부청구의 기회를 주는 것이다.

공동경매

수 인의 채권자가 동시에 경매신청을 하거나 아직 경매개시결정을 하지 아니한 동안에 동일 부동산에 대하여 다른 채권자로부터 경매신청이 있으면 수 개의 경매신청을 병합하여 1개의 경매개시결정을 하여야 하며, 그 수인은 공동의 압류채권자가 되고, 그 집행 절차는 단독으로 경매신청을 한 경우에 준하여 실시되는 절차이다.

공탁

변제자가 변제의 목적물을 채권자를 위하여 공탁소에 임치하여 채권자의 협력이 없는 경우에도 채무를 면하는 제도이다. 변제자, 즉 채무자를 보호하기 위한 제도로서 그 성질을 제3자를 위한 임치계약으로 봄이 일반적이나 판례는 공법관계(행정처분)로 본다. 공탁의 성립 요건으로는, 채권자가 변제를 받지 않거나 받을 수 없어야 하는 바, 변제자의 과실 없이 채권자를 알 수 없는 경우도 이에 해당한다. 공탁의 목적물은 채무의 내용에 적합한 것이어야 하고 일부 공탁은 원칙적으로 무효이다. 대체로 ① 채권소멸을 위한 공탁, 즉 채무자가 채권자의 협력 없이 채무를 면하는 수단으로 하는 변제공탁, ② 채권담보를 위한 공탁, 즉 상대방에 생길 손해의 배상을 담보하기 위한 수단으로 하는 담보공탁, ③ 단순히 보관하는 의미로 하는 보관공탁과 기타 특수한 목적으로 하는 특수공탁 등이 있다.

과잉매각

한 채무자의 여러 개 부동산을 매각하는 경우에 일부 부동산의 매각대금으로 모든 채권자의 채권액과 집행 비용을 변제하기에 충분한 경우가 있을 수 있다. 이런 경우를 과잉 매각이라고 하는데, 이에 해당하면 집행법원은 다른 부동산의 매각을 허가하여서는 아니 된다. 다만, 일괄매각의 경우에는 그러하지 아니 하다. 과잉매각의 경우에는 채무자가 그 부동산 가운데 매각할 것을 지정할 수 있다.

교부청구

국세징수법상 국세, 지방세, 징수금 등 채무자가 강제집행이나 또는 파산선고를 받은 때(법인이 해산한 때) 강제매각 개시 절차에 의하여 채무자의 재산을 압류하지 아니 하고도 강제매각기관에 체납 관계 세금의 배당을 요구하는 제도를 말하며, 교부청구를 하면 조세의 소멸시효가 중단된다.

권리관계

권리관계라 함은 사람과 사람간에 있어서 법률상의 의무를 강제할 수 있는 관계를 말한다.

권리능력

권리나 의무를 가질 수 있는 자격 내지 지위를 말한다. 자연인은 모체로부터 전부 노출했을 때부터 권리 능력을 가지는 것이 원칙이나 손해배상, 호주승계, 재산상속, 유증 등의 경우에는 이미 태어난 것으로 하여 권리 능력을 가지는 것으로 하고 있다.

금전집행

금전(돈) 채권의 만족을 얻기 위하여 채무자 소유의 부동산에 대하여 하는 강제집행이다.

기각

민사소송법상 신청의 내용(예: 원고의 소에 의한 청구, 상소인의 상소에 의한 불복신청 등)을 종국 재판에서 이유가 없다고 하여 배척하는 것을 말한다. 기각의 재판은 본안판결이며 소송·형식 재판인 각하와 구별된다.

기간입찰

입찰기간은 1주일 이상 1월 이하의 범위 안에서 정하고, 매각(개찰)기일은 입찰기간이 끝난 후 1주 안의 날로 정한다. 입찰의 방법은 입찰표에 기재사항을 기재한 후 매수신청의 보증으로 관할법원의 예금계좌에 매수신청 보증금을 입금한 후 받은 법원보관금 영수필 통지서를 입금증명서의 양식에 첨부하거나 경매보증보험증권을 입찰봉투에 넣어 봉함한 후 매각(개찰)기일을 기재하여 집행관에게 제출 또는 등기우편으로 집행관에게 부치는 방법이다.

기일입찰

부동산의 매각은 ① 매각기일에 하는 호가경매 ② 매각기일에 입찰 및 개찰하게 하는 기일입찰 ③ 입찰기간 내에 입찰하게 하여 매각기일에 개찰하는 기간입찰의 세 가지 방법으로 한다. 현재 법원에서는 입찰표에 입찰가를 적어 제출하는 기일입찰의 방법을 시행하고 있다.

기입등기

새로운 등기원인이 발생한 경우에 그 등기원인에 입각하여 새로운 사항을 등기부에 기재하는 등기이다. 건물을 신축하고 그것을 등기부에 기재하는 소유권보존등기나 매매나 증여 등에 의하여 부동산의 소유주가 변경한 경우에 행하는 소유권이전등기, 토지건물을 담보로 제공한 경우 담보권을 설정하는 저당권설정등기 등 새로운 사실의 발생에 입각하여 새로운 사항을 기재하는 등기가 이에 해당된다.

낙찰기일

입찰을 한 법정에서 최고가 입찰자에 대하여 낙찰허가 여부를 결정하는 날로 입찰법정에서 선고한 후 법원게시판에 공고만 할 뿐 낙찰자, 채권자, 채무자, 기타 이해관계인에게 개별적으로 통보하지 않는다.(입찰기일로부터 통상 7일 이내)

▶낙찰허가 결정

낙찰허가 결정이 선고된 후 1주일 내에 이해관계인(낙찰자, 채무자, 소유자, 임차인, 근저당권자 등)이 항고하지 않으면 낙찰허가 결정이 확정된다. 그러면 낙찰자는 법원이 통지하는 대금납부기일에 낙찰대금(보증금을 공제한 잔액)을 납부하여야 한다. 대금납부기일은 통상 낙찰허가 결정이 확정된 날로부터 1개월 이내로 지정한다.

담보물권

담보물권은 채권담보를 위하여 물건이 가지는 교환가치의 지배를 목적으로 하는 물권이며 민법상 유치권, 질권, 저당권의 3가지가 있다. 그 밖에 민법은 전세권자에게 전세금의 반환을 확보해 주기 위해서 전세권에 대하여 담보물권적인 성질을 부여하고 있다. 그리고 담보물권 중 유치권은 법률에 의하여 일정한 요건이 갖추어질 때에 당연히 성립하는 법정담보물권이며, 질권과 저당권은 원칙적으로 당사자의 설정 행위에 의하여 성립하는 약정담보물권이다.

대금지급

최고가 매수신고인에 대하여 경락허가 결정이 확정되면 법원은 지체 없이 직권으로 대금지급기일을 지정하는 날이다.

대금지급기한

민사집행법이 적용되는 사건에 대하여 매각허가 결정이 확정되면 법원은 대금의 지급기한을 정하고, 이를 매수인과 차순위 매수신고인에게 통지하여야 하며, 매수인은 이 대금지급기한까지 매각대금을 지급하여야 한다.

대위변제

제3자 또는 공동채무자의 한사람이 채무자를 위하여 변제하는 때에는 그 변제자는 채무자 또는 다른 공동 채무자에 대하여 구상권을 취득하는 것이 보통이다. 이 때에 그 구상권의 범위 내에서 종래 채권자가 가지고 있었던 채권에 관한 권리가 법률상 당연히 변제자에게 이전하는 것을 가리켜 변제자의 대위 또는 대위변제라고 한다. 변제에 이해관계가 있는 자가 다수 있는 경우에 그 중의 1인이 먼저 변제를 하고 채권자를 대위하게 되면 이에 따라 당연히 혼란 상태가 야기되므로(예를 들면 보증인 갑, 을과 물상보증인 병이 있을 때 빨리 변제한 자가 채권자의 지위를 획득하고 타인의 재산을 집행할 수 있다), 민법은 각각 관계인에 대하여 변제자 대위의 행사 방법을 합리적으로 규정하고 있다.

대항력

주택임차인이 임차주택을 인도받고 주민등록까지 마치면 그 다음날부터 그 주택의 소유자가 제3자로 변경되더라도 그 제3자에 대하여 임차권을 가지고서 대항할 수 있게 된다. 이와 같이 대항할 수 있는 힘을 주택임차인의 대항력이라고 부른다. 다시 말해 임차보증금 전액을 반환받을 때까지 주택임차인이 새로운 매수인에 대하여 집을 비워 줄 필요가 없다는 것을 의미한다. 다만 대항 요건(주택인도, 주민등록)을 갖추기 전에 등기부상 선순위의 권리(근저당권, 가압류, 압류 등)가 있었다면 주택이 매각된 경우 그 매수인에게 대항할 수 없다.

말소등기

기존 등기가 원시적 또는 후발적인 사유로 인하여 실체 관계와 부합하지 않게 된 경우에 기존 등기 전부를 소멸시킬 목적으로 하는 등기이다. 말소의 대상이 되는 등기는 등기사항 전부가 부적법한 것이어야 한다. 그 부적법의 원인은 원시적(원인무효)이든, 후발적(채무변제로 인한 저당권 소멸)이든, 실체적(원인무효나 취소)이든 또는 절차적(중복등기)이든 이를 가리지 않는다.

매각결정기일

매각을 한 법정에서 최고가 매수신고인에 대하여 매각허가 여부를 결정하는 날로 매각법정에서 선고한 후 법원게시판에 공고만 할 뿐 매수인, 채권자, 채무자, 기타 이해관계인에게 개별적으로 통보하지 않는다.(매각기일로부터 통상 7일 이내)

매각기일

경매법원이 목적 부동산에 대하여 실제 매각을 실행하는 날로 매각할 시각, 매각할 장소 등과 함께 매각기일 14일 이전에 법원게시판에 게시함과 동시에 일간신문에 공고할 수 있다.

매각기일 및 매각결정기일 통지

법원이 매각기일과 매각결정기일을 지정하면 이를 이해관계인에게 통지하는 절차를 말하는데, 위 통지는 집행기록에 표시된 이해관계인의 주소에 등기우편으로 발송하여 할 수 있다.

매각기일 및 매각결정기일의 공고

매각기일 및 매각결정기일을 지정한 때에는 법원사무관 등은 이를 공고한다. 공고는 공고사항을 기재한 서면을 법원의 게시판에 게시하는 방법으로 하는 외에, 법원이 필요하다고 인정하는 때에는 별도로 그 공고사항의 요지를 신문에 게재하거나 정보통신매체를 이용하여 공시할 수 있다.

매각기일의 지정

집행법원은 공과주관 공무소에 대한 통지, 현황조사, 최저 매각가격 결정 등의 절차가 끝나고 경매 절차를 취소할 사유가 없는 경우에는 직권으로 매각할 기일을 지정하게 된다.

매각물건명세서

법원은 부동산의 표시, 부동산의 점유자와 점유의 권원, 점유할 수 있는 기간, 차임 또는 보증금에 관한 관계인의 진술, 등기된 부동산에 관한 권리 또는 가처분으로서 매각으로 효력을 잃지 아니 하는 것, 매각에 따라 설정된 것으로 보게 되는 지상권의 개요 등을 기재한 매각물건명세서를 작성하고, 이를 매각기일의 1주일 전까지 법원에 비치하여 누구든지 볼 수 있도록 작성해 놓은 것이다.

매각 조건

법원이 경매의 목적 부동산을 경락인에게 취득시키기 위한 조건인데 경매도 일종의 매매라 할 수 있지만 통상의 매매에서는 그 조건을 당사자가 자유로이 정할 수 있는 반면 강제경매는 소유자의 의사에 반하여 행하여지고 이해관계인도 많으므로 법은 매각 조건을 획일적으로 정하고 있다.

매각허가 결정

매각허가 결정이 선고된 후 1주일 내에 이해관계인이(매수인, 채무자, 소유자, 임차인, 근저당권자 등) 항고하지 않으면 매각허가 결정이 확정된다. 그러면 매수인은 법원이 통지하는 대금지급기한 내에 매각대금(매수보증금을 공제한 잔액)을 납부하여야 한다. 대금지급기한은 통상 매각허가 결정이 확정된 날로부터 1개월 이내로 지정한다.

매수보증금

경매물건을 매수하고자 하는 사람은 최저 매각가격의 10분의 1에 해당하는 보증금액을 입찰표와 함께 집행관에게 제출하는 방법으로 제공하여야 한다. 매각 절차가 종결된 후 집행관은 최고가 매수신고인이나 차순위 매수신고인 이외의 매수신청인에게는 즉시 매수보증금을 반환하여야 한다. 매각허가 결정이 확정되고 최고가 매수인이 대금지급 기한 내에 매각대금을 납부하면 차순위 매수신고인의 보증금을 반환하게 되고, 만일 최고가 매수인이 납부를 하지 아니 하면 그 보증금을 몰수하여 배당할 금액에 포함하며, 이후 차순위 매수신고인에 대하여 낙찰허가 여부의 결정 및 대금납부의 절차를 진행하게 되고 차순위 매수신고인이 매각대금을 납부하지 아니 하면 역시 몰수하여 배당할 금액에 포함하여 배당하게 된다.

매수신고인

경매부동산을 매수할 의사로 매수신고를 할 때 통상 매수신고가격(민사집행법의 적용을 받는 사건은 최저 매각가격)의 10분의 1에 해당하는 현금 또는 유가증권을 집행관에게 보관시킨 사람이다. 매수신고인은 다시 다른 고가의 매수허가가 있을 때까지 그 신고한 가격에 구속을 받고 매수신고를 철회할 수가 없다.

매수청구권

타인의 부동산을 이용하는 경우에 이용자가 그 부동산에 부속시킨 물건에 대하여 이용 관계가 종료함에 즈음하여 타인에 대하여 부속물의 매수를 청구할 수 있는 권리, 일종의 형성권이다. 민법상 인정되는 매수청구권으로서는 지상권 설정자 및 지상권자의 지상물 매수청구권, 전세권 설정자 및 전세권자의 부속물 매수청구권, 토지임차인 및 전차인의 건물 기타 공작물의 매수청구권 등이 있다. 한편 민사소송법상으로는 부동산 공유자는 경매기일까지 보증을 제공하고 최고 매수 신고가격과 동일한 가격으로 채무자의 지분을 우선 매수할 것을 신고할 수 있다.

배당 요구

강제집행에 있어서 압류채권자 이외의 채권자가 집행에 참가하여 변제를 받는 방법으로 민법, 상법, 기타 법률에 의하여 우선변제청구권이 있는 채권자, 집행력 있는 정본을 가진 채권자 및 경매개시결정의 기입 등기 후에 가압류를 한 채권자는 법원에 대하여 배당요구를 신청할 수 있다. 배당요구는 낙찰기일까지, 즉 낙찰허가결정선고 시까지 할 수 있다. 따라서 임금채권, 주택임대차보증금반환청구권 등 우선변제권이 있는 채권자라 하더라도 낙찰기일까지 배당 요구를 하지 않으면 낙찰대금으로부터 배당받을 수 없고, 그 후 배당을 받은 후순위자를 상대로 부당이득반환청구를 할 수도 없다.

배당 요구의 종기 결정

경매개시결정에 따른 압류의 효력이 생긴 때부터 1주일 내에 집행법원은 절차에 필요한 기간을 감안하여 배당 요구할 수 있는 종기를 첫 매각기일 이전으로 정한다. 제3자에게 대항할 수 있는 물권 또는 채권을 등기부에 등재하지 아니한 채권자(임차인등)는 반드시 배당 요구의 종기일까지 배당 요구를 하여야 배당을 받을 수 있다. 법원은 특별히 필요하다고 인정하는 경우에는 배당 요구의 종기를 연기할 수 있다.

배당 요구의 종기 공고

배당 요구의 종기가 정하여진 때에는 경매개시결정에 따른 압류의 효력이 생긴 때부터 1주일 내에 채권자들이 널리 알 수 있도록 하기 위하여 법원은 경매개시결정을 한 취지 및 배당 요구의 종기를 공고한다.

배당 이의

배당기일에 출석한 채권자는 자기의 이해에 관계되는 범위 안에서 다른 채권자를 상대로 그의 채권 또는 채권의 순위에 대하여 이의를 할 수 있다. 이의를 제기한 채권자가 배당 이의의 소를 제기하고 배당기일로부터 1주일 내에 집행법원에 대하여 소 제기증명을 제출하면 그 금원에 대하여는 지급을 보류하고 공탁을 하게 된다. 이의제기 채권자가 그 증명 없이 위 기간을 도과하면 이의에 불구하고 배당금을 지급하게 된다.

배당 절차

넓은 의미에서는 강제집행이나 파산 절차에서 압류당한 재산이나 파산재단을 환가함으로써 얻은 금전을 배당 요구 신청을 한 각 채권자에게 안분하여 변제하기 위한 절차이다.

보증보험증권의 제출

가압류, 가처분 사건에서 주로 사용되는 증권으로서 일정액의 보증료를 보증보험회사에 납부한 후 경매보증보험증권을 발급받아 매수신청 보증으로 제출할 수 있도록 하는 규정으로, 입찰자들의 현금 소지로 인한 위험방지 및 거액의 현금을 준비하지 않고서도 손쉽게 입찰에 참가할 수 있도록 하는 방법이며, 입찰자의 선택에 따라 매수신청의 보증으로 현금 또는 경매보증보험증권을 자유롭게 활용할 수 있도록 하기 위하여 새로이 입찰 절차에 도입한 규정이다. 매수신청의 보증으로 보험증권을 제출한 매수인이 매각대금납부기한까지 매각대금을 납부하지 않을 경우에는 경매보증보험증권을 발급한 보증보험회사에서 매수인 대신 매수보증금을 납부하게 하여 배당 시 배당재단에 포함하여 배당하게 된다.

부동산 인도명령

낙찰인은 낙찰대금 전액을 납부한 후에는 채무자에 대하여 직접 자기에게 낙찰부동산을 인도할 것을 구할 수 있으나 채무자가 임의로 인도하지 아니 하는 때에는 대금을 완납한 낙찰인은 대금을 납부한 후 6월 내에 집행법원에 대하여 집행관으로 하여금 낙찰부동산을 강제로 낙찰인에게 인도하게 하는 내용의 인도명령을 신청하여 그 명령의 집행에 기하여 부동산을 인도받을 수 있다.

분할채권

같은 채권에 2인 이상의 채권자 또는 채무자가 있을 때 분할할 수 있는 채권을 말한다. 이런 채권을 가분채권(분할채권)이라고도 한다. 예를 들면 갑, 을, 병 세 사람이 정에 대하여 3만 원의 채권을 가지고 있을 때, 각각 1만 원씩의 채권으로 분할할 수 있는 경우에 그 3만 원의 채권은 분할채권이 된다.(정의 입장을 기본으로 한다면 가분채무 또는 분할채무가 된다.) 민법에는 채권자 또는 채무자가 수인인 경우에 특별한 의사표시가 없으면 각 채권자 또는 채무자는 균등한 비율로 권리가 있고 의무가 있다고 규정하여 분할채권관계를 원칙으로 하고 있다.

상계

채권자가 동시에 매수인인 경우에 있을 수 있는, 매각대금의 특별한 지급방법이다. 현금을 납부하지 않고, 채권자가 받아야 할 채권액과 납부해야 할 매각대금을 같은 금액만큼 서로 비기는 것이다. 채권자는 매각대금을 상계 방식으로 지급하고 싶으면, 매각결정기일이 끝날 때까지 법원에 위와 같은 상계를 하겠음을 신고하여야 하며, 배당기일에 매각대금에서 배당받아야 할 금액을 제외한 금액만을 납부하게 된다. 그러나 그 매수인(채권자)이 배당받을 금액에 대하여 다른 이해관계인으로부터 이의가 제기된 때에는 매수인은 배당기일이 끝날 때까지 이에 해당하는 대금을 납부하여야 한다.

선순위 가처분

1순위 저당 또는 압류등기보다 앞서 있는 가처분등기는 압류 또는 저당권에 대항할 수 있으므로 경매 후 촉탁에 의하여 말소되지 않는다.

소유권이전등기

양도, 상속, 증여, 기타 원인에 의하여 유상 또는 무상으로 부동산의 소유권이 이전되는 것을 부동산 등기부상에 기입하는 등기를 말한다.

소유권이전등기촉탁

낙찰인이 대금을 완납하면 낙찰부동산의 소유권을 취득하므로, 집행법원은 낙찰인이 등기비용을 부담하고 등기촉탁신청을 하면 집행법원은 낙찰인을 위하여 소유권이전등기, 낙찰인이 인수하지 아니 하는 각종 등기의 말소를 등기공무원에게 촉탁하는 절차이다.

신경매

입찰을 실시하였으나 낙찰인이 결정되지 않았기 때문에 다시 기일을 지정하여 실시하는 경매이다.

압류

확정판결, 기타 채무명의에 의해 강제집행(입찰)을 하기 위한 보전수단이다. (압류 후 경매 또는 환가 절차로 이행)

우선매수권

공유물지분의 경매에 있어서 채무자 아닌 다른 공유자는 매각기일까지, 최저 매각가격의 10분의 1에 해당하는 금원을 보증으로 제공하고 최고 매수신고가와 같은 가격으로 채무자의 지분을 우선매수하겠다는 신고를 할 수 있다. 이러한 다른 공유자의 권리를 우선매수권이라고 한다. 이 경우에 법원은 다른 사람의 최고가 매수신고가 있더라도 우선매수를 신고한 공유자에게 매각을 허가하여야 한다. 이때 최고가 매수신고인은 원할 경우 차순위 매수신고인의 지위를 부여받을 수 있다.

유찰

매각기일의 매각 불능을 유찰이라고 한다. 즉 매각기일에 매수하고자 하는 사람이 없어 매각되지 아니 하고 무효가 된 경우를 가리킨다. 통상 최저 매각금액을 20% 저감한 가격으로, 다음 매각기일에 다시 매각을 실시하게 된다.

이중경매(중복경매)

강제경매 또는 담보권의 실행을 위한 경매 절차의 개시를 결정한 부동산에 대하여 다시 경매의 신청이 있는 때에는 집행법원은 다시 경매개시결정(이중개시 결정)을 하고 먼저 개시한 집행 절차에 따라 경매가 진행되는 경우이다.

이해관계인

경매 절차에 이해관계를 가진 자 중 법이 특히, 보호할 필요가 있는 것으로 보아 이해관계인으로 법에 규정한 자를 말하며, 그들에 대하여는 경매 절차 전반에 관여할 권리가 정하여져 있다.

인도명령

채무자, 소유자 또는 압류의 효력이 발생한 후에 점유를 시작한 부동산 점유자에 대하여는 낙찰인이 대금을 완납한 후 6개월 내에 집행법원에 신청하면 법원은 이유가 있으면 간단히 인도명령을 발하여 그들의 점유를 집행관이 풀고 낙찰인에게 부동산을 인도하라는 취지의 재판을 한다. (이때 인도명령 신청을 받은 법원은 채무자와 소유자는 부르지 않고 통상 세입자 등 제3자를 불러 심문하는 경우도 있다.)

일괄매각

법원은 경매의 대상이 된 여러 개의 부동산의 위치, 형태, 이용 관계 등을 고려하여 이를 하나의 집단으로 묶어 매각하는 것이 알맞다고 인정하는 경우에는 직권으로 또는 이해관계인의 신청에 따라, 일괄매각하도록 결정할 수 있다. 또한 다른 종류의 재산(금전채권 제외)이라도 부동산과 함께 일괄매각하는 것이 알맞다고 인정하는 때에도 일괄매각하도록 결정할 수 있다.

임의경매

민사소송법은 그 제7편 제5장에서 담보권의 실행등을 위한 경매라는 이름 아래 부동산에 대한 경매신청을 조문화하여 경매신청에 채무명의를 요하지 아니 하는 경매에 관한 규정을 두고 있는데, 일반적으로 경매를 통틀어 강제경매에 대응하여 임의경매라고 부른다. 임의경매에는 저당권, 질권, 전세권 등 담보물권의 실행을 위한 이른바 실질적 경매와 민법, 상법 기타 법률의 규정에 의한 환가를 위한 형식적 경매가 있다.

입금증명서

기간입찰의 매수신청 보증 방법으로서 해당법원에 개설된 법원보관금 계좌에 매수신청 보증금을 납부한 후 발급받은 보관금납부필통지서를 첨부하는 양식으로 사건번호, 매각기일 및 납부자 성명, 날인을 할 수 있도록 되어 있으며 경매계 사무실 및 집행관 사무실에 비치되어 있다.

입찰

집행법원은 경매기일의 공고 전에 직권 또는 이해관계인의 신청에 의하여 경매에 갈음하여 입찰을 명할 수 있는데, 입찰은 입찰표에 입찰가를 비공개리에 적어 제출하는 방법으로서 최근에는 전국 법원에서 전면적으로 시행되고 있다.

입찰기간

기일입찰과는 달리 입찰기간을 정하여 지역적, 시간적인 구애 없이 보다 많은 사람이 입찰에 참여할 수 있게 하기 위하여 기간입찰에서 정한 기간입니다.

입찰기일

경매법원이 목적 부동산에 대하여 경매를 실행하는 날로 입찰 시각, 입찰 장소 등과 함께 입찰기일 14일 이전에 일간신문에 공고한다.

입찰보증금

경매물건을 매수하고자 하는 사람은 최저 매각가격의 10분의 1에 해당하는 보증금액을 입찰표와 함께 집행관에게 제출하는 방법으로 제공하여야 한다. 매각 절차가 종결된 후 집행관은 최고가 매수신고인이나 차순위 매수신고인 이외의 매수신청인에게는 즉시 매수보증금을 반환하여야 한다. 매각허가 결정이 확정되고 최고가 매수인이 대금지급기한 내에 매각대금을 납부하면 차순위 매수신고인의 보증금을 반환하게 되고, 만일 최고가 매수인이 납부를 하지 아니 하면 그 보증금을 몰수하여 배당할 금액에 포함하며, 이후 차순위 매수신고인에 대하여 낙찰허가 여부의 결정 및 대금납부의 절차를 진행하게 되고 차순위 매수신고인이 매각대금을 납부하지 아니 하면 역시 몰수하여 배당할 금액에 포함하여 배당하게 된다.

잉여의 가망이 없는 경우의 경매 취소

집행법원은 법원이 정한 최저 경매 가격으로 압류채권자의 채권에 우선하는 부동산상의 모든 부담과 경매비용을 변제하면 남는 것이 없다고 인정한 때에는 이러한 사실을 압류채권자에게 통지하고, 압류채권자가 이러한 우선채권을 넘는 가액으로 매수하는 자가 없는 경우에는 스스로 매수할 것을 신청하고 충분한 보증을 제공하지 않는 한 경매 절차를 법원이 직권으로 취소하게 된다.

재경매

매수신고인이 생겨서 낙찰허가 결정의 확정 후 집행법원이 지정한 대금지급기일에 낙찰인(차순위 매수신고인이 경락허가를 받은 경우를 포함한다)이 낙찰대금 지급의무를 완전히 이행하지 아니 하고 차순위 매수신고인이 없는 경우에 법원이 직권으로 실시하는 경매이다.

저당권

채권자가 물건을 점유하지 않고 채무를 담보하기 위하여 등기부에 권리를 기재해 두었다가 채무를 변제하지 않았을 경우 그 부동산을 경매 처분하여 우선변제를 받을 수 있는 권리를 말한다.

즉시항고

일정한 불변기간 내에 제기하여야 하는 항고를 말한다. 즉 재판의 성질상 신속히 확정시킬 필요가 있는 결정에 대하여 인정되는 상소 방법을 말한다. 이는 특히 제기기간을 정하지 않고 원결정의 취소를 구하는 실익이 있는 한 어느 때도 제기할 수 있는 보통 항고와는 다르다.

지상권

다른 사람의 토지에서 건물 기타의 공작물이나 수목을 소유하기 위하여 토지를 사용할 수 있는 권리를 말한다.

집행관

집행관은 강제집행을 실시하는 자로서, 지방법원에 소속되어 법률이 정하는 바에 따라 재판의 집행과 서류의 송달 기타 법령에 의한 사무에 종사한다.

집행권원

일정한 사법상의 급여청구권의 존재 및 범위를 표시함과 동시에 법률이 강제집행에 의하여 그 청구권을 실현할 수 있는 집행력을 인정한 공정의 증서이다. 채무명의는 강제집행의 불가결한 기초이며, 채무명의로 되는 증서는 민사소송법 기타 법률에 규정되어 있다.

집행력

협의로는 판결 또는 집행증서의 채무명의의 내용에 기초하여 집행채권자가 강제집행을 집행기관에 신청할 수 있음에 터를 잡아 집행기관은 이 신청을 토대로 하여 채무명의 내용인 일정의 급부를 실현시키기 위한 일종의 강제집행을 행할 수 있는 효력이고, 광의로는 넓게 강제집행 이외의 방법에 의하여 재판내용에 적합한 상태를 만들어낼 수 있는 효력을 부여함을 말한다. 가령, 혼인 무효의 판결의 경우 그 확정판결에 기하여 호적을 정정할 수 있는 효력, 토지소유권 확인판결의 경우 그 확정판결에 기하여 변경의 등기를 신청할 수 있는 효력 등이다.

집행문

채무명의에 집행력이 있음과 집행 당사자, 집행의 범위 등을 공증하기 위하여 법원 사무관 등이 공증기관으로서 채무명의의 말미에 부기하는 공증문언을 말한다. 집행문이 붙은 채무명의 정본을 "집행력 있는 정본" 또는 "집행정본"이라 한다.

집행법원

강제집행에 관하여 법원이 할 권한을 행사하는 법원을 말한다. 강제집행의 실시는 원칙적으로 집행관이 하나, 비교적 곤란한 법률적 판단을 요하는 집행행위라든가 관념적인 명령으로 족한 집행처분에 관하여는 민사소송법상 특별히 규정을 두어 법원으로 하여금 이를 담당하도록 하고 있다. 또 집행관이 실시하는 집행에 관하여도 신중을 기할 필요가 있는 경우에는 법원의 협력 내지 간섭을 필요로 하도록 하고 있는데, 이러한 행위를 하는 법원이 곧 집행법원이다. 집행법원은 원칙적으로 지방법원이며 단독판사가 담당한다.

차순위 매수신고인

최고가 매수신고인 이외의 입찰자 중 최고가 매수신고액에서 보증금을 공제한 액수보다 높은 가격으로 응찰한 사람은 차순위 매수신고를 할 수 있다. 차순위 매수신고를 하게 되면 매수인은 매각대금을 납부하기 전까지는 보증금을 반환받지 못한다. 그 대신 최고가 매수신고인에 국한된 사유로 그에 대한 매각이 불허되거나 매각이 허가되더라도 그가 매각대금 지급의무를 이행하지 아니할 경우 다시 매각을 실시하지 않고 집행법원으로부터 매각 허부의 결정을 받을 수 있는 지위에 있는 자이다.

채권신고의 최고

법원은 경매개시결정일로부터 3일 내에 이해관계인으로 규정된 일정한 자에게 채권계산서를 낙찰기일 전까지 제출할 것을 최고하는데, 이 역시 우선채권유무, 금액 등을 신고 받아 잉여의 가망이 있는지 여부를 확인하고 적정한 매각 조건을 정하여 배당 요구의 기회를 주는 것이다.

채권자

채권을 가진 사람으로 곧 채무자에게 재산상의 급부 등을 청구할 권리가 있는 사람을 말한다. 채무자가 임의로 그 행위를 이행하지 않을 때에는 채권자는 법원에 소를 제기하여 현실적 이행을 강제할 수 있다.

채무명의

일정한 사법상의 급여청구권의 존재 및 범위를 표시함과 동시에 법률이 강제집행에 의하여 그 청구권을 실현할 수 있는 집행력을 인정한 공정의 증서이다. 채무명의는 강제집행의 불가결한 기초이며, 채무명의로 되는 증서는 민사소송법 기타 법률에 규정되어 있다.

최고

타인에게 일정한 행위를 할 것을 요구하는 통지를 말한다. 이는 상대방 있는 일방적 의사표시이고, 최고가 규정되어 있는 경우에는 법률 규정에 따라 직접적으로 일정한 법률 효과가 발생한다. 최고에는 두 종류가 있다. 하나는 의무자에게 의무의 이행을 구하는 경우이고, 다른 하나는 권리자에 대한 권리의 행사 또는 신고를 요구하는 경우이다.

최저 경매 가격

집행법원은 등기공무원이 압류등기를 실행하고 기입등기의 통지를 받은 후에는 감정인으로 하여금 경매부동산을 평가하게 하고 그 평가액을 참작하여 최저 경매 가격을 정하는데 최저 경매 가격은 경매에 있어 경락을 허가하는 최저의 가격으로 그 액수에 미달하는 매수신고에 대하여는 경락을 허가하지 아니 하므로 최초 경매기일에서의 최소 부동산경매 가격이다.

최저 매각가격=최저입찰가

경매기일의 공고에는 경매부동산의 최저경매 가격을 기재해야 한다. 최초 경매기일의 최저 경매 가격은 감정인이 평가한 가격이 기준이 되며 경매기일에 있어서 경매신청인이 없어 신 경매기일을 지정한 때에는 상당히 저감(통상 20%)한 가격이 최저 경매 가격이 된다. 응찰하고자 할 때에는 항상 공고된 최저 경매 가격보다 같거나 높게 응찰해야 무효처리가 되지 않는다.

토지별도등기

토지에 건물과 다른 등기가 있다는 뜻으로 집합건물은 토지와 건물이 일체가 되어 거래되도록 되어 있는 바 토지에는 대지권이라는 표시만 있고 모든 권리 관계는 전유 부분의 등기부에만 기재하게 되어 있는데, 건물을 짓기 전에 토지에 저당권 등 제한물권이 있는 경우 토지와 건물의 권리관계가 일치하지 않으므로 건물등기부에 "토지에 별도의 등기가 있다"는 표시를 하기 위한 등기를 말한다.

특별매각 조건

법원이 경매부동산을 매각하여 그 소유권을 낙찰인에게 이전시키는 조건을 말한다. 다시 말하면 경매의 성립과 효력에 관한 조건을 말한다. 매각 조건은 법정 매각 조건과 특별 매각 조건으로 구별된다. 법정 매각 조건은 모든 경매 절차에 공통하여 법이 미리 정한 매각 조건을 말하며, 특별 매각 조건은 각개의 경매 절차에 있어서 특별히 정한 매각 조건을 말한다. 어느 특정 경매 절차가 법정 매각 조건에 의하여 실시되는 경우에는 경매기일에 그 매각 조건의 내용을 관계인에게 알릴 필요가 없으나, 특별 매각 조건이 있는 경우에는 그 내용을 집행관이 경매기일에 고지하여야 하며, 특별 매각 조건으로 경락한 때에는 경락허가 결정에 그 조건을 기재하여야 한다.

표제부

토지 건물의 지번(주소), 지목, 면적, 용도 등이 적혀 있으며 집합건물의 경우는 표제부가 2장이다. 첫 번째 장은 건물의 전체 면적이, 두 번째 장에는 건물의 호수와 대지 지분이 나와 있다.

필지

하나의 지번이 붙는 토지의 등록단위를 말한다.(법적 개념)

합유

공동소유의 한 형태로서 공유와 총유의 중간에 있는 것이다. 공유와 다른 점은 공유에는 각 공유자의 지분을 자유로이 타인에게 양도할 수 있고, 또 공유자의 누군가가 분할할 것을 희망하면 분할하여야 하는 데 대하여, 합유에서는 각인은 지분을 가지고 있어도 자유로이 타인에게 양도할 수 없고, 분할도 인정되지 않고 제한되어 있는 점이다. 공유는 말하자면 편의상 일시 공동소유의 형식을 가진 것으로 개인적 색채가 강하나, 합유는 공동 목적을 위하여 어느 정도 개인적인 입장이 구속되는 것으로 양자가 이런 점에서 근본적인 차이가 있다. 그러나 각인이 지분을 가지고 있는 점에서 총유보다는 개인적 색채가 훨씬 강하다.

항고보증금

매각허가 결정에 대하여 항고를 하고자 하는 모든 사람은 보증으로 매각대금의 10분의 1에 해당하는 금전 또는 법원이 인정한 유가증권을 공탁하여야 한다. 이것이 항고보증금인데, 이를 제공하지 아니한 때에는 원심법원이 항고장을 각하하게 된다. 채무자나 소유자가 한 항고가 기각된 때에는 보증으로 제공한 금전이나 유가증권을 전액 몰수하여 배당할 금액에 포함하여 배당하게 되며, 그 이외의 사람이 제기한 항고가 기각된 때에는, 보증으로 제공된 금원의 범위 내에서, 항고를 한 날부터 항고기각결정이 확정된 날까지의 매각대금에 대한 연 20%에 상당하는 금액을 돌려받을 수 없다.

행위능력

단순히 권리, 의무의 주체가 될 수 있는 자격인 권리능력과는 달리, 권리능력자가 자기의 권리 · 의무에 변동이 일어나게 스스로 행위를 할 수 있는 지위를 말하며, 일반적으로 민법상 능력이라 함은 행위 능력을 가리킨다. 민법상 행위 능력의 개념적 의의는 적법, 유효하게 법률행위를 할 수 없는 행위 무능력자로부터 선의의 거래 상대방을 보호하여 거래의 안전을 확립하려는 무능력자제도에서 크게 나타난다. 민법이 인정하는 무능력자에는 미성년자, 한정치산자, 금치산자가 있다.

현황조사보고서

법원은 경매개시결정을 한 후 지체 없이 집행관에게 부동산의 현상, 점유관계, 차임 또는 임대차 보증금의 수액 기타 현황에 관하여 조사할 것을 명하는데, 현황조사보고는 집행관이 그 조사내용을 집행법원에 보고하기 위하여 작성한 문서이다.

호가경매

호가경매는 호가경매기일에 매수신청의 액을 서로 올려가는 방법으로 한다. 매수 신청을 한 사람은 보다 높은 액의 매수 신청이 있을 때까지 신청액에 구속된다. 집행관은 매수신청의 액수 중 최고의 것을 3회 부른 후 그 신청을 한 사람을 최고가 매신고인으로 정하며, 그 이름 및 매수신청의 액수를 고지하여야 한다

환가

경매 신청에서 경매 실시까지의 제 절차 진행 요소들을 환가 절차라고

한다.

환매

토지구획정리사업에 의하여 토지구획정리를 실시할 때 필연적으로 발생하는 인접토지와의 교환분을 말한다. 넓은 의미로는 매도인이 한번 매도한 물건을 대가를 지급하고 다시 매수하는 계약을 말한다.

환지

토지구획정리사업에 의하여 토지구획정리를 실시할 때에 필연적으로 발생하는 인접토지와의 교환분 합을 말한다.

아파트는 지고 땅은 뜨고
답은 토지경매에 있다

지은이 이인수(코랜드연구소장)

발행일 2023년 3월 31일

펴낸이 양근모

펴낸곳 도서출판 청년정신

출판등록 1997년 12월 26일 제 10—1531호

주 소 경기도 파주시 문발로 115 세종출판벤처타운 408호

전 화 031)955-4923 ◆ 팩스 031)624-6928

이메일 pricker@empas.com